Elisabeth Elliot

Liebe kann warten

dlv
Christliche
Literatur-Verbreitung e.V.
Postfach 110135 · 33661 Bielefeld

1. Auflage 2000

© 1996 by Elisabeth Elliot Gren
Originaltitel: Quest For Love
Herausgegeben von Flemming H. Revell
© der deutschen Ausgabe 2000
by CLV · Christliche Literatur-Verbreitung e.V.
Postfach 11 01 35 · 33661 Bielefeld
Satz: CLV
Umschlag: Dieter Otten, Gummersbach
Druck und Bindung: Ebner, Ulm

ISBN: 3-89397-275-7

Inhaltsverzeichnis

Einführung -- 7
Kapitel 1: Es kommt auf den richtigen Zeitpunkt an ------ 14
Kapitel 2: Sie ließ sich von ihren Gefühlen leiten ---------- 19
Kapitel 3: Gott kann wilde Pferde zähmen -------------------- 23
Kapitel 4: Wunsch und Wille ------------------------------------ 29
Kapitel 5: Wir haben es nie »Rendezvous« genannt -------- 35
Kapitel 6: Nur Freunde? --- 38
Kapitel 7: Das Elend mit den »Verhältnissen« --------------- 44
Kapitel 8: Was heißt »miteinander gehen«? -------------------- 53
Kapitel 9: Das Wort eines betenden Vaters -------------------- 60
Kapitel 10: Harmonie der Gegensätze ---------------------------- 65
Kapitel 11: Wenn Frauen die Initiative ergreifen -------------- 71
Kapitel 12: Kein Rendezvous vor dem Heiratsantrag -------- 79
Kapitel 13: Männer mit Mut zur Liebe -------------------------- 87
Kapitel 14: Erst angeln – dann wegwerfen ---------------------- 93
Kapitel 15: Gott erwählt die Schwachen ------------------------ 99
Kapitel 16: Herzen können brechen ------------------------------ 108
Kapitel 17: Angst vor der Verbindlichkeit ---------------------- 113
Kapitel 18: Koste es, was es wolle -------------------------------- 120
Kapitel 19: Die Furcht vor Entbehrungen ---------------------- 128
Kapitel 20: Führung, Glaube, Gewissheit ------------------------ 137
Kapitel 21: Die Schule des Wartens ------------------------------ 143
Kapitel 22: Die Liebe hat einen langen Atem ------------------ 148
Kapitel 23: Ist Keuschheit möglich? ------------------------------ 157
Kapitel 24: Mit Tränen säen -------------------------------------- 164
Kapitel 25: Versuchung -- 171
Kapitel 26: Feuer in den Adern ---------------------------------- 176
Kapitel 27: Die Gnade ist größer als all unsere Sünden ---- 187
Kapitel 28: Die Ehe: Anrecht oder Gabe? ---------------------- 195
Kapitel 29: Er kann mein Mädchen unter allen Völkern finden 200
Kapitel 30: Liebe bedeutet Opfer -------------------------------- 208

Kapitel 31: Sei nicht wie ein Ross! ------------------------------ 215
Kapitel 32: Er hat Zuneigung in ihr hervorgerufen ---------- 220
Kapitel 33: Eine arrangierte Ehe --------------------------------- 226
Kapitel 34: Die Liebe und der Fremde -------------------------- 238
Zusammenfassung -- 245

Einführung

Die allgemeine Suche nach der Liebe hat schon immer manche Schwierigkeiten bereitet. Gegenwärtig aber scheint sie einem Minenfeld zu gleichen – einem höchst gefährlichen Ort, den man nur mit einem Führer durchqueren kann, der sich auf diesem Terrain auskennt.

Dies Buch besteht zum größten Teil aus Geschichten darüber, wie Männer und Frauen sich gegenseitig finden. Manche folgten dabei dem besten aller Führer und handelten daher weise. Andere taten es nicht. Ich hoffe, meine Leser werden erkennen, welche Beispiele nachahmenswert sind.

Die Frage, ob man heiratet oder nicht, ist in erster Linie eine Frage, die *Sie* angeht, meine Herren! Die meisten von uns Frauen hätten gern einen Ehemann, aber viele von uns meinen, die Werbung sollte von den Männern ausgehen. Wir mögen genauso gebildet und klug sein, genauso viel Geld wie Sie verdienen können; aber wir sind nicht dazu geschaffen, als Konkurrenten aufzutreten, und wir mögen es wirklich nicht, die treibende Kraft zu sein. Wir wollen, dass Sie es sind.

Aber wie? Es gibt so viele Möglichkeiten für einen Mann, ein Mädchen zu gewinnen; doch hat der klügste Mann, der je gelebt hat, zugegeben, ihm sei diese Angelegenheit »zu wunderbar«. Wenn Salomo dadurch in Verlegenheit geriet (zur Erinnerung: Er hatte dreihundert Mätressen und neunhundert Ehefrauen), welche Chance hat da ein ehrlicher junger Mann in unserer Zeit mit ihren tausendfachen Irrtumsmöglichkeiten, denen Salomo nie ausgesetzt war?

Um uns zu segnen und zu erfreuen, setzte Gott die Ehe ein. Deshalb rechnet damit, dass Satan sie mit List, Gewalt und Hass zu verderben trachtet.

Die Menschen lassen sich durch Vorbilder leiten; aber Film und Fernsehen haben den Kontext zerstört, in dem wir die Vorbilder richtig einzuordnen vermögen. Das Verständnis von Heim und Herd, von lebenslanger Treue zwischen Mann und Frau, die

Sicherheit auf Vaters Schoß – der verlässliche Kontext, in dem man lernen konnte, was Liebe ist – alles ist dahin. Wie viele außereheliche sexuelle Aktivitäten finden nur deshalb statt, weil die Medien uns weismachen, sie seien viel aufregender als die eheliche Liebe.

Während des Vietnamkrieges wurden viele Traditionen in Frage gestellt, lächerlich gemacht und schließlich über Bord geworfen. Was die Elterngeneration gelehrt hatte, verkam zur Bedeutungslosigkeit. Die in der Nachkriegszeit Geborenen stolperten in völliges Neuland. Tradition und Sitte, die Bestand hatten, weil sie funktionierten, belächelte man als restriktiv, wertlos und uninteressant. Was zählte, war, was man selbst wollte, und dafür gab es keine Richtlinien.

Eine Frau aus dieser Generation schrieb mir: »Ich besuchte die höhere Schule von 68 bis 72. Die ganze Welt stand damals Kopf. Die sexuelle Revolution kam voll in Fahrt und alle meine Schulmädchen-Phantasien von Liebe und Verliebtsein starben eines schmerzlichen Todes. Einer Dame den Hof zu machen und sämtlicher Respekt vor ihr verschwanden. Rendezvous wurden zum Schlachtfeld und Tugend zur Behinderung anstatt zum Vorteil. Einen hohen moralischen Standard zu vertreten bedeutet für eine Frau von heute eine Menge Verachtung. Ich habe um einen Mann mit hohen christlichen Grundsätzen gebetet, aber nie einen gefunden. Die Mehrzahl der Männer in unserer Gesellschaft hält nichts von Moral, Ethik und Jungfräulichkeit. Meine Mutter hat mir immer erzählt, die meisten Männer seien Gentlemen und übten auf freundliche Mädchen keinerlei Druck aus. Ich hätte gern in ihrer Zeit gelebt! Aber das Rechte zu tun behält zeitlose Gültigkeit.«

Der Feminismus hat über die Bedeutung von Männlichkeit und Weiblichkeit große Verwirrung gebracht. Man hat uns erzählt, der Unterschied zwischen den Geschlechtern sei nur von untergeordneter anatomischer Art und habe nichts mit unserem jeweiligen Stand in Gesellschaft, Arbeitsplatz, Kirche und Heim zu tun. Wir haben dieser Lüge geglaubt, alles sei einerlei und austauschbar. Während die Frauen Selbstbehauptung und Aggressivität lernten, begannen sich die Männern schuldig zu fühlen, weil sie Männer sind und zogen sich zurück. Solche, die Gott dazu ausersehen hatte, die Initiative zu ergreifen, zu schützen und zu versorgen, begriffen ihre Bestimmung nicht mehr, und die Frauen wunderten sich, dass niemand mehr um sie warb.

Eine Rechtsanwältin aus New York schrieb: »Die Kirche ist geschlagen mit schwachen Männern und starken Frauen (Letztere in weit größerer Zahl). Es scheint, als seien die Männer verweiblicht (manche bis hin zur Homosexualität), und die Frauen sind überaus aggressiv, sowohl im persönlichen als auch im beruflichen Umfeld (mich eingeschlossen).

Die mehr aggressiven ›maskulinen‹ Männer, zu denen ich mich hingezogen fühle, sind gewöhnlich keine Christen. Christliche Männer fürchten die Verbindlichkeit, sind verklemmt in Bezug auf ihre Sexualität und fürchten sich, Interesse zu signalisieren.«

Beim Lesen der folgenden Geschichten und Briefe empfehle ich, genau hinzusehen, wie sich die Herzen der Männer und Frauen zeigen. Ist es nicht erschreckend, wie oberflächlich alles betrachtet wird? Ich musste mich immerfort an Gott wenden und Ihn anflehen, mir in meiner Hilflosigkeit beizustehen und mir Weisheit zu schenken.

Moralische Blindheit und Torheit kommen daher, dass man von den Erfahrungen der Älteren keine Lehren annimmt. »Sobald man in unerforschte Gebiete eindringt«, schreibt Lance Morrow, »wo bloße Gewohnheit nicht mehr ausreicht, braucht man Stütze und Konsolidierung und belehrenden Einfluss durch die Erfahrung anderer Menschen.«

Die Wahrheit dieses Satzes wurde mir ganz besonders deutlich, als ich einer Studentenversammlung in Kansas City beiwohnte. Als ich mit meinem Vortrag an der Reihe war, wunderte es mich nicht, auf einigen der hübschen jungen Gesichter Skepsis wahrzunehmen. Was sollte diese alte Frau, die ihre Großmutter sein konnte, ihnen noch zu sagen haben? Mein Vortrag trug den Titel »Der Weg der Standhaftigkeit«. Er handelte vor allem von der sexuellen Enthaltsamkeit.

Sie hörten ganz ruhig zu, weil ich ihnen eine Geschichte erzählte. Es war die Liebesgeschichte zweier Kollege-Studenten, die obwohl sie schrecklich verliebt waren, standhaft blieben. Sie kriegten es fertig, ihre Kleidung anzubehalten und erst fünf Jahre später, in der Hochzeitsnacht, gemeinsam ins Bett zu gehen.

Ich forderte meine Zuhörer auf, die kostbare und unersetzliche Gabe der Jungfräulichkeit zu bewahren, mit der jeder von uns geboren ist und sie für die richtige Person zu erhalten und nicht an eine falsche zu verschwenden. So ist die Sache ursprünglich gedacht gewesen. Abstinenz erhöht in ungeahnter Weise das Vergnügen, das der Schöpfer der geschlechtlichen Vereinigung für uns im Sinn hatte.

Die Reaktion war erstaunlich. Während ich sprach herrschte völlige Stille, alle Augen waren auf die Sprecherin gerichtet. Man hätte denken können, ich hätte etwas vollkommen Neues entdeckt.

Als ich geendet hatte, kam nicht nur Applaus, sie sprangen auf, sie trampelten, sie riefen, pfiffen und klatschten, und das, wie es mir vorkam, endlos lange.

Was bedeutet das? Ich glaube, das bestätigt meine tiefe Überzeugung, dass es in jeder Generation solche gibt, die nicht nur nach Wahrheit hungern, sondern auch verzweifelt nach einem hohen, vielleicht sogar unerreichbar hohen Maßstab suchen. Welche Maßstäbe wurden ihnen in den letzten Jahrzehnten angeboten? Sie haben Filme, Videos und Fernsehdramen angeschaut. Sie haben Liebes- und Abenteuerromane gelesen und bei allem die Botschaft eingesogen: »Jeder macht´s«, »Du bist kein Mann, bevor du nicht mit einer Frau geschlafen hast«, »Mach´s, oder du bist eine Niete« und »Wer darf dir sagen, was für *dich* richtig ist? Tu, was dir Spaß macht! Den lass dir nicht von der Moralvorstellung anderer Leute versauern!«

Diese Studenten hörten eine andere Botschaft und kauften am selben Tag sechstausend Exemplare des Buches *Leidenschaft und Reinheit*. Viele von ihnen wussten schon allzu viel von Leidenschaft, hatten aber von Reinheit nie etwas gehört.

Ein Mann namens Scott schrieb mir: »Mein Leben wird niemals mehr so werden wie es vor dem bitterkalten Dezemberabend in Kansas City war, als ich in dem städtischen Auditorium saß und die Worte hörte, die mein Leben für immer veränderten. Die Tränen liefen mir über die Wangen. Ich begriff, dass mein Leben völlig anders werden würde, und ich weiß, dass meine Ehe viel reicher werden wird, weil ich seit jenem Abend enthaltsam bin.«

Seither bekam ich nicht nur von Gymnasiasten und Studenten Briefe, sondern von Lesern jeden Alters, Briefe, in denen die wahnsinnig destruktive Weise beschrieben wurde, auf die man dies schwer zu fassende Ding zu erhaschen suchte, was man Verliebtheit, oder heute immer häufiger »Beziehung« nennt. Ich erfuhr von dem unheilvollen Missverständnis in Bezug auf Männlichkeit und Weiblichkeit. Eine Geschichte nach der anderen zeigte die verheerenden Folgen des Spiels mit der Liebe. Viele beklagten, was sie den »Verlust« ihrer Jungfräulichkeit nannten. Sie vergaßen dabei, dass sie diese freiwillig weggeworfen hatten. Nachdem man alles, was man Repression und Tabu nannte, leichtfertig beiseite getan hatte, brachte die wunderbare, vielversprechende »sexuelle Freiheit« nichts als unvorstellbaren Jammer. Ärzte an den Universitäten mussten Studenten wegen *Impotenz* behandeln; denn wenn man nach Befriedigung in vielen Betten sucht, findet man sie nirgendwo.

Es gab aber auch eine erstaunliche Anzahl von Briefen, aus denen man einen Seufzer der Erleichterung verspürte, dass es noch einen Menschen auf der Welt gab, der die gleichen Vorstellungen über Reinheit hatte wie die Briefschreiber selbst.

»Ich habe mich durch *Leidenschaft und Reinheit* gequält, manchmal wütend, manchmal voll Freude. Sie schreiben es so, wie Gott es erwartet, das tut ganz schön weh!«

»Ich habe mich entschlossen, mit keinem Jungen mehr zu gehen, bevor er dies Buch gelesen hat und ihm zustimmt.«

»Wenn ich noch einmal eine richtige Freundin finde, muss sie *Leidenschaft und Reinheit* lesen.«

Das setzt den *Glauben* voraus; eine für die meisten meines Alters fremde Vorstellung.«

Natürlich widersprach ich dem Mädchen, das mir erzählte, sie habe das Buch zweihundertmal gelesen: »Sie erwarten doch wohl nicht, dass ich das glauben soll!«

»Ehrlich, Mrs. Elliot, *zweihundertmal*!«

Ein Mädchen sagte, dass wenn sie *Leidenschaft und Reinheit* in der U-Bahn lese, die Leute sich den Hals verrenkten, um über ihrer Schulter mitzulesen.

Manche sagten mir, wie schwer es sei, allein zu stehen unter den Altersgenossen. Ein Offizier, der acht Jahre in der Armee gedient hatte, berichtete von allen möglichen raffinierten Tricks, den die Frauen anwendeten, um ihn um seine Keuschheit zu bringen.

Ein Zweiundzwanzigjähriger schrieb: »Ich habe *Leidenschaft und Reinheit* wohl siebenmal gelesen (es ist eines meiner liebsten Bücher). Das ist praktisches Christentum, das die Ärmel aufkrempelt, was in meiner Generation so selten ist. Man hat uns zu lange die Ohren voll geblasen und wir sind es leid. Wir erwarten von jedem neuen Mitglied unserer christlichen Gruppe in Harvard, dass es *Leidenschaft und Reinheit* liest.«

»Warum hat uns all das niemand bisher gesagt?«, war die beständige Frage in solchen Briefen. Warum hatten sie es nicht, wie ich, von Eltern, Lehrern, Predigern und Universitätsprofessoren gehört? Warum hatten sie keinen Zugang zu den Berichten von solchen, die gewartet, durchgehalten und die Freude der Selbstverleugnung erfahren haben?

Das Buch hatte nichts Neues, nichts Originelles zu sagen. Die Geschichte war zwar meine eigene, aber die Grundsätze waren nicht meine Erfindung. Waren sie victorianisch? Nein, viel älter. Meine Geschichte war nur das Vehikel für einige zeitlose Wahrheiten, die immer wieder und viel effektiver artikuliert worden sind, als ich es je könnte. Das Schlimme war, dass diese jungen Männer und Frauen sich von der Lehre haben verführen lassen, die Befriedigung aller Wünsche und unkontrollierte Leidenschaften seien der direkte Weg zu Glück und Erfüllung. Ihre Helden waren Athleten und Unterhaltungskünstler, die Sex als Spiel und den Körper eines Menschen vom anderen Geschlecht als Spielzeug betrachteten und sich der sexuellen Promiskuität rühmten, als sei sie etwas Lobenswertes, oder gar eine Tugend.

Diese Briefe ließen mich über dies gefährliche Spiel nachdenken, das man »Miteinander gehen« nennt. Als wir Studenten waren, kaufte Jim Elliot mir einmal eine Cola und einmal lud er mich ein, ihn zu einem Missionsabend zu begleiten. Das waren alle unsere »Rendezvous«. Davon konnte keine Gefahr ausgehen. Es ist herzerfreuend, wenn Männer und Frauen berichten, wie sie die Gefahren dieses Spiels erkannt haben und ihre Liebe dadurch steigerten, dass sie ihre Reinheit bewahrten und den Weg des Gehorsams gingen. Lesen sie die Auszüge aus den Bio-

Einführung

grafien früherer Jahrzehnte oder aus dem vorigen Jahrhundert, als es das ungenierte Flirten noch nicht gab. Lesen Sie die Briefe von Zeitgenossen, Geschichten, in denen der Gute Hirte zwei Menschen zusammenbrachte. Jede Geschichte ist anders; denn Er kennt Seine Schafe mit Namen und führt sie auf Pfaden der Gerechtigkeit.

Ich überlasse dem Leser zu entscheiden, welches der bessere Weg ist.

Dabei hoffe ich, dass die Bibelstellen am Anfang jeden Kapitels eine Entscheidungshilfe bieten. Vielleicht finden Einzelne oder auch Gruppen weitere Hilfen durch die Gedanken am Ende jeden Kapitels.

1 Es kommt auf den richtigen Zeitpunkt an

Ich aber, ich habe auf dich vertraut, HERR;
ich sagte: Du bist mein Gott!
In deiner Hand sind meine Zeiten.
   Psalm 31,15-16

»Ich habe spät geheiratet, mit dreiunddreißig Jahren. Das war fast zwölf Jahre nachdem ich das erste Mal heiraten wollte. Jetzt kommen mir zwölf Jahre nicht sehr lang vor, damals aber erschienen sie mir wie eine Ewigkeit.

Die Hälfte dieser zwölf Jahre versuchte ich es auf weltliche Weise, eine Frau zu bekommen. Weil ich kein Christ war, meinte ich, die Last, die Richtige zu finden, sei allein meine Sache. Mir lagen die Singles-Bars und Ähnliches nicht; aber ich lag stets auf der Lauer. Was ich auch den Tag über trieb, immer galt ein Teil meiner Aufmerksamkeit der Suche nach einer Frau. War heute der richtige Tag? War das die Richtige? Müsste ich jetzt eine Unterhaltung beginnen? Sollte ich sie zu einem Rendezvous einladen?«

Diese Weltsicht bereitete mir manche Angst und viel Ärger. Mich verfolgte der Gedanke, Gelegenheiten versäumt oder mich nicht genügend produziert zu haben. Selbst wenn sich eine Bekanntschaft anbahnte, hatte ich wenig Freude daran; denn nur allzu bald merkte ich: Aus einer Heirat wird nichts. Was dabei aber oft herauskam, waren gefühlsmäßiges Durcheinander, falsche Hoffnungen und verwundete Herzen.

Mit sechsundzwanzig wurde ich langsam nervös, weil meine Freunde einer nach dem anderen eine Frau fanden und eine Familie gründeten. Dann brachten mich verschiedene Fügungen nach Massachusetts, wo ich Christ wurde und mich taufen ließ.

Als mir die Ansicht der Gemeinde über das Werben und Heiraten erklärt wurde, war ich verblüfft. Was? Ich sollte die Jagd und das Flirten drangeben und nur Gott die Sache überlassen und beten? Und mit einem Pastor darüber sprechen? Da ich ge-

Kapitel 1 – Es kommt auf den richtigen Zeitpunkt an

wohnt war, alles nach eigenem Wunsch in die Hand zu nehmen, schien mir das alles ziemlich verrückt; das war zu passiv, völlig unamerikanisch. Doch es war auch etwas daran! Besonders wenn ich die glücklichen Familien beobachtete, die diesen Weg gewählt hatten. Irgendwie schien die Sache Melodie zu haben und ich wagte einen Versuch.

Als Erstes empfand ich ein wunderbares Gefühl der Erleichterung. Zum erstenmal seit vielen Jahren entspannte ich mich, indem ich die Dinge Gott übergab. Ich war völlig überzeugt, dass Gott uns gern die Wünsche unseres Herzens erfüllt. Ich hatte bis jetzt gewartet, da konnte ich auch noch ein wenig weiter auf die perfekte Frau warten, die Gott für mich bereithielt.

Dann, nachdem ein einsames Wochenende dem anderen folgte, begann mein Entschluss zu wanken. Ich hatte eine gute Arbeitsstelle und einen netten christlichen Freundeskreis. Ich wohnte sogar bei einem frommen Ehepaar, das mich erziehen wollte. Aber der »alte Adam« in mir begann, gegen die Selbstbeschränkung auszuschlagen. Galt es nicht: Hilf dir selbst, dann hilft dir Gott!? War dies Warten auf die himmlische Auswahl nicht ein wenig zu extrem?

Das Ende war, dass ich beschloss, die anderen hinter das Licht zu führen. Ich brach wieder aus, bis mein Gewissen mich plagte und meine Verbindung mit Gott gänzlich verschwunden war. Schließlich kam ich zur Besinnung, nachdem mich ein Pastor ernst gewarnt hatte. Dann, nachdem ich weitere verletzte Gefühle erregt hatte, schloss ich mich zu meinem eigenen Schutz der Gemeinde wieder ganz fest an.

Dem entsprechend waren die Jahre geistlich gesegnet und gefühlsmäßig steinig. Mit zweiunddreißig meinte ich, ledig zu bleiben sei mein trauriges Schicksal. Ich sprach nicht viel darüber, doch begann ich zu fragen, ob Gott mich für immer ehelos sehen wollte. Diese Aussicht quälte mich. Dabei nahm ich wahr, dass viele Singles zufrieden und glücklich zu sein schienen, dass die Bibel beide Zustände guthieß und sogar der Ehelosigkeit den Vorzug gab und dass große Werke des Glaubens von Unverheirateten getan worden sind, nicht zuletzt von Jesus selbst.

Aber immer noch wollte ich gern heiraten. Lebenslanges Junggesellendasein erschien mir eine unerträgliche Last zu sein. Jedes Jahr, das vorbeiging, vertiefte in mir das Gefühl der Isolation, der Mangelhaftigkeit und dass ich es nicht schaffen würde. Beinahe wünschte ich mir, katholisch zu sein; da hatten die immer unverheiratet bleibenden, zumindest, was die Religion betrifft, einen »Vorteil«, während sich ein Single bei den Protestanten einfach nur als überflüssig vorkommt.

Während nun die Angst wuchs, rief mir Gott einen Namen ins Ohr. Er gehörte einer jungen Frau, die oberflächlich betrachtet, höchst unpassend erschien. Der Unterschied im Alter und was den Hintergrund und die Erfahrung anging, war viel zu groß. Doch wollte der Gedanke nicht weichen.

Gott hatte in gleicher Weise auch an der jungen Frau gearbeitet. Das zeigte sich schließlich. Wir wurden wie in einer heimlich arrangierten Hochzeit zusammengebracht – Gott war der Brautwerber. Niemals habe ich Seinen Willen deutlicher verspürt. Und Seine Wahl bestätigte sich in einer unbeschreiblich glücklichen Vereinigung.

Für mich bestand die wichtigste Lektion darin, dass Gottes Zeitpunkt viel vortrefflicher war als alle meine Planungen. Meine Frau erweist sich täglich als ideale Partnerin, obwohl sie zwölf Jahre jünger ist. Als ich mich zum Heiraten fähig hielt, war sie vierzehn. Das wäre nicht gegangen und so hatte ich zu warten.

Natürlich wusste ich das damals nicht. Wie Hiob sah ich nur mein augenblickliches Elend. Weil ich nicht sehen konnte, was Gott sah, »schlug ich gegen den Stachel aus«. Uns ist gesagt, dass wir vertrauen sollen, und wir finden sowohl in der Bibel als auch im persönlichen Leben Beispiele der Treue Gottes; und doch, wie oft vergessen wir das und beginnen zu zweifeln!

Mein Rat an heiratswillige Singles: Bleibt dran! Denkt niemals, Gottes Hilfsquellen seien erschöpft. Sie sind unendlich viel größer als unsere. Meint niemals, Er könne keinen Partner aus dem Nichts besorgen, wenn ihr zu dem Ergebnis gekommen seid, für euch bestünde wenig oder gar keine Aussicht mehr. Ärgert euch nicht darüber, dass die Schrift Wert darauf legt, Gottes Willen in dieser Angelegenheit kennen zu lernen. Er hat Seinen Willen in Bezug auf euch, ob ihr ihm folgt oder nicht. Wenn ihr Gott vorauslauft und versucht, etwas zu erzwingen, sind die Folgen oft tragisch. Die Statistik redet eine deutliche Sprache, ge-

Kapitel 1 – Es kommt auf den richtigen Zeitpunkt an

nauso auch all die persönlichen Fälle, bei denen wir von missglückten Liebschaften und gescheiterten Ehen hören.

Die Art und Weise, wie man in unserer Gemeinde die Brautsuche handhabt, scheint mir, Gottes Rezept gegen die Verwirrung unserer Tage zu sein, wenn sie vielen auch ungewöhnlich genug vorkommen mag. Die darin aufgewachsen sind, wissen das nicht immer zu schätzen und nehmen gesunde und glückliche Ehen für selbstverständlich an. Sie verlangen vielleicht, es möge alles »normaler« zugehen, während alle, die das »Normale« ausprobiert haben, wissen, wie untauglich es ist.

Letztlich kann aber niemand das Glück eines anderen garantieren, noch können wir leichtfertig den Singles geduldiges Warten anempfehlen, weil Gott vielleicht will, dass sie ledig bleiben. Aber wir können einander trösten und geistlicherweise Mut machen, den Willen Gottes anzunehmen. Ob wir Singles oder Verheiratete sind, alle werden Kummer erfahren; aber wahre Freude finden wir alle, wenn wir beständig das Joch tragen, das sich auf die Länge als »sanft« und »leicht« erweisen wird. [1]

---

[1] Tom Griffith in *Times of Restauration* (Amherst, N.H.: Kingdom Press, Januar 1987). Mit Erlaubnis.

Gedanken zu »Es kommt auf den richtigen Zeitpunkt an«:

Was Tom tat:

- er hörte mit dem Werben auf,
- er betete,
- er nahm die Hilfe eines Pastoren an,
- er hielt sich an die Gemeinde,
- er gab nicht auf,
- er verzweifelte nicht,
- er wartete,
- er trug das Joch Jesu Christi beständig.

Was Gott tat:

- Er gab Tom einen Namen ein.
- Er ließ alles nach perfektem Plan geschehen.

2 Sie ließ sich von ihren Gefühlen leiten

Seine Zuversicht ist ein dünner Faden,
und ein Spinngewebe ist das, worauf er vertraut.
Er stützt sich auf sein Haus, aber es hält nicht stand;
er hält sich daran fest, aber es bleibt nicht stehen.
  Hiob 8,14-15

Jetzt folgt der Brief eines Mädchens, die tat, was sie lieber nicht getan hätte.

»Die Party ist wundervoll. Vier Jungen für jedes Mädchen und genug Alkohol, den Ozean damit zu füllen. Die Leute haben noch Wochen später darüber gesprochen. Es war prächtig. Ja, ich habe Erfahrungen gewonnen; aber lasst mich erzählen, was ich verloren habe. Ich verlor alles, was mir wertvoll war: meine Gesundheit, mein Zeugnis als Christ, meine Integrität, mein Geld (man hat meine Schecks gestohlen) und meinen Freund. Ja, ja, den Stan. Ich will erzählen, wie ich ihn verlor. Das ging ganz einfach. Ich habe ihn betrogen. Er kam zu der Party. Wir tranken und wollten uns gegenseitig unseren Mut beweisen. Ich weiß nicht, wann er ging, weil ich betrunken war. Als ich gegen vier Uhr aufwachte, stand ein sehr hübscher Mann in der Küche. Ich flirte gern und irgendwie habe ich ihn einfach geküsst. Durch Gottes Gnade habe ich meine Jungfräulichkeit bewahrt, weil auch er noch mit niemand geschlafen hatte und weit unerfahrener war als ich. Ich weiß noch, dass er sagte, er könne keinen klaren Kopf behalten, wenn er mich küsste, darum ginge er jetzt.

Stan war einer von denen, die an eine höhere Macht glaubten, sich aber von den ›Frommen‹ abgestoßen fühlte. Ich war in der Gemeinde aufgewachsen und wusste von Anfang an, dass ich mit ihm keinen Umgang haben sollte; aber die Wahrheit ist, dass ich kein Gottvertrauen besaß. Gewiss hatte ich eine persönliche Beziehung zu Gott und ich tat manche guten Werke; aber mir war nicht klar, dass gute Werke ohne Glauben tote Werke sind. So war es mir leicht möglich, mich an jemand zu hängen, den ich anfassen konnte und der mich anfassen konnte! Stan hatte alles, wovon ich träumte – er war hübsch, er meinte, der Mann sollte der Herr im Hause sein, und er wartete drei Monate, ehe er mich küsste. Vorher war ich nie auch nur drei Monate mit jemand befreundet gewesen. Ich hatte den schmerzhaft unstillbaren Drang, von dem ich jetzt weiß, dass er vom Heiligen Geist kam, Stan zu bekennen, was ich getan hatte. Als er erfuhr, dass ich den Jungen in der Küche geküsst hatte, spielte es keine Rolle, wie ›offen‹ jene Beziehung war, sondern er machte mir unmissverständlich klar: Der einzige Grund für unsere Beziehung war der, dass ich sie gewollt hatte. Wie konnte ich an dem Abend gesagt haben, ich liebte ihn, wenn ich Stunden später dies Wort bedeutungslos machte! Er hatte mir nie gesagt, dass er mich liebe.

Nachdem wir ›aufgehört hatten‹, begann Gott, mir die Augen zu öffnen. Ich erkannte Seine Wahrheit und die Lüge, in der ich mich fast ein Jahr lang bewegt hatte. Ich traf ein Mädchen, das mir die Geschichte von Jim Elliot erzählte. Ich gab wenig Acht darauf, außer auf den berühmten Satz, man solle kein Tor sein, sondern loslassen, was man doch nicht fest halten kann, um zu gewinnen, was einem niemand zu nehmen imstande ist. Gott gab mir Julie als Beispiel, als starkes Beispiel dafür, was es bedeutet, auf Gott zu vertrauen. Sie lieh mir ihr Buch *Leidenschaft und Reinheit*. Ich kann gar nicht sagen, welche Befreiung es war, die kristallklare Stimme der Wahrheit zu hören. Allerdings begannen wir nach unserer Trennung das Theater zu spielen, ›gute Freunde‹ zu sein. Ich dachte, ich müsste das tun, um nicht als schwach oder ablehnend dazustehen. Ich dachte noch immer an ihn, und noch wichtiger, er dachte an mich. Doch plötzlich wurde mir klar: Alles, was Sie sagten, so unangenehm es meinem Herzen war, traf auf mein Leben zu. Sie waren eben tapfer, unbeugsam und fragten nicht danach, was in der Welt im Schwange war.

Zwei Tage nach meinem zwanzigsten Geburtstag gab ich Gott Recht und sagte Stan, er solle mich nicht mehr anfassen. Einen ganzen Monat habe ich nichts von ihm gehört. Ich hielt mich ganz nach Ihrem Buch und machte manchen Spaziergang, wobei ich Ihren Lektionen im Walkman lauschte. Wichtiger noch: ich hielt mich nahe an Gott, dessen große Liebe ich spürte.

Hätte ich nicht das Kapitel über das Werben und die Rollen

von Männern und Frauen gelesen, hätte ich ganz sicher Stan angerufen und eine Aussprache verlangt. *Warte auf Gott und halte den Mund* wurde mein Wahlspruch. Ich lernte eine Menge über Stan durch sein Schweigen, und noch viel mehr über Gott, weil ich mich in dieser Sache ganz Ihm überließ.

Stans Schweigen trieb mich fast zum Wahnsinn. Satan erfüllte mein Herz mit Fragen und Zweifeln, ob ich ihm überhaupt jemals etwas bedeutet hatte. Vielleicht wartete er aber auch, dass ich ihn anrief. Satan drängte mich, das herauszufinden. Schließlich hoffte ich ihn zu vergessen, nachdem ich Schluss gemacht hatte; aber leider nein. Täglich fragte mich Gott durch Sein Wort: ›Vertraust du Mir? Liebst du Mich?‹ Ich sollte ›Ja‹ sagen und ich wollte warten.

Ich war darauf vorbereitet, dass Gottes Zeit für mich nie kommen würde; aber ich habe gelernt, dass Er nur unsere Hingabe an Ihn prüfen will. Diese Prüfung kam vier Wochen, nachdem Stan aus meinem Leben verschwunden war. Er schickte mir eine zuckersüße Karte aus Key West, in der er vorschlug, wir könnten nach seiner Rückkehr etwas unternehmen. Er unterschrieb korrekt mit ›Dein Freund‹ und redete mich mit meinem schönsten Spitznamen an: ›Miss Wonderful‹. Gern hätte ich gesagt, ich hätte den Test bestanden, doch leider nein. Ich rief ihn zwei Tage später und danach noch mehrere Male an, bevor ich ins Ausland reiste. Darauf bin ich nicht stolz; aber Gott hat mir gezeigt, dass Er alles ist, was ich brauche, und nur in der völligen Abhängigkeit von Ihm werde ich glücklich sein.

Indem ich die wahre Kraft des Gebets entdeckt und ein wenig von Gottes perfektem Timing gesehen habe, ›fließt mein Becher über‹. Jetzt komme ich mit leeren Gefäßen zu Ihm.

Es ist leicht zu sagen, die Welt verstünde das nicht; aber Gott fragt mich dauernd, ob ich ihr Grund gebe, das verstehen zu wollen.«

Wir haben einen langmütigen himmlischen Vater. Geduldig wartet Er darauf, dass wir unser Vertrauen auf Ihn setzen, einerlei, was die Welt uns zu tun anrät, wie diese Geschichte zeigt. Unsere Verirrungen, Fehler und unser Ungehorsam verwundern Ihn nicht.

»Lasst uns nun mit Freimütigkeit hinzutreten zum Thron der Gnade, damit wir Barmherzigkeit empfangen und Gnade finden zur rechtzeitigen Hilfe!« (Hebräer 4,16).

Gedanken zu »Sie ließ sich von ihren Gefühlen leiten«:

- Alkohol vereitelt gute Absichten.
- Wenn eine Frau die Initiative ergreift, kommt es zu Verwirrung.
- Eine »offene Beziehung«, ein Abbruch, dann »das Theater, Gutfreund zu sein«.
- Beweisen diese Entscheidungen, dass man Gott zutraut, die Sachen zu regeln?
- Könntest du eine Bibelstelle angeben, die den Wahlspruch: »Warte auf Gott und halte den Mund« unterstützt? (Suche in einem bekannten Psalm danach!)

3 Gott kann wilde Pferde zähmen

Beständig wird der HERR dich leiten,
und er wird deine Seele sättigen an Orten der Dürre
und deine Gebeine stärken.
Jesaja 58,11

Bevor Fred Malir Christ wurde, war er schon verlobt mit einer Christin. Sie nahm ihn mit, das Evangelium zu hören, und als er sich bekehrte erhielt er den Ruf zum Missionsdienst. Das war ein ganz neuer Weg, einer, auf den seine Verlobte nicht vorbereitet war. »Ich will nicht die Frau eines Missionars sein«, sagte sie und blieb dabei.

»In meinem Herzen tobte ein erbitterter Krieg und der hielt ein halbes Jahr an«, schrieb Fred. Er verlor seine Freude am Herrn. Er fühlte, er konnte unmöglich das Mädchen laufen lassen. Der Gedanke, ein anderer würde sie heiraten, machte ihn wahnsinnig – aber später lernte er es: Gott kann wilde Pferde zähmen.

Geduldig begann Er Freds Herz zu erweichen, während dieser betete, Gott möge ihn willig machen, seine Liebe loszulassen. Am Ende dieser elenden sechs Monate des Ringens »setzte mir der Herr einige Gräten in meine Wackelpuddingnatur« und ich betete: »In Ordnung, Himmlischer Vater, ich gebe sie auf, vollkommen, absolut und vollständig!« Ich entdeckte, dass man die Heilige Schrift am Besten begreift, wenn man ihr gehorcht!

Sobald ich dem Herrn gehorchte, arbeitete Seine allmächtige Hand wie die eines vorzüglichen Chirurgen an meinem Herzen und nahm die Sehnsucht nach diesem Mädchen, das Er nicht für mich bestimmt hatte, aus meinem Herzen. Ich war in völlige Freiheit gesetzt.

Malir ging als Missionar nach Montevideo, der Hauptstadt Uruguays. Dort war er aufgewachsen. – Doch sein Wunsch zu heiraten verschwand nicht.

Zwölf lange Jahre gingen vorüber. Dann reiste er eines Tages in die USA. »Gott setzte mich während einer einstündigen Fahrt neben ein gläubiges Mädchen, in dem die Gegenwart des wunderbaren Herrn Jesus so lebendig spürbar war, dass ich in ihrer Person Christus neu lieb gewann. Eine ganze Woche hatten wir vielfache Gelegenheit uns zu sehen und mit einander zu sprechen. Uns beiden war bewusst, dass wir verliebt waren; aber war es der Wille des Herrn, dass wir heirateten? Vor meiner Bekehrung hätte ich das Mädchen erst geküsst und mich danach gefragt, ob ich sie mag. Jetzt aber war ich gläubig und Gott hatte mir gezeigt, dass ich ein Mädchen erst küssen durfte, wenn ich absolut sicher war, dass wir heiraten würden. So gab ich ihr keinen Kuss.

Ich hoffte auf irgendeine übernatürliche Offenbarung, etwa durch eine Stimme, die donnernd vom Himmel rief: ›Heirate das Mädchen!‹ Aber ich hörte nichts ...

Eine ganze Woche betete ich. An einem strahlenden Sonntagnachmittag am 26. Februar 1959 wurde ich auf eine unbeschreibliche Art von der tiefen Gewissheit überwältigt, dass es Gottes Wille war, *Ann* zu heiraten. Ich hörte keine himmlische Stimme; aber irgendwie war ich sicher, dies sei unmissverständlich Gottes Wille. *Ich wusste es*! Aber ich hatte ein Problem: Ann lebte in Virginia und ich in Uruguay, das so weit südlich des Äquators liegt wie Atlanta nördlich davon. Wie konnte ich diese Distanz überwinden?«

Gott versteht Brücken zu bauen. Fred schrieb an Ann von der Woche des Betens und der klaren Antwort. Dann unterschrieb er mit seinem Namen und im Postscriptum stand: Willst du mich heiraten? Drei Tage lang hielt er den Brief fest und wartete auf weitere Hinweise vom Herrn. Dann warf er ihn in den Postkasten. Er wusste, es würde zwei Wochen dauern, bevor er eine Antwort erhalten konnte, um so erstaunter war er, als er wenige Tage danach einen Brief vom 26. Februar erhielt.

Er las: »Ich vermute, dass ich erst, bei meinem Herrn in der Herrlichkeit erfahren werde, warum Er es mir so dringend machte, die ganze letzte Woche für dich zu beten. Und heute hat Er mir versichert, dass Er für alles, was du brauchst, Vorsorge getroffen hat.«

Schließlich kam die Antwort auf seine Werbung: »Am selben Tag, als der Herr Dir seinen Willen offenbarte, hat Er auch mir

Kapitel 3 – Gott kann wilde Pferde zähmen

gesagt, dass wir heiraten würden. Gott machte mir die Sache so deutlich, dass ich mich seither schon als Deine Frau fühle.«

»Und ich hatte ihr noch nicht einmal einen Kuss gegeben! Als wir später die Tage und die genaue Stunde überprüften, stellten wir verwundert fest, dass Gott uns beiden Seinen Willen zur gleichen Zeit kundgetan hat. Wir wurden im gleichen Augenblick veranlasst zu schreiben. Beide hielten wir unsere Briefe drei Tage lang fest und warfen sie gleichzeitig in den Postkasten. Unsere Briefe kreuzten sich irgendwo in der Luft und wir erhielten unsere Briefe im gleichen Augenblick! Welch einen wunderbaren Gott haben wir doch! Und wie minutiös und kompliziert verläuft Seine Hochpräzisions-Führung bei denen, die Seinen Willen erkennen und danach tun wollen!

Jetzt waren wir verlobt, doch hatten wir nun das Problem, die uns trennenden 8 500 km zu überbrücken.«

Auch diese Frage wurde göttlich gelöst. Fred Malir war Uruguayischer Staatsbürger und wohnte in einem armen Land. Er hatte kein Geld, um sich Extravaganzen zu erlauben; aber er erhielt drei Spenden, die zusammen 162 Dollar ausmachten. So viel verdiente auch ein einheimischer Missionar. Was kann man mit einem so kleinen Einkommen ausrichten? Eine Fahrkarte kaufen und Ann heiraten. Nur – er konnte keine Überfahrt für unter 400 Dollar bekommen, weder mit dem Flugzeug noch per Schiff. Schließlich entdeckte er eine Frachtfirma, die nur ein Flugzeug besaß und unversichert war. So wollte niemand damit reisen. Der Inhaber ließ den Preis bis auf 162,75 Dollar nach. Glücklicherweise besaß Fred noch 75 Cents.

Ich war überwältigt, gespannt und voll Freude. Mein himmlischer Vater hatte auf den Cent genau für die Bedürfnisse seines Dieners gesorgt. Mit der Zeit bekam ich meine Papiere, packte meinen Koffer, und dann ging´s zum Flughafen. Ein lieber Bruder, der von meiner Armut wusste, gab mir einen Umschlag mit etwas Geld. Es war nicht viel; aber es reichte, um beim Schalter des Busunternehmens sagen zu können: »Geben Sie mir eine Fahrkarte, die mich, soweit das Geld reicht, in Richtung Lynchburg in Virginia bringt.« Es reichte nur bis Danville in Virginia.

Ich versuchte per Anhalter auf der Autobahn 29 in nördliche Richtung zu kommen; aber niemand nahm mich mit. Drei Stunden wartete ich. Ich war sehr müde und begann, mutlos zu werden. So zog ich meine Bibel heraus und schlug sie aufs Geratewohl auf. Dort las ich: »Jeder, der an ihn glaubt, wird nicht zuschanden werden« (Römer 10,11).

Plötzlich kam eine riesige Freude in mir auf. In froher Erwartung betete ich: »Ich danke Dir, lieber Himmlischer Vater, ich glaube das, ich werde nicht beschämt werden, weil ich Dir vertraue. Ich habe mich ja nicht selbst hierher geschickt, *Du* hast es getan. So ist es *Dein Werk*, mich zu Ann zu bringen. Vielleicht lässt Du mich hier warten, bis eine Möglichkeit kommt, durch die ich viel näher zu ihrem Wohnort komme. Ich danke Dir. Ich bin in Deiner Hand. Im Namen unseres Herrn Jesus Christus. Amen.«

Ein Lieferwagen hielt an. Zwei Maler nahmen mich mit. Sie waren auf der Fahrt nach Lynchburg. Als ich ihnen von der Liebe Gottes erzählte, die Er zu allen Menschen hat, und dass er den Herrn Jesus Christus für uns hat sterben lassen, damit unsere Sünden abgewaschen werden können, wurden meine Malerfreunde sehr still. Ich vertraue darauf, dass sie in der Zwischenzeit Gott gesucht, Buße getan und an Jesus als ihren Herrn und Erlöser glauben.

Sie nahmen meinen leicht ausländischen Akzent wahr und fragten mich, warum ich in Amerika sei. Ich erzählte ihnen, ich sei gekommen, um meine Braut zu heiraten, die nicht weiß, dass ich komme und denkt, ich sei 8 500 km von ihr entfernt.

»Du willst uns erzählen, dass du völlig unangemeldet dahin gehst?«

»Ja, ich will sie überraschen!«

Sie lachten, und plötzlich sagte einer von ihnen: »Ich möchte dich zu ihr nach Hause bringen.«

»Oh, nein«, protestierte ich, »ihr beiden geht in Lynchburg eurer Arbeit nach; ich habe ein paar gute Freunde, die mich gern zu ihr bringen. Sie wohnt nämlich auf einer Farm, ganz weit von der Hauptstraße entfernt.«

Er dachte einen Augenblick nach, dann fragte er: »Was willst du lieber?«

Ich war einen Augenblick still vor Gott, dann antwortete ich langsam: »Wenn ihr es denn wollt, dann ist es mir natürlich lieber, wenn ich geradewegs zu ihr fahre.«

Kapitel 3 – Gott kann wilde Pferde zähmen

Sie brachten Fred zu der Farm und warteten draußen im Auto, während er hineinstürzte. Sein Herz schlug wild. Ann war »zufällig« im ersten Zimmer und öffnete die Tür.

Alles, was sie sagen konnte, war: »*Fred*!«

Alles, was er sagen konnte, war: »*Ann*!«

Fred schreibt weiter: »Im nächsten Augenblick lagen wir uns in den Armen. Das war unser erster Kuss. Plötzlich erinnerte ich mich an die Maler, die immer noch im Auto warteten. So gingen wir nach draußen und bedankten uns. Sie grinsten sehr fröhlich und freuten sich, dass meine ungewöhnliche Geschichte nicht nur ein Hirngespinst war.

Ich hatte nur fünf Cents in der Tasche; aber Gott schenkte uns eine großartige Hochzeit. Damals begannen unsere Flitterwochen, die Gott sei es gedankt, seit vielen Jahren bis heute anhalten.«

Vierzig Jahre später traf Fred seine erste Verlobte und erfuhr, dass sie einen Nichtchristen geheiratet hatte und trotz allen materiellen Überflusses bekannte, unglücklich zu sein.

Er endet seine Geschichte mit diesen Worten: »*Caveat emptor* – Käufer, nehmt euch in Acht! Mit diesen Worten pflegten sich vorsichtige Käufer auf den Märkten im alten Rom gegenseitig zu warnen, wenn man meinte, die angebotenen Waren würden auf die Länge nicht den Erwartungen entsprechen. Die Ehe ist ein ernstes Geschäft. Warum sollte man nicht den großen Oberaufseher selbst fragen? Nur er kennt den besten Partner für uns. Sonst meinst du einen *Pfirsich* zu bekommen, der in Wirklichkeit eine *Zitrone* ist. Frage zuerst Gott. Unter keinen Umständen heirate einen Nichtchristen – du handelst dir ein Desaster ein.«

Gedanken zu »Gott kann wilde Pferde zähmen«:

Fred lernte:

- Es war nötig, die Frau, die er liebte, loszulassen.
- Der beste Weg, die Heilige Schrift zu verstehen, ist der Gehorsam.
- Gott weiß die richtigen Leute zur richtigen Zeit an den richtigen Ort zu bringen.
- Man braucht keine übernatürlichen Offenbarungen.
- Gebet war für sie und für ihn der Schlüssel. Beide standen mit Gott in Verbindung.
- Gottes »Timing« ist perfekt.
- Gott kommt für die materiellen Bedürfnisse auf.
- Zu Gottes Führung gehörten auch zwei Maler, die den Anhalter aufnahmen.

4 Wunsch und Wille

Der Herr, HERR hilft mir.
Darum bin ich nicht zuschanden geworden,
darum habe ich mein Gesicht hart wie einen Kieselstein gemacht.
Ich habe erkannt, dass ich nicht beschämt werde.
   Jesaja 50,7

Fred Malir hatte Gott gebeten, ihn willig zu machen, seiner Liebe zu entsagen. Er *wollte* es nicht; aber er bat darum, willig gemacht zu werden. Obwohl der Kampf ein halbes Jahr dauerte, wurde ihm wirklich geholfen. Gott stärkte seine »Wackelpuddingnatur«, und so konnte er das Mädchen mit männlichem Entschluss abgeben und es der Hand Gottes überlassen.

Gehorsam brachte Freiheit. Aber dadurch verschwand nicht das menschliche Verlangen. Die Hoffnung auf eine Ehe ist etwas Gutes, etwas Gottgegebenes, das in Übereinstimmung mit der von Gott entworfenen menschlichen Natur steht. Doch für manche ist die Ehe nicht das Beste. Der Glaube empfängt Tag für Tag was ein liebender himmlischer Vater ihm zuteilt und überlässt Seiner Gnade und Seiner Entscheidung, ob Er die Wünsche des Herzens erfüllt oder diese verweigert.

Herr, vor dir ist all mein Begehren,
und mein Seufzen ist nicht vor dir verborgen.
Mein Herz pocht, verlassen hat mich meine Kraft;
und das Licht meiner Augen, auch das habe ich nicht mehr.
Denn auf dich, HERR, harre ich;
du, du wirst mir antworten, Herr, mein Gott.
   Psalm 38,10-11.16

Er beantwortet immer das Schreien der Männer und Frauen, die Seinen Willen (*gegen ihre eigenen Wünsche*) tun *wollen*. An dieser Stelle wird die Schlacht entschieden. Was wünsche ich mir? Was will ich? Das heißt: Was will ich tun? Mein Wille muss mit

Feuer getauft sein – gewaschen und gereinigt und als lebendiges Opfer für Gott dargebracht. Unser Gott ist ein verzehrendes Feuer.

»Mein Problem ist mein Herz«, schreibt eine Vierundzwanzigjährige. Damit legt sie den Finger auf den entscheidenden Punkt; denn dort müssen alle, die in Gott leben wollen, ihre Entscheidung fällen. »R. hat mich in den vergangenen Wochen wiederholt angerufen und mich wissen lassen, dass er mich sehr gern leiden mag. Ich ihn auch. Ich sähe es nur allzu gern, wenn Gott uns die Ehe erlaubte; aber wir beide fühlen, dass Er dies nicht will, wenigstens im Augenblick nicht. Als wir zusammen beteten, sagte er dem Herrn: ›Lass diese Beziehung so weit gedeihen, wie Du es willst – oder unterbrich sie, wann immer Du es willst.‹

Beachte die Gefühle: Er liebt mich. Ich liebe ihn. Ich hätte es nur allzu gern. Wir empfinden beide gleich.«

Die Schwierigkeit liegt darin, die Gefühle fest am Zügel zu halten. Sie mögen bestehen bleiben, doch dürfen sie das Handeln nicht bestimmen. Sie haben keine Autorität. Ein Leben in Gott wird nicht auf der Ebene der Gefühle geführt, sondern auf der des Willens. In der Bibel ist das Herz der Wille – es ist das Selbst des Menschen, der Ursprung aller Handlungen, die beherrschende Macht, die der Schöpfer dazu gemacht hat. Sie entscheidet die Wahl und die Tat.

Der Brief geht weiter: »Er hat noch Jahre vor sich, bevor er promovieren kann, und ich habe mich für ein Jahr der Mission zur Verfügung gestellt. Ich übergebe Gott mein Herz und meine Hoffnungen, immer wieder und wieder. Aber wenn es nach meinem ehrlichen Wunsch geht: Ich möchte gern heiraten! Ich *meine*, er ist ein wunderbarer Mann. Ich möchte ihn heiraten. Aber er fragt mich nicht danach.

Ich merke, dass meine tiefsten Wünsche nicht auf Jesus und sein Wort ausgerichtet sind, auch nicht auf die Arbeit in der Mission. Alles dreht sich um R. Das ist nicht richtig. Das ist falsch. Warum sollte ich etwas anderes wollen, als Gott gehorchen und Ihm dienen, sei es verheiratet oder ledig? Nur da werde ich ganz ausgefüllt und in Frieden sein – in Seinem Willen. Ich sollte Jesus vor allem anderen zu erkennen trachten – in Seiner Kraft und in Seinem Leiden. Mein Herz sollte da sein, wo

Kapitel 4 – Wunsch und Wille

Sein Herz ist. Eine Ehe, die nicht auf Gottes Willen basiert, würde zugrunde gehen – in meinem Fall ganz bestimmt. Mein *Kopf* weiß das – aber ich kann mein *Herz* nicht so weit bringen!

Ich glaube, die Antwort ist sehr deutlich – es geht hier um so etwas wie Gehorsam; ich soll den Herrn in Seinem Wort und im Gebet suchen und Ihm in meiner Familie und in der Gemeinde dienen.

Ich fürchte nur, dass wenn ich meine Hoffnungen und Träume aufgebe, sie niemals wahr werden! Und wenn ich nun nie heirate, wird Gott mir dann diese Wünsche wegnehmen?

Es ist eigenartig – wie ich so leicht vergesse, was ich so oft gelesen habe. Da sitze ich hier und überlege, was Sie antworten würden: ›Das ist alles Opferholz zum Verbrennen‹ – Stimmt´s? Aber warum muss es dann so weh tun?«

Vielleicht konnte die Frau durch die Niederschrift dieser Gedanken einen Anfang finden, Antworten auf den Sturm in ihrem Herzen zu bekommen.

»Warum sollte ich etwas anderes wollen als Gottes Willen zu tun, sei ich nun verheiratet oder ledig?«

Wenn einer sich vornimmt, dem Herrn ganz zu folgen, ist es nicht ungewöhnlich, sich unehrlich oder heuchlerisch zu empfinden. Der Feind der Seelen wird das schon betreiben. Wenn er uns überreden kann, durch unsere Wünsche unseren Willen auszuschalten, freut er sich. Überhöre das teuflische Geflüster, höre stattdessen auf einen Mann, der sich auf diesem Schlachtfeld auskannte: »Obwohl wir im Fleisch wandeln, kämpfen wir nicht nach dem Fleisch; denn die Waffen unseres Kampfes sind nicht fleischlich, sondern mächtig für Gott zur Zerstörung von Festungen; so zerstören wir Vernünfteleien und jede Höhe, die sich gegen die Erkenntnis Gottes erhebt und nehmen jeden Gedanken gefangen unter den Gehorsam Christi« (2. Korinther 10,3-5).

Hannah Whitall Smith hat ein hilfreiches Wort für dies Gefühl der Realitätsferne und Heuchelei:

> Lass dich dadurch nicht beunruhigen. Das hat nur mit deinen Gefühlen zu tun und ist keines Nachdenkens wert. Achte nur darauf, dass dein Wille in Gottes Hand ist, dass sich dein inwendiger Mensch Seinem Wirken, Seiner Wahl, Seiner Ent-

scheidung ausliefert und auf seiner Seite ist – und da bleibt. Deine quälenden Gefühle sind wie Schiffe, die an der Ankerkette zerren und nicht weiter kommen, als das Tau es gestattet; denn durch deine Willensentscheidung hast du sie der allmächtigen Kraft Gottes überlassen. So müssen sie sich am Ende geschlagen geben und ihren Aufstand gegen Ihn einstellen. Früher oder später wirst du sehen, wie wahr das Wort ist: »Wenn jemand seinen Willen tun will, so wird er von der Lehre wissen, ob sie aus Gott ist.«[1]

Wenn ich nun nie heirate – wird Gott mir dann diese Wünsche irgendwie wegnehmen?

Vielleicht wird Er das, ganz plötzlich und vollkommen, dass wir von dieser Last befreit werden, und uns unbefangen annehmen können. Vielleicht will Er das nicht, damit wir richtig verstehen, was es heißt, »arm im Geist« zu sein – uns immer unserer grundlegenden Erbärmlichkeit und Hilfsbedürftigkeit bewusst zu bleiben, damit wir auf nichts stolz sein können, nichts hätten, was uns verleiten könnte, Gutes von uns zu denken.

Es schmerzt, weil es Leiden, wirkliche Leiden sind; denn es wären keine Leiden, wenn sie nicht schmerzten. »In der Welt«, so sagt Jesus, »habt ihr Bedrängnis; aber seid guten Mutes, ich habe die Welt überwunden« (Johannes 16,33). Niemand von uns hat Schmerzen gern. Jeder möchte von Zeit zu Zeit, dass er »nicht so in die Mangel genommen wird«. Aber lassen wir es uns ein für allemal gesagt sein: Wir können nicht Christus und die Kraft Seiner Auferstehung kennen lernen, ohne auch Bekanntschaft mit Seinen Leiden gemacht zu haben.

Zusammen mit diesen Gedanken kommt oft auch ein anderer auf: Können *meine* Leiden irgendetwas mit den Seinen zu tun haben? Kann ich, obwohl meine schwankenden Gefühle so viel Unruhe und Kummer in mein Leben bringen, darauf hoffen, ein klein wenig Gemeinschaft mit Ihm in dieser Beziehung zu haben? Der Apostel Paulus hilft uns an dieser Stelle. Es gibt Gründe anzunehmen, er sei einmal verheiratet gewesen. War er Witwer? Hat seine Frau ihn verlassen? Oder was sonst? Er scheint mehr über Frauen gewusst zu haben, als es einem Junggesellen möglich ist. Er hat viele Arten schwerster Leiden erduldet, die eindeutig mit seinem Dienst für Gott im Zusammenhang standen (und nur wenige unserer Anfechtungen würden in *diese* Rubrik fallen, nehme ich an), doch sagt er:

Nicht, dass ich es schon ergriffen habe und schon vollendet bin, ich jage ihm aber nach, ob ich es auch ergreifen möge, weil ich auch von Christus Jesus ergriffen bin. Brüder, ich denke von mir selbst nicht, es ergriffen zu haben; eines aber tue ich: Ich vergesse, was dahinten, strecke mich aber aus nach dem, was vorn ist, und jage auf das Ziel zu, hin zu dem Kampfpreis der Berufung Gottes nach oben in Christus Jesus.
Philipper 3,12-14

Durch Gottes Gnade können wir seinen Willen tun. Wir können das Vergangene vergessen und auf das Ziel zu jagen.

---

[1] *The Christian´s Secret of a Happy Life* (Grand Rapids: Fleming H. Revell, 1916), S. 85

Gedanken zu »Wunsch und Wille«:

- Gott nimmt nicht unbedingt unsere Wünsche fort.
- Der Psalmist sagt, dass unerfüllte Wünsche reale Leiden darstellen. Der Herr Jesus selbst lernte den Gehorsam nicht an den Dingen, die Ihn erfreuten, sondern an dem, was Er litt (siehe Hebräer 5,8).
- Wille und Gefühle sind getrennte Bereiche, die beide von Gott gegeben sind. »Welch ein Meisterwerk ist der Mensch! Wie edel in seinen Gedanken! Wie unendlich in seinen Fähigkeiten!«, sagt Shakespeare.
- Hoffnungen und Träume sind für den Altar als Opfer bestimmt. »Jeden Gedanken gefangen zu nehmen« ist ein Akt des Willens.
- Denke über das Tau nach, an dem wir zerren!
- Selbst der Apostel hatte es noch nicht »ergriffen«. Er musste ihm aber, wie wir alle, nachjagen.

5 Wir haben es nie »Rendezvous« genannt

Und nun, auf was harre ich, Herr?
Meine Hoffnung gilt dir!
  Psalm 39,8

Die letzten drei Jahre war ich mit einem Mädchen aus unserer Gemeinde befreundet. Wir sind beide eifrige Mitglieder und leiten jeweils einen Hauskreis. Wir begannen die Freundschaft ohne Absicht uns zu verloben oder dergleichen. Ich war überhaupt nicht verliebt in sie; aber wir verbrachten gemeinsam manche Zeit mit Dingen wie Joggen, Radfahren und so weiter, weil beide daran interessiert waren. Im Januar beschlossen wir, uns als Freunde näher kennen zu lernen wie Bruder und Schwester, nichts weiter; aber seit der Zeit fühlte ich mich um so stärker zu ihr hingezogen, je mehr ich sie kennen lernte. Sie gefiel mir sehr gut; ich merkte sogar, dass ich verliebt war.

Nun, während der letzten drei Monate begannen wir, mehr Zeit mit einander zu verbringen. Wir nannten das nicht »verabreden« oder »Rendezvous«, weil wir das nicht wollten. Einer freute sich nur an der Nähe des anderen, wobei wir viel Zeit miteinander verbrachten oder am Telefon verschwatzten. Wie lernten uns immer besser kennen und merkten, wie es uns darum ging, unsere tiefsten Gefühle, Gedanken usw. auszutauschen. So schlang sich ein emotionales Band um uns beide. Ich entdeckte, dass ich ganz heftig in sie verliebt war, und sie gab zu, dies beruhe auf Gegenseitigkeit.

Das Ironische an unserer Beziehung war, dass wir gar nicht an die Ehe dachten; aber mit der Zeit reifte in mir der Wunsch, sie zu heiraten. Nach vielem Beten meinte ich auch, dieser Wunsch sei mir von Gott gegeben. («Habe deine Lust an dem HERRN und er wird dir geben, was dein Herz begehrt«; Psalm 37,4).

Ich möchte tatsächlich eines Tages heiraten. Bei all dem blieb sie dabei, sie wolle mich nur zum Freund haben, obwohl auch sie gebetet hatte, mich heiraten zu dürfen, wenn es Gottes Wille sei, was sie aber nicht glaubte. Ich weiß, dass sie, wenigstens jetzt, nicht den Wunsch zu heiraten hat, weder mich noch irgendjemand. Sie ruht in sich und hat das Gefühl, noch nicht dafür bereit zu sein. Sie hat das Empfinden, Gott wolle, das sie ihre Zeit zum Nutzen der christlichen Frauen einsetzen soll, die Gott ihr als Bekannte gegeben hat.

Vor einer Woche sagte sie nach dem Frühstück, sie sei der Ansicht, wir sollten nicht weiterhin unsere Zeit zu zweit verbringen, zumindest nicht in der gefühlsmäßigen und gedanklichen Intimität wie bisher, weil sie meinte, solche Intimität habe nur in der Ehe ihren Platz. Sie sagte, wir hätten uns gegenseitig zu stark aneinander gebunden, ohne die eheliche Verbindlichkeit eingegangen zu sein, und unsere Beziehung müsse korrigiert werden.

Das hat mich tief getroffen. In meinem Herzen ist eine große Leere. Sie war mir die Vertrauteste von allen. Ich brauche unbedingt solche ganz intimen Beziehungen; aber mir ist klar, das dies der Ehe vorbehalten bleiben muss. Erst dann können Geist, Seele und Leib daran beteiligt sein. Ich habe mich darein gefunden – wir müssen eine Zeit voneinander getrennt leben.

Nun, wir haben nie Unzucht betrieben; aber in unseren Herzen haben wir gesündigt. Wir anerkennen gegenseitig, das unser Ringen aufrichtig ist. Es war schwer; aber ich habe beschlossen, dass sie sich wegen meines Verhaltens keine Vorwürfe machen soll. («HERR, wer darf in deinem Zelte weilen? Wer darf wohnen auf deinem heiligen Berge? Der rechtschaffen wandelt und Gerechtigkeit übt und Wahrheit redet in seinem Herzen, nicht verleumdet mit seiner Zunge, kein Übel tut seinem Gefährten und keine Schmähung bringt auf seinen Nächsten«; Psalm 15,1-3). Wir haben uns nicht einmal einen Kuss gegeben, obwohl es zahllose Gelegenheiten dazu gab. Weil ich sie liebe, will ich alles unterlassen, was sie schmerzen könnte.

Ich habe sie schrecklich lieb. Und in meinem Herzen meine ich, sie sei die Richtige für mich. Gern würde ich sie heiraten. Wir passen ausgezeichnet zusammen. Ich habe beschlossen, Gott und Seinen Willen hier und jetzt zu suchen.

Was ich gern wüsste ist dies: Halten Sie es für unklug, willig auf Gott zu warten, damit Er ihr Herz so verändert, dass sie mich heiraten möchte?

Ich bin fest überzeugt, sie ist die Richtige für mich. Soll ich Gott bitten, es ihr klarzumachen, damit sie es mir dann mitteilt?

Kapitel 5 – Wir haben es nie »Rendezvous« genannt

Gedanken zu »Wir haben es nie ›Rendezvous‹ genannt«:

- Suche die drei Schritte heraus, die zu dem Verliebtsein führten.
- Wenn dies Paar nicht »miteinander ging« oder flirtete, was hat es sonst getan? Ist an der Sache irgendetwas ironisch, wie er meint?
- Wie würdest du die drei Fragen dieses Mannes beantworten?

6   Nur Freunde?

Hütet euch, ein jeder vor seinem Freund,
und setzt auf keinen Bruder Vertrauen!
Denn jeder Bruder treibt Hinterlist,
und jeder Freund geht als Verleumder umher ...
Sie lehren ihre Zungen, Lügen zu reden,
sie mühen sich ab, böse zu handeln.
Deine Wohnung ist mitten im Betrug.
  Jeremia 9,3-5

Auf Frauen, die eine eins-zu-eins-Beziehung zu Männern suchen, lauern unzählige Gefahren. Als Erstes ist die Frau nicht geschaffen, die Initiative zu ergreifen (darüber später mehr). Zweitens ist sie nur all zu oft unaufrichtig, was ihre wahren Motive betrifft. Ist es *nur* Freundschaft, die sie sucht oder doch noch etwas mehr? Drittens finden es viele Männer ganz in Ordnung, »nur als ein Freund« zu gelten, während sie mit der Frau auf eine Weise umgehen, die ihnen im Bezug auf einen Freund des gleichen Geschlechts nicht im Traum einfallen würde.

    Da ist eine Frau, deren tiefster Wunsch es ist, Ehefrau und Mutter zu sein. Ein Mann macht ihr zwei volle Jahre den Hof und drückt ihr gegenüber den Wunsch aus, sie zu heiraten. Er könne sich das Leben ohne sie nicht vorstellen. Sie gehen soweit, über die Art der Brautwerbung zu reden – er muss ihren Vater um ihre Hand bitten. Ihre Gemeinsamkeit, so sagt sie, war ganz anders, als alles, was sie vorher erlebt hatte. Nach zwei Jahren beschließen sie, dies Verhältnis zu beenden, um sich »auf Gott allein konzentrieren zu können« und nach 1. Korinther 7 »Muße zum Gebet« zu finden. Sie hören auf, Zeit miteinander zu verbringen und versuchen, »nur gute Freunde« zu sein. Das war nach ihren Worten »unglaublich schwer« für sie. Der Mann seinerseits hatte keine Probleme damit – »seine Gefühle« hatten sie eben geändert. Er wollte sie nicht mehr heiraten.

    Dann – plötzlich – änderten sich diese Gefühle abermals. Er

Kapitel 6 – Nur Freunde?

hatte nicht gemeint, was er gesagt hatte. Jetzt will er sie heiraten; doch nur wenige Monate später – schwupps – wechselt sein Gefühl noch einmal. Wieder nur gutfreund, versichert er ihr, sie sei ihm »sehr kostbar«, und wenn er sie vor dem Gottesdienst trifft, ist er stets zu einem Schwätzchen bereit.

Ist es für einen Mann oder eine Frau, die beide hoffen, einmal heiraten zu können, überhaupt möglich, den Nur-Freund-Status aufrecht zu erhalten?

»In den ganzen letzten Jahren«, schreibt eine andere, »fühle ich, wie ich ständig mutloser werde, weil ich den Männern gegenüber nur immer die Rolle der ›guten Freundin‹ oder des ›Kumpels‹ zu spielen habe, ohne dass sich meine Hoffnung auf eine Beziehung erfüllte, aus der etwas Ernsthafteres entstehen könnte. Vor drei Jahren fand ich einen und schnell wurde mir klar, dass ich in ihn verliebt war ... Er war erst kürzlich geschieden worden und ich wollte ihm Zeit lassen, währenddessen schien es aber, wir würden höchstens ›gute Freunde‹ sein. Ich merkte, wie er sich zurückzog ...

Eines Nachts sagte ich Gott im Gebet, mein Glaube stehe auf Messers Schneide. Ich träumte in dieser Nacht, dass mich einer meiner Freunde von der ersten Reihe einer hohen Zuschauertribüne hinabwerfen wollte, und ich hielt mich voll Angst krampfhaft am Sitz fest. Dieser Traum erschien mir wie eine Illustration meines Gebets: Ich fürchtete mich, alles Gott zu übergeben, weil ich meinte, Er würde mir nicht meine Wünsche erfüllen, oder wenn Er es täte, so brachte es mir Schmerzen ein ...

Schließlich sagte er, er sei mit niemand zu einer ernsthaften Beziehung fähig, doch wolle er mit mir in Verbindung bleiben!! Wegen meiner früheren Erfahrungen mit ihm, habe ich meine Zweifel daran. Und heute sah ich ihn mit einer jungen Frau beim Einkaufsbummel; wie ich erfuhr, ist er verlobt ... Ich habe schrecklich geheult!«

Ich erhielt einen wunderhübsch geschriebenen Brief von einer Frau aus Europa, in dem wortreich die Liebesgeschichte mit einem Mann erzählt wird, der ihr alle Gründe zu der Hoffnung lieferte, er sei ernsthaft an ihr interessiert, weil er sie heiraten wollte. Auf achtzehn Seiten entfaltet sie die Geschichte einer erstaunlichen Beziehung und wie gut sie zueinander passten, von ihren gemeinsamen

Zielen, von wunderbaren gemeinsamen Unternehmungen und wie es immer deutlicher wurde, dass sie heiraten würden.

Eines Tages sagte er: »Du bist eine nette Schwester.«

Sie war am Boden zerstört.

Sie fragte, ob ich ihr verraten könne, was Gott ihr damit sagen wollte.

An allen unseren Leidenserfahrungen sind die Übeltaten anderer schuld, seien sie beabsichtigt oder nicht. Da sind wir versucht, Vergebung zu verweigern, oder gar Gott die Schuld zu geben, das Böse zugelassen zu haben. E.B. Pusey hat mir den folgenden Grundsatz für mein Leben gegeben, den ich gern dieser zerschlagenen Person weiterreichen möchte:

> Dies nun sagt uns der Glaube, dass alles, sei es das Geringste oder unserer Meinung nach etwas Großes, jede Veränderung der Umstände, alles, was unsere Seele, unseren Körper oder unsere Befindlichkeit berührt, komme es durch die äußere unbewusste Natur, oder durch den Willen des Menschen, es sei gut oder böse, durch den hochheiligen und allliebenden Willen Gottes für einen jeden von uns zubereitet wurde. Was immer uns befällt, wie immer es uns befällt, wir haben es als den Willen Gottes anzunehmen. Wenn es uns durch menschliches Versagen oder durch Böswilligkeit oder Zorn befällt, immer noch ist es bis in die letzten Einzelheiten hinein Gottes Wille für uns. Denn wenn uns auch nur das Geringste ohne Gottes Zulassung geschähe, so gäbe es etwas außerhalb Seiner Herrschaft. Dann wären Gottes Vorsorge und Liebe nicht das, was sie sind, ja, der Allmächtige wäre nicht der Gott, den wir kennen, nicht der Gott, an den wir glauben, den wir anbeten und lieben.[1]

Eine andere Geschichte:

»Unsere Augen trafen sich oft in dem Büro, in dem wir arbeiteten. Eines Tages kam Jerry an meinen Schreibtisch und fragte mich, ob ich mit in die Cafeteria kommen wollte. Natürlich habe ich mich gefreut – er ist ein hübscher, höflicher junger Mann, nicht einer von der Sorte, die mit jeder Frau anbändeln wollen. Er schien sogar ein wenig schüchtern zu sein. Reserviert ist eine bessere Beschreibung. Beim Kaffee merkten wir, dass wir beide

Kapitel 6 – Nur Freunde?

an Auslandsarbeit interessiert waren, vielleicht als Fremdsprachenlehrer oder so ähnlich.

Ich merkte, dass ich oft an ihn dachte und fragte mich, ob wir Freundschaft pflegen könnten. Ich weiß, Sie haben für lange Geschichten keine Zeit, so will ich einige Monate überspringen. Nach einigen Kaffeepausen gingen wir gemeinsam in die Fußgängerzone unserer Stadt und ich konnte ihm helfen, ein Geschenk für seine Mama auszusuchen. Bei dieser Gelegenheit entdeckten wir, dass wir beide Christen sind und beide an der Außenmission interessiert waren, und ich war bestürzt, als er mir eröffnete, Missionar werden zu wollen. Schließlich entschloss ich mich, ihn und seinen Partner während der drei Monate ihres ersten Einsatzes zu unterstützen und ihnen beiden zu schreiben. Ich wollte nicht, dass Jerry sich etwas dabei dachte. Er antwortete einmal und fragte mich, ob ich irgendwelche Pläne fürs Ausland hätte. Als seine Zeit abgelaufen war, dachte ich, er würde bei mir anrufen und mir berichten, doch das tat er nicht. Ich wartete eine Weile, weil ich meinte, es sei nicht meine Sache, ihn anzurufen. Dann rief ich seinen Kameraden an und Jerry antwortete. Das war mir sehr unangenehm, denn das sollte mir nicht so ausgelegt werden, als ob ich Jerry angerufen hätte. So fragte ich ihn nach dem Wetter und seiner Arbeit und anderen Nebensächlichkeiten.

Dann hörte ich nichts mehr von ihm, bis mir jemand sagte, er sei krank. Ich fragte mich, ob irgendetwas daran auszusetzen sei, wenn ich mich nach seinem Wohlergehen erkundigte. Es dauerte eine Weile, bis ich den Anruf wagte, und bis ich mich selbst überzeugt hatte, das tun zu dürfen. Ich glaube, der eigentliche Rechtfertigungsgrund ergab sich aus der Beantwortung folgender Frage: Hätte ich von irgendeinem anderen erfahren, er sei krank geworden, hätte ich dann mit ihm telefoniert? Die Antwort lautete: Ja, ich würde anrufen! So tat ich es, und mir schien, es hat ihm gefallen.

Ich möchte gern andere ermutigen und sie im Gebet unterstützen, und er hat mir gegenüber niemals romantische Gefühle geäußert. Tatsächlich war alles, was er je schrieb, eine Notiz am Ende seines Rundbriefes, den er an seine Unterstützer schickte. Diese war herzlich und freundlich, aber von Verliebtheit war nie etwas zu spüren. Dies alles schreibe ich, damit Sie mir antworten können, was ich mit der großen Unruhe in mir anfangen soll. Es fällt mir schwer, darüber zu reden; aber ich will versuchen, alles so einfach wie möglich darzustellen:

Jerrys Hingabe an Gott ermutigt mich und fordert meinen höchsten Respekt.

Ich möchte gern regen Anteil an seinem privaten Leben nehmen. Selbst wenn er sich mit einem anderen Mädchen verlobt und sie heiratet, werde ich mich freuen, weil die beiden ein dynamisches Team für Jesus sein werden! Und tief in meinem Herzen wünsche ich, dass Jerry weiterhin von Gott gebraucht wird, andere Menschen mit der rettenden Botschaft des Evangeliums zu erreichen. Ich will nicht, dass meine Gefühle und Wünsche jemals Gott infrage stellen, oder dass ich von Ihm forderte, was ich gern verwirklicht sähe. Gott weiß, was das Beste ist.

Ich hätte Jerry gern sofort geschrieben; aber das hielt ich für zu aufdringlich. So ließ ich das Datum weg und brachte es fertig, den Brief zwei oder drei Wochen liegen zu lassen bevor ich ihn abschickte.

Als er schrieb, er wolle als vollzeitlicher Missonar arbeiten, weiß ich noch, dass ich dachte: ›Herr das ist der Richtige. Ich will ihn heiraten. Danke!‹ Denn für dieses Werk Gottes schlägt mein Herz.

Innerhalb meines begrenzten Horizonts sehe ich absolut keine Möglichkeit, ihn richtig kennen zu lernen. Ich werde mindestens noch zwei Jahre in Kalifornien bleiben.

Ich bin verwirrt, frustriert, habe ich noch Hoffnung? Hmmm. Ich glaube, mir würde es gefallen, ihn besser kennen zu lernen und doch in einer Bruder-Schwester-Beziehung zu bleiben. Ich möchte als Schwester hinfahren und nur das möchte ich sein.

Sollte ich ihm weiterhin schreiben?

Wie kann ich ihm Mut machen, ohne ihn zu manipulieren?

Welche Aufgabe könnte ich hier in Kalifornien übernehmen oder was will der Herr, dass ich es hier tue?

Die Hoffnung auf einen Ehemann ist klar und unzweideutig vorhanden: Ich möchte ihn haben! Unausweichlich folgt dann die Enttäuschung: Ich bin schon mit einem Bruder-Schwester-Verhältnis zufrieden. Die Doppelzüngigkeit ist nicht zu übersehen.«

---

[1] Mary Wilder Tileston, *Daily Strength for Daily Needs* (Boston: Little, Brown & Co, 1884), S. 67

Kapitel 6 – Nur Freunde?

Gedanken zu »Nur Freunde?«:

- Wenn Erwachsene zwei Jahre lang »miteinander gehen«, so wirkt das charakterformend. Denke an das Ergebnis der ersten Geschichte dieses Kapitels.
- Wenn ein Mann und eine Frau erklären, »nur Freunde« zu sein, scheinen die Ereignisse stets nach dem gleichen Muster abzulaufen. Beschreibe es.
- Diskutiere folgende Behauptungen: »Ich wollte nicht, dass sich Jerry irgendetwas dabei dachte« und »das sollte mir nicht so ausgelegt werden, als ob ich ihn angerufen hätte«.
- Wenn du Jerry wärest, hättest du dir nichts dabei gedacht? Wie würdest du den Anruf deuten?

7 Das Elend mit den »Verhältnissen«

Gestatte deinem Munde nicht,
dass er dein Fleisch in Sünde bringt!
Und sprich nicht zu dem Boten Gottes:
Es war ein Versehen!
   Prediger 5,5

Der Anfang vielen Kummers ist die Verwendung des Wortes *Verhältnis*. Die Leute sagen: »Ich habe ein Verhältnis mit ...« Eine Mutter sagt nicht: »Ich habe ein Verhältnis mit oder zu meinem Kind.« Es ist eine von Gott eingesetzte Beziehung und wird als solche verstanden wie alle Beziehungen oder Verhältnisse, etwa zwischen Lehrer und Schüler, Arbeitgeber und Arbeitnehmer, König und Untertan, Ehemann und Ehefrau, Bruder und Schwester. Christen halten sich zurecht für Glieder der Familie Gottes und stehen dadurch mit den anderen in einem Verhältnis als Väter oder Mütter im Glauben, oder als Brüder und Schwestern. Aber niemand spricht von »Verhältnissen«, wenn einer zu diesen von Gott eingesetzten Kategorien gehört. Während ich ein Glied der Herde meines Pastors bin, sage ich nicht, ich hätte ein Verhältnis mit oder zu meinem Pastor. Täte ich das, so würde die Gerüchteküche brodeln.

Ein Frau in den Dreißigern erzählte mir, sie sei in einen Mann verliebt, »der sich nicht auf ein Verhältnis einlassen wollte«. Das warf in mir verwirrende Fragen auf. Zum Beispiel:

Hat er ihr von sich aus diese Information zukommen lassen, oder hat sie ihn um seine Einwilligung gebeten?

Hat sie erklärt, was sie unter *einlassen* versteht?

Was mag sie erwartet haben?

Hat einer von beiden erklärt, was ein *Verhältnis* ist?

Sie hat es mir nicht gesagt.

»So hielten wir die Sache auf der Freundschaftsebene. Ich hatte wirklich das Gefühl, er brauche eine Freundin und ebenso deutlich empfand ich, dass ich das sein sollte.« Der Mann war

Kapitel 7 – Das Elend mit den »Verhältnissen«

durch die Lebensumstände verletzt, wurde zusehends verbitterter und driftete immer weiter von Gott ab, »doch ich fühlte mich weiterhin zu einer Freundschaft verpflichtet. Ich wollte einfach nur für ihn da sein. Naja, wir sind viel zu weit gegangen. Ich hatte immer sehr auf meine Reinheit vor dem Herrn geachtet, so brachte mir der Fall in Unzucht viel Scham und Schande. Ich war in eine äußerst verletzliche Situation geraten.«

Wenn eine Christin ihre Sympathien einem Mann anbietet, der sich von Gott abgewandt hat, ist sie tatsächlich in einer sehr verletzlichen Situation. Könnte sie noch sagen, sie unterhalte ein normales Verhältnis, wie etwa das zwischen Bruder und Schwester, oder zwischen Freunden? Oder war das etwas ganz anderes?

»Aber er wollte mein ›Nein‹ nie als Antwort gelten lassen. Ich habe immer gekämpft, dann aber auch immer nachgegeben. Dann fühlte ich mich jedesmal so schuldig, kam aber immer wieder, um die Beziehung zu kitten, weil ich mich für den Erfolg unseres Verhältnisses verantwortlich fühlte – denn was er brauchte, war ein Freund. Er weiß, dass ich ihn liebe, habe ihm aber immer gesagt, dass es mir wichtiger ist, seine Freundin zu sein.«

Wie geht einer mit dem Wunsch zu heiraten um, wenn jahrein jahraus aus den »Verhältnissen« nichts wird?

Der Ehewunsch ist gut und natürlich. Ab und zu hören wir von einem jungen Menschen sagen, er gebe für eine Reihe von Wochen oder Monaten das Suchen auf. Ein Seminar-Student berichtete uns, er habe der gesamten Brautwerbungsszene für das ganze nächste Ausbildungsjahr den Rücken gekehrt. Wir gratulierten ihm dazu. Er ist ein sehr attraktiver Mann und hatte eine Reihe attraktiver Freundinnen. Dadurch wurde sein Studium stark in Mitleidenschaft gezogen. Sein Entschluss war nachahmenswert. Einen Monat später erwähnte er, er habe ein Mädchen zum Abendessen eingeladen.

»Eine Verabredung?«, fragten wir.

»Oh nein. Nur Freundschaft!«

Sehr bald danach war er Hals über Kopf verliebt. So viel zu seiner Willensstärke, gefasste Entschlüsse zu verwirklichen.

Eine junge Frau erzählte mir, sie wolle sich ein Jahr lang von allen Verabredungen enthalten und sich nicht verlieben. Wir bestätigten, dass dies eine gute Idee sei. Aber sie hatte ein Problem, Sie sehnte sich nach »Freundschaften«. Im weiteren Gespräch kam dann – nicht sonderlich überraschend – heraus, dass sie über Freundschaften mit dem anderen Geschlecht redete. Das wird nichts. Einige wenige werden das eine gewisse Zeit über aufrecht erhalten können. Gewöhnlich aber will einer der beiden, die »nur Freunde« sind, mehr als nur Freundschaft haben.

»Als die Jungen merkten, dass ich nicht flirten wollte, hatten sie an meiner Freundschaft kein Interesse mehr.«

Genaue Definitionen wären hilfreich.

Dann kam ein Bewunderer dieses Mädchens und bat sie um ein Rendezvous. Das war das Ende des Jahres »ohne …«

»Ich war in meiner Hingabe an Gott schwankend geworden. Ich überlegte: Was mich am meisten zu ihm hinzieht, ist sein Glaube.«

Man kann nicht umhin, ein wenig skeptisch zu sein. Der Hauptanziehungsgrund der Glaube? Mag sein. Aber das Herz ist unergründlich. »Trügerisch ist das Herz, mehr als alles, und unheilbar ist es. Wer kennt sich mit ihm aus?« (Jeremia 17,9).

Würden Männer und Frauen ihre Motive aufrichtig beurteilen, wären viele Fallgruben umgangen worden.

Eine verheiratete Frau schreibt von ihrem großen Elend, das sie zu Hause erträgt, dazu gehört auch der tiefe Kummer wegen ihres Mannes: »Ich war ins Fitness-Studio gegangen, um ein wenig zu trainieren. Diese Übungen, dachte ich, würden mir gut tun. Ich bin verletzt und einsam. Dort traf ich einen Mann und wir wurden richtig gute Freunde. Er hat es schwer zu Hause und braucht jemand, um sich auszusprechen. So hatten wir einige sehr gute und in die Tiefe gehenden Unterredungen, die uns nach meiner Meinung gutgetan haben. Aber wir sind zweifellos zu weit gegangen. Wir hatten Sex miteinander. Jetzt fühle ich mich schuldig. Was soll ich machen?«

Sie fühlt sich schuldig, weil sie schuldig geworden ist.

Die selbstverständliche Antwort besteht aus zwei Worten: Tu Buße! Das bedeutet, der Angelegenheit ins Auge zu schauen, mit all dem augenblicklich aufzuhören und eine Kehrtwendung um 180 Grad zu vollziehen und in die entgegengesetzte Richtung zu laufen, was in diesem akuten Fall bedeutet, nie wieder das Studio zu betreten. Wäre nicht ein langer, flotter, täglicher Spaziergang mit Gott im Herzen ein sichererer Ausweg von dem emotionalen Stress? Vielleicht wohnt sie in einer gefährlichen Großstadt. Dann sollte sie es mit Aerobic versuchen, indem sie die Treppen auf und ab rennt oder sie kauft sich ein Trampolin. Beides ist billiger als die Mitgliedschaft in einem Gesundheitsklub.

Ich habe einmal geschrieben: »Wenn dich deine Wünsche umtreiben, dann sag es Gott – *nicht* dem Gegenstand deines Begehrens.«

Ein Mädchen, das diesen Satz gelesen hatte, stellte folgende Fragen:

»Wann und wie lassen Sie es wissen? Nur wenn er seine Absichten kundtut, oder nur, wenn er fragt (ob ich ihn heiraten will)? Gewöhnlich braucht es sehr lange, bis Männer etwas sagen!«

Eine offene Werbung: »Willst du mich heiraten?«, ist die beste Möglichkeit, deine Gefühle zu zeigen. Es ist Sache des Initiators, das zu tun. Ein wahrer Mann wird das eher zu früh als zu spät machen.

»Ist es nicht Irreführung, wenn man nicht sagt, wie man empfindet?«

Er hat kein Recht darauf, bevor er nicht sagt, dass er empfindet, was zu einer Werbung gehört. Mein Vater hat meinen vier Brüdern gesagt, sie sollten niemals zu einer Frau sagen: »Ich liebe dich!«, wenn sie nicht bereit wären, dieser Erklärung augenblicklich folgen zu lassen: »Willst du mich heiraten?«

Was soll man tun, wenn man kein Fünkchen Verliebtheit bei ihm feststellt, selbst aber verliebt ist? Wie kann man sich davor schützen, dass die Gefühle wachsen?

»Halte ihn auf Armeslänge von dir«, war der Rat meiner Mutter. Und ich würde hinzufügen: »Die Emotionen können am Besten unter Kontrolle gehalten werden, wenn man sie der Herrschaft Christi unterstellt.« Lies dazu 2. Korinther 10,5.

An welchem Punkt (wenn überhaupt) würden Sie sagen: »Ich kann es einfach nicht mehr aushalten, mit dir zusammen zu sein, ohne zu wissen, was du empfindest?« Und wenn er sagt: »Nur Freundschaft«, wann würden Sie sagen: »Es ist mir unerträglich, mit dir nur als Freundin zusammen zu sein, mein Herz verlangt nach mehr, und nur das lässt mich hoffen?« »Kann ich mit Freunden über meine Gefühle reden?«

Fragen wie diese ergreifen die Initiative. Wenn du wirklich Schwierigkeiten hast, triff diesen Mann nicht mehr! Liebt er dich, wird er dir seine Gefühle zeigen.

Am besten ist es, mit niemand über die Gefühle für ihn zu reden. Seht, leicht kann er davon erfahren; aber vielleicht willst du ja gerade das?!

»Was ist, wenn man mit einem Jungen ausgehst und merkt, er hat Interesse an dir, ich aber nicht an ihm? Man hat nichts getan, als nett und fröhlich sein; aber nun fürchtet man, er hoffe auf mehr, und man gibt ihm auch den Anlass dazu. Wie kann man ihm auf taktvolle Weise zeigen, dass man nicht verliebt ist, wenn er über sein Interesse noch nichts verlauten ließ?«

Verabrede dich nicht wieder mit ihm. Er wird es nach einer Reihe von Absagen begreifen.

»Und wenn er sagt, er wolle mehr, und man lehnt das ab – und er sagt ›Auch gut‹, man aber merkt, er hat die Hoffnung noch nicht aufgegeben, wie kann man ihn daran hindern, seine Hoffnung aufrecht zu halten? Darauf bestehen, dass er nicht für dich zahlt? Darauf bestehen, nicht mehr mit ihm auszugehen? Die Freundschaft ganz und gar abbrechen?«

Siehe Antwort auf Frage 5!

»Einen Mann anrufen: Ist es in Ordnung, wenn (und nur dann) keinerlei Absicht oder Hoffnung auf ›mehr‹ besteht? Zum Beispiel eine Einladung zum Volleyball, oder zu einem Imbiss, oder zu einem Gespräch?«

Keine gute Idee.

»Und was ist mit denen, die in der Vergangenheit Interesse bekundeten, das man nicht erwidert hat – spielt man mit denen, wenn man sie hoffen lässt, die Freundschaft könne Bestand haben?«

Ja.

»Was ist, wenn ich einen, von dem ich auf Interesse an mir hoffe, aus dem Grunde anrufe, er möge doch in unserer Jugendgruppe eine Aufgabe übernehmen? Ich weiß natürlich, dass ein anderer ihn anrufen, oder dass er selbst aktiv werden könnte, wenn er in der Gruppe mitarbeiten wollte, wie er sagt.«

Kapitel 7 – Das Elend mit den »Verhältnissen«

Lass ihn die Initiative übernehmen.

»Wie wäre es, ihn zu einem Gruppentreffen einzuladen, in dem die Mädchen für sich selbst bezahlen?«

Gruppentreffen sind gut, solange die Männer den Vorschlag machen und die Rechnung übernehmen. Das gehört sich so für Verabredungen. Wenn es sich nur um eine Jugendgruppe handelt, die sich nach dem Gottesdienst etwa ohne bestimmte Absichten trifft, gilt das nicht als Verabredung, und jeder zahlt für sich selbst.

»Muss man ihn immer bezahlen lassen? Ich meine, das bringt ihn unnötig in Schwierigkeiten. Ich bewahre mir meine Unabhängigkeit, wenn ich sage: ›Ich zahle selbst!‹«

Wenn du merkst, er hat wenig Geld, schlag dann vor, zu McDonalds zu gehen. Besser dorthin zu gehen, wo er die Rechnung bezahlen kann.

»Wenn er nur nach mir fragt, damit er jemand hat, der etwas mit ihm zusammen tut, wenn er gerade Lust hat, ich aber mehr erhoffe, ist es dann Recht, dass ich ihn bezahlen lasse, weil er ja angerufen hat? Andererseits würde ich ihn nicht anrufen, weil er dann Angst kriegt, ich sei hinter ihm her. Sollte ich einfach meine Hoffnungen fahren lassen und ihn schlicht als Freund behandeln (ihn also ohne Weiteres anrufen und für mich zahlen)? Ich glaube ehrlich sagen zu dürfen, dass ich lieber eine Freundschaft habe, wenn schon keine Liebe, als gar nichts.«

Was soll ich dazu weiter sagen?

»Muss es immer der Mann sein, der auch bei *Freundschaften* die Initiative ergreifen soll? Mein Naturell ist auf andere gerichtet, muss ich das nun unterdrücken, wenn sie männlich sind?«

Wer hätte sich träumen lassen, dass Männer und Frauen in dermaßen verwirrende Beziehungen geraten konnten? Wenn die »Pfade der Vorzeit« überwuchert sind, wird alles schrecklich kompliziert. Aber das ist nichts Neues. Es ist schon lange her, dass der Prophet Jeremia sagte:

Mein Volk hat mich vergessen. Den nichtigen Götzen bringen sie Rauchopfer dar, und die haben sie auf ihren Wegen hinstürzen lassen, auf den Pfaden der Vorzeit.
Jeremia 18,11-13.15

Der einfache Weg sieht so aus:

»Einmal las ich in einem Artikel von Ihnen, Mädchen sollten nicht hinter den Männern her sein – keine Zettel mit kleinen Botschaften hinterlassen, rein gar nichts tun. Oh, wie hat das gewirkt! Ich steckte in der kleinen, aber starken Schlinge, Dinge zu unternehmen, von denen ich mir etwas versprach. Ich ging zum Herrn und bat um Vergebung und mir zu helfen, das abzustellen. Sieben Jahre später führte Gott einen Mann herbei, der von mir wegen meiner Tugendhaftigkeit angezogen wurde; denn ich trachtete danach, wie Sie sagen, Gottes Willen in meinem Leben zu tun. Der Mann ist der Werbende und der für alles zu sorgen hat. Es ist wunderbar, einfach ruhen zu können und es auf dem Altar zu lassen, und nichts nötig zu haben, als Gott zu suchen und zu reagieren.

Ich habe Ihre Auffassung anderen Singles mitgeteilt, die auch auf diesem Gebiet Frieden suchten, indem sie sich Gott unterwarfen.«

Meine Antworten waren vielleicht aufreizend schonungslos. Ist aufrichtige Freundschaft zwischen einem Mann und einer Frau denn wirklich unmöglich? Hört, was ein heiliger Mann, Franz von Sales, in seinem tiefgründigen Buch *Einführung in das hingegebene Leben* schreibt:

Heilige Freundschaft blickt nur auf das, was schlicht und bescheiden ist, sorgt nur für das, was rein und ehrlich ist, kennt keine Sehnsucht, als nur die nach dem Himmel, hat nichts Vertrautes, als nur was die Seele betrifft und kennt keine Klage als die, Gott nicht genügend zu lieben, als untrügliches Zeichen der Reinheit.

Weltliche Freundschaft verwirrt die Urteilskraft ... Heilige Freundschaft hat ein helles Licht und sucht sich nicht zu verbergen, sondern zeigt sich gern vor guten Menschen.

Wenn wir einen Mann sehen, der sich herausputzt und sich einer Frau nähert, um ihr zu schmeicheln, nach dem Munde zu reden und ins Ohr zu flüstern, ohne feste Heiratsabsichten zu haben, dann zweifellos, um sie zur Unreinigkeit anzustacheln. Und eine tugendhafte Frau wird ihr Ohr vor der Stimme des Charmeurs verschließen, der sie zu bezaubern sucht;

Kapitel 7 – Das Elend mit den »Verhältnissen«

doch wenn sie auf ihn hört, welch bedeutsames Zeichen ist dies, dass ihr Herz einmal verloren geht!

Junge Leute, die sich Blicke und Liebkosungen gefallen lassen, oder Dinge sagen, bei denen sie nicht überrascht (d.h., mitgehört) werden möchten von ihren Vätern, Müttern, Ehemännern oder Ehefrauen, liefern den Beweis, dass ihr Verhalten nicht ehrenhaft und ihr Gewissen nicht rein ist. Der Jungfrau Maria machte es Kummer, dass ein Engel in der Gestalt eines Mannes zu ihr kam, als sie allein war, und der pries sie überschwänglich, obwohl das ein himmlisches Lob war. Oh Heiland der Welt! Reinheit fürchtet einen Engel in Menschengestalt; warum fürchtet dann die Reinheit keinen Mann, und käme er in Engelsgestalt, wenn sein Lob nur menschliche Gefühle erregt?[1]

---

[1] New York: Joseph F. Wagner, Inc., 1923, S. 176-178

Gedanken zu »Das Elend mit den ›Verhältnissen‹«:

- Kläre deine eigenen Vorstellungen über das Wort »Verhältnis«.
- Überlege in Gottes Gegenwart, welches Verhältnis dir das wichtigste ist.
- Ist es für eine Frau gefährlich, Sympathie für einen Mann zu zeigen? Wie sieht es anders herum aus? Warum?
- Wenn ein Mann oder eine Frau meint, für die Ehe bereit zu sein, ist es dann wichtig (sehr? Überhaupt nicht?), wer die Initiative ergreift?
- Schreibe deine eigenen Antworten auf die dreizehn Fragen aus diesem Kapitel auf.

8 Was heißt »miteinander gehen«?

Drei sind es, die mir zu wunderbar sind,
und vier, die ich nicht erkenne:
Der Weg des Adlers am Himmel,
der Weg der Schlange auf dem Felsen,
der Weg eines Schiffes im Herzen des Meeres
und der Weg eines Mannes mit einem Mädchen.
Sprüche 30,19-20

In Tausenden von Fitnesszentren überall im Lande bewegen sich Männer in Shorts und T-shirts und Frauen in glänzenden, hautengen Hüllen zu stampfendem Beat. Nichts als Körper in Bewegung – Körper in den unterschiedlichsten Zuständen; aber im Vordergrund, unter dem strahlenden Flutlicht sind meistens die Männer mit den schwellenden Muskeln und die grazilen, elfengleichen Frauen in den tollen, aufreizenden Gymnastikanzügen. Weiter hinten sind die Gewichtigeren, Fülligen, die sich amüsieren.

Einer der Männer boxt schweißtriefend und keuchend wie wild in die Luft, während sich neben ihm eine heftig atmende Frau mit ganzer Konzentration durch das Aerobic-Programm kämpft. Im Augenblick achten sie nicht auf einander; aber nach der Übungsstunde werden sie zusammen zum Japaner essen gehen. Sie gehen miteinander. Studiobesitzer berichten, dass sich in ihren Kursen immer häufiger verliebte Paare finden. »Manchmal geben sie sich einen Abschiedskuss, wenn sie in die Umkleidekabine gehen«, sagte einer.

Ob vielleicht das Sportstudio das Kino oder das Restaurant als Treffpunkt ablöst? Kaum vorstellbar. Wer findet es attraktiv, einer schwitzenden Frau zuzuschauen?

»Ob ein Fittness-Studio zum Aufregen oder zum Abgewöhnen ist, hängt davon ab, wie gern man Schweiß mag«, schrieb ein Zeitungsjournalist. »Die Leiterin eines New Yorker Kunstprojekts mag ihn. Sie fand die Kombination von Training und Rendezvous ›sexy‹ – die strammen Muskeln, das gemeinsame

Schwitzen, der Duft‹.« »Wirklich ein ganz altmodisches Mädchen!«, war der Kommentar des Mannes, der mir den Zeitungsartikel schickte.

Ich hatte mein erstes Rendzvous (und wie sich zeigen sollte, eines der wenigen, das ich je hatte), als ich 1939 vor dem Abitur stand. Das bedeutete: Ein Junge lud mich ein, mit ihm zu einer Party zu gehen. Zufällig war es eine Halloween-Party unserer Gemeinde und er kam zu uns, läutete und wurde ins Wohnzimmer genötigt, um meine Eltern zu begrüßen. Sie sagten ihm, um welche Zeit sie damit rechneten, dass er ihre Tochter wieder heimbrächte. Los ging´s, zu Fuß natürlich, zur Kirche. Wir hatten es sehr lustig, bis einer vorschlug, Kussspiele zu machen. Da beschlossen wir, es sei Zeit, nach Hause zu gehen. Ned brachte mich ohne Umwege heim.

Alles war ganz einfach und ich kann mich nicht erinnern, dass es über das Verfahren irgendwelche Zweifel gab. Es lief so ab:
Der Junge bittet das Mädchen, niemals umgekehrt.
Er hat einen fertigen Plan für den Abend.
Sie hat die Einwilligung ihrer Eltern, zuzustimmen.
Er kleidet sich wie ein Gentleman und benimmt sich dementsprechend.
Es gibt keinerlei körperliche Berührungen.
Er richtet sich nach der abgemachten Uhrzeit.

Im Alter von vierzehn bis siebzehn besuchte ich eine Internatsschule im Süden, in der besonderer Wert darauf gelegt wurde, dass wir lernten, uns wie eine Lady, beziehungsweise wie ein Gentleman zu benehmen. Die meisten Veranstaltungen außerhalb des Schulunterrichts galten der gesamten Schülerschaft; aber in ganz besonderen Übungen ging es um das »Ausgehen«. Um »feste Freundschaften« und schon deren Anbahnung zu unterbinden, war es den Jungen verboten, dasselbe Mädchen zweimal hintereinander aufzufordern, und Mädchen durften eine Aufforderung nicht abschlagen. Dadurch lernten Jungen und Mädchen, wie man sich gesellschaftlich korrekt beträgt, und das unter strenger Aufsicht. So erlebten wir eine harmlos gute Zeit des Lernens. Wir wurden von unserem Partner unten an der Treppe ab-

Kapitel 8 – Was heißt »miteinander gehen«?

geholt – unter den Augen eines Lehrers, der in der Nähe saß, und verabschiedeten uns an der gleichen Stelle.

Lächerlich? Ja, grotesk in der heutigen Welt. Verrückt. Unnatürlich. Antiquiert. Und *unmöglich*. Man kann nicht dorthin zurück.

Sind wir uns dessen sicher?

Eigenartiger Weise erlauben die meisten von uns der Gesellschaft, die Verhaltensregeln zu bestimmen. Die Mode diktiert. Jugendgruppen diktieren. Ökonomie, Bekenntnisse, politische Parteien, Vereine, die Massenmedien, alle diktieren, was wir denken, tragen, kaufen, essen, trinken, anzuschauen, fahren, rauchen, drucken, lesen, schreiben sollen, worin wir schlafen, worauf wir sitzen, wofür wir kämpfen oder streiken müssen – ganz zu schweigen von dem, was man uns zu *glauben* nötigt. Wenn wir nun aber zu denen gehören, die Dinge glauben, die die Gesellschaft im Allgemeinen verachtet, ist es dann richtig, wenn wir uns beim Werben und Heiraten nach der Meinung eben dieser Gesellschaft richten?

Zum Beispiel wird der Ausdruck »miteinander gehen« immer noch verwendet, obwohl man kaum sagen kann, was er bedeutet. Eine Frau beschrieb ihn so: »Das ist eine Reihe von Annäherungen, bei denen man jeden küssen muss, mit dem man ausgeht«, eine Aussicht, die sie so niederdrückend fand, dass sie beschloss, nicht mehr an diesem Treiben teilzunehmen. Eine vor zehn Jahren zerbrochene Verlobung hatte sie äußerst depressiv gemacht. Schließlich entdeckte sie den Grund für ihre anhaltende Depression: »Wir taten alles andere, als die ganze Zeit ›miteinander *gehen*‹. Jedesmal haben wir stattdessen stundenlang miteinander *geschmust*. Jetzt begreife ich, wie sündig das war, und wie wir uns gegenseitig geschadet haben. Mir ist jetzt eine große Last von den Schultern genommen!«

Wie ich gezeigt habe, hat es eine Zeit gegeben, in der der Vorgang des Miteinandergehens völlig klar war. Jeder verstand auch, warum das geschah. Es war ein gesellschaftliches Engagement zwischen zwei Menschen verschiedenen Geschlechts, das auf die Ehe vorbereiten sollte.

Die Ehe selbst hat heute einen schweren Stand; da ist es kein Wunder, wenn es dem Miteinandergehen und dem Werben auch so ergeht. Damals meinten alle zu wissen, dass Jungen und Mädchen, Männer und Frauen irgendwie den richtigen Umgang miteinander lernen müssen. Diese Vorstellung ist ins Schwanken geraten, wie das Folgende zeigt.

»Ich habe *Leidenschaft und Reinheit* und Ihre Bücher über Männlichkeit und Weiblichkeit (*Das Kennzeichen des Mannes* und *Lass mich eine Frau sein*) gelesen, und ich habe Ihre Interviews mit Dobson schon xmal gehört. Mein Herz schlägt absolut im Einklang mit dem, was Sie sagen. Es funktioniert, Hurra! So muss man es machen!! Leider habe ich festgestellt, dass es in Wirklichkeit aber anders läuft. Anstatt dass die Männer die Führung und die werbende Initiative übernehmen (ihre von Gott verordnete Rolle), sind sie schlapp geworden, unsicher, bange vor einer Abfuhr und wollen kein Risiko eingehen, nicht einmal per Telefon eine Einladung aussprechen. Sie versprechen eine Verabredung und dann halten sie diese nicht ein.

Ich möchte an Gottes Ordnung glauben; aber wo ist sie noch zu finden? Stattdessen warte ich darauf, dass ein starker, sicherer Mann in mein Leben tritt, der keine Angst hat (einer, der gegen den Strom schwimmen mag, der herauszufinden wagt, ob ich ihn mag, auch wenn ich das nicht zeige), einfach, weil er weiß, was es heißt, eine Frau zu lieben und zu umsorgen, und sich für einen anderen hinzugeben. Wissen Sie, wer die Jungen abkriegt??? (Ich hasse das Wort ›abkriegt‹ – es hört sich an, als müsse man um eine Beziehung ringen und als ob Gott gar nichts damit zu tun hat!) Die Mädchen, die sich deutlich äußern kriegen die Jungen. Sie übernehmen sogar das Verabreden und das Werben. Es scheint, als ob die Mädchen, die gewöhnlich die Jungen eroberten, solche waren, die scheinbar ganz uninteressiert agierten, was die Jungen aus der Reserve lockte.

Und was den Spruch Ihrer Mutter angeht: ›Sei nicht hinter den Jungen her und halte sie auf Armlänge von dir weg‹, so habe ich ihn zu beherzigen versucht, allerdings nicht mit lang anhaltendem Erfolg. Gewöhnlich sagen nach einem einzigen Rendezvous Freunde zu mir: ›Vielleicht hast du dich nicht interessiert genug gezeigt, vielleicht haben deine Ansichten, deine Frömmigkeit oder Reinheit ihn eingeschüchtert; vielleicht warst du zu, zu, zu, zu; vielleicht warst du nicht genügend ... und so weiter und so weiter.‹

Kapitel 8 – Was heißt »miteinander gehen«?

Ich bin allmählich ganz durcheinander. Ich weiß nicht, was ich tun oder lassen sollte; am liebsten möchte ich das ganze Flirten und Kennenlernen an den Nagel hängen. Wo gibt es Beständigkeit und den Willen, ein Mädchenherz zu gewinnen und ihm Vertrauen zu schenken, koste es, was es wolle? Wo gibt es noch Ruhe, Sicherheit, Vertrauen, Freude und Vorfreude? Müssen wir aggressiv werden, weil die Männer es nicht sind? Ich versuche, eine Dame zu sein, in der Hoffnung, der Junge werde entsprechend ein Herr sein.

Es kommt mir vor, als ob ich gar nicht weiß, wie ich das Spiel weiter treiben soll. Ich kenne die Regeln nicht. Die Zeit rinnt dahin! Vielleicht spiele ich nach überholten Regeln, während die neue Zeit andere hat. Damals, als ich noch keine Christin war, wusste ich, was ich zu tun hatte; aber das ist lange her. Jetzt, seitdem ich mich entschieden habe, Gott das Regiment zu überlassen, ist alles schwieriger geworden und ich bin ganz verunsichert. Ich habe direkt Magenschmerzen bekommen bei dem Versuch das alles zu durchschauen. Ich weiß, Sie haben viel zu tun; aber wenn Sie einmal ein wenig davon erübrigen könnten, wäre ich sehr froh. Vielleicht wäre das keine vertane Zeit, weil Sie einer verlorenen Seele helfen würden; vielleicht könnten Sie auch noch ein Buch schreiben über meine wankelmütigen Fragen und dann Ihre handfesten Antworten darauf geben.«

Viele Briefe, die ich erhalte, zeigen, wie drastisch sich die Zeiten gewandelt haben. »Die amerikanische Weise sich kennen zu lernen«, schreibt ein junger Mann, »stinkt zum Himmel! Das ganze Fundament ist falsch – jeder sucht nur eine, die seine Bedürfnisse befriedigt, anstatt dass man wahre Liebe sucht und sich verschenkt und aufbaut.«

Die Partnersuche ist nicht nur sehr verwirrend, sondern offenbar auch äußerst gefährlich. Im Allgemeinen geht man davon aus, »miteinander gehen« bedeute Sex. Eine Absolventin einer Elitehochschule erzählte mir, nur ein Mann habe sie zweimal ausgeführt. Die anderen baten sie nie noch einmal, weil sie feststellen mussten, dass sie nicht mit ihnen ins Bett gehen wollte. Der eine, der ein zweitesmal kam, war zunächst der Überzeugung, sie sei nur noch ein wenig schüchtern, so dass er sie beim zweiten Treffen überreden würde. Selbst in dieser Atmosphäre konnte diese Frau ihre Jungfräulichkeit bewahren und an ihrem Hochzeitstag deren zeitloses Symbol, den weißen Schleier, mit Ehren tragen.

So einem »entspannenden« Rendezvous scheint keinerlei Ernsthaftigkeit anzuhaften. Eine Anzeige unter »Persönliches« in einer Zeitung gibt diese Haltung wieder:

> Sind Sie unter vierzig? Oder sehen Sie entsprechend aus? Intelligent, unterhaltsam (gar belesen), Hübschsein ist Bedingung, eine Schönheit wäre besser, etwas ganz Tolles wäre das Optimum, vereint mit einer großartigen Figur und einer lebenslustigen Persönlichkeit und der Freude an gelegentlichen erstklassigen Wochenend- und Ferienreisen in die Sonnengebiete im In- und Ausland, weil sie Spaß daran hat, und um mich zu begleiten, einen gut aussehenden Fünfziger; bin körperlich fit, Geschäftsmann, der sich halb zur Ruhe gesetzt hat, und der gern draußen ist und alle Sportarten betreibt, die besseren Dinge des Lebens schätzt und weiß, wie man eine Dame behandelt. Auf den Augenblick ausgerichtet bin ich nicht an einer Beziehung mit weiteren Bedingungen oder Langzeitverpflichtungen interessiert. Ich möchte nur meinen hedonistischen und romantischen Neigungen gemeinsam mit einer einfühlsamen Partnerin frönen, immer gerade, wenn es passt und man solche völlig sorglosen Spaß-Begegnungen genießen kann, solange sie eben dauern. Wenn Sie die Passende sind, kommen Sie mit! Brief und Bild erwünscht.

Völlig sorglose Spaß-Begegnungen! Ich kann mir vorstellen, das eine Reihe von Frauen darauf eingegangen sind.

Ein anderer schrieb an einen Anzeigenjournalisten: »Ich hab´ die Nase voll von all den Frauen, die ernst genommen werden wollen. Ich liebe Frauen und mir gefällt das Flirten; aber alles, was ich will, ist ein bisschen Abwechslung und ein wenig Gelächter.« Der Rat des Zeitungsmannes: »Laden Sie eine Hyäne zum Mittag ein!«

Kapitel 8 – Was heißt »miteinander gehen«?

Gedanken zu »Was heißt ›miteinander gehen‹«:

- Definiere, was du dabei suchst. Vielleicht ist es interessant, wie Männer es definieren würden.
- Wahr oder falsch?
  Das »Miteinander gehen« ist die beste Art der Partnerfindung.
  Das »Miteinander gehen« ist der einzig richtige Weg zur Ehe.
  Das »Miteinander gehen« hat nichts mit der Partnerwahl zu tun.
- Könntest du Alternativen zum »Miteinander gehen« nennen?
- Lies Epheser 4,17-20. Frage dich, worin sich, wenn überhaupt, dein Denken von dem eines Ungläubigen unterscheidet.

9 Das Wort eines betenden Vaters

Mein Sohn (meine Tochter),
wenn du mein Reden annimmst
und meine Gebote bei dir verwahrst,
indem du der Weisheit dein Ohr leihst,
dein Herz dem Verständnis zuwendest,
ja, wenn du den Verstand anrufst,
zum Verständnis erhebst deine Stimme,
wenn du es suchst wie Silber
und wie Schätzen ihm nachspürst,
dann wirst du verstehen die Furcht des HERRN
und die Erkenntnis Gottes gewinnen.
   Sprüche 2,1-5

»Vor sechzehn kein Rendezvous!«, sagte Faiths Vater.
   Als Faith dann so alt war, begann sie sofort, mit Jack auszugehen. Er war der Junge, den sie stets bewundert hatte. Er war ein Jahr älter als sie. Er war in der Schule bekannt und leitete die Jugendgruppe der Gemeinde. Nach einer Reise durch Europa beschloss Faith, sich nach ihrer Ausbildung einer Missionsgesellschaft anzuschließen. Jack schien ihr Interesse zu teilen, nur dachte er an eine andere Missionsgesellschaft. Es ging mit ihnen geistlich bergab, als sie sich emotional fester aneinander banden. Als Faith die Gefahr erkannte, wählte sie ein Kollege, das sie weiter von Jack entfernte, der ihr daraufhin anbot, einen Verlobungsring zu kaufen. Faith lehnte ab und erklärte, sie wolle auch mit anderen Jungen in dem Kollege Umgang haben. Jack versprach, auf sie zu warten.
   »Ich wusste, dass ich ihn nicht heiraten wollte; aber es gefiel mir, wie er sich um mich bemühte. Ich *benutzte* ihn. Nie sagte ich ihm, dass ich ihn keinesfalls heiraten wolle. Doch die ganze Zeit über plagte mich mein Gewissen, und ich begriff, dass diese Situation Gott nicht wohlgefiel.«
   Ein Missionar, der bei Faith zu Besuch war, bemerkte Jacks Aufmerksamkeit. Er fragte sie, wann sie Jack heiraten werde.

Kapitel 9 – Das Wort eines betenden Vaters

»Oh«, sagte sie, »ich habe absolut nicht die Absicht, ihn zu heiraten!«

Sie hat die Antwort des Missionars niemals vergessen. Er hatte ihr deutlich zu verstehen gegeben, wie böse es ist, einen Mann auf diese Weise zu behandeln. Wenn man miteinander geht, dann tut man das, um den Lebenspartner zu finden! Sie war irritiert, konnte aber seine Worte nicht abschütteln. Obwohl sie noch einige nette Männer auf dem Kolleg kennen lernte, entwickelte sich daraus nie etwas Ernsthaftes.

Eines Morgens im Sommer nach ihrer Graduierung, bemerkte Faith auf dem Weg zum Badezimmer, dass ihr Vater an seinem Bett kniete und betete. Das war nichts Ungewöhnliches, doch während sie sich wusch, dankte sie Gott für einen solchen Vater und sein geheiligtes Vorbild.

In dem Augenblick kam er an die Badezimmertür und sagte ihr, er habe ihr etwas Wichtiges zu sagen. Sie war »ganz Ohr«.

»Nun will ich dir was sagen, Faithie«, begann er, »und nachdem ich dir das gesagt habe, möchte ich keine Fragen beantworten – o.k.?«

Sie nickte.

»Faithie, heute in einem Jahr wirst du eine glückliche Ehefrau sein.« Dann ging er.

Das Mädchen stand wie betäubt. Ihr Vater war kein Charismatiker. Er hatte keine Visionen, sprach auch nicht in Zungen und betrachtete alle skeptisch, die von sich behaupteten, sie hätten »das Wort der Erkenntnis«. Er hatte nicht gesagt, Gott habe ihm das eröffnet, doch fühlte sie, dass dies so sein musste. Sie war sehr aufgeregt.

Eine neue Bibelschule wurde in jenem Herbst eröffnet und Faith war gebeten worden, bei der Vorbereitung mitzuhelfen und ein Dutzend Frauen zu betreuen, die dort eintreten würden. Sie freute sich, dass Ed, ein feiner junger Mann, den sie im letzten Semester am Kolleg kennen gelernt hatte, die Männergruppe übernehmen sollte. Sie begann, Hoffnung zu schöpfen, doch hielt er zu ihrem Kummer auf Abstand. Mit zweiundzwanzig fühlte sie sich als »alte Jungfer«, weil alle ihre Freundinnen verheiratet waren. Nachdem sie einige Tage darüber mit Gott gerungen hatte, kam sie zu dem Punkt, Gott zu sagen, dass, wenn es Ihm so gefiele, sie einverstanden sei, bis ans Lebensende ledig zu bleiben. »Und ich meinte das so!«, sagte sie.

Zwei Wochen später traf der erste Student ein. Er hieß Dave, der von niemand anderem als Ed am Flughafen abgeholt wurde. Die beiden trafen sie an, als sie gerade die Toiletten schrubbte – eine wunderbare Szene zum Kennenlernen.

»Das passte mir überhaupt nicht«, schrieb sie. »Ich sah in meinen Arbeitskleidern ziemlich schäbig aus.«

Obwohl Verabredungen an der Schule nicht verboten waren, machte niemand Gebrauch davon. Die Studierenden lernten zusammen, aßen zusammen, wuschen gemeinsam ab, spielten Tischtennis und hatten gemeinsam Gottesdienst.

»Vom ersten Augenblick an machte Dave einen tiefen Eindruck auf mich. Er war erst seit einem Jahr Christ; aber er war ganz anders als alle anderen Christen, die ich kannte. Er nahm es nicht für selbstverständlich, ein neues Leben empfangen zu haben. Er war sehr freundlich und machte vergnügt seine Arbeit in der Küche oder sonst wo. Er schien sehr ruhig und ernsthaft zu sein. Er verbrachte jede freie Minute zum Studium in seinem Zimmer. Auch sah er sehr gut aus. Alle Mädchen, mich eingeschlossen, waren hinter ihm her. Einmal hörte ich, wie er mit einigen seiner Kameraden über das Zölibat und dessen Vorteile sprach. Es war bewundernswert; aber ich war verzweifelt.

Mein Vater kam im November als Gastdozent an die Schule und ich erzählte ihm von Dave und wie nett er sei. Während der ganzen Woche nahm mein Vater jeden Abend eine Reihe von Studenten mit zu einem Imbiss. Jeder kam an die Reihe, doch Dave nahm er jeden Abend mit! Und mich auch! Ich habe es erst ein Jahr später erfahren, dass mein Vater zum Abschied in die Klasse kam und sich von jedem verabschiedete, dann bat er Dave, mit nach draußen zu kommen.

»Du weißt, Dave«, sagte er, »dass gerade du zu den jungen Männern gehörst, von denen ich immer hoffte, einer von ihnen würde meine Faithie heiraten.« Dann winkte er und verschwand. So einer ist mein Vater! Ich wäre gestorben, hätte ich das damals erfahren.

Vielleicht weil er Faiths Interesse an Dave spürte, tauchte Ed wieder auf und ging sogar soweit, um sie zu werben. Sie lehnte ihn ab. Einen Monat später stellte er ihr ein Ultimatum: Ent-

Kapitel 9 – Das Wort eines betenden Vaters

scheide dich jetzt oder nie. Sie blieb standhaft. Dave war nett zu ihr – und zu allen Frauen, doch zeigte er keiner ein spezielles Interesse.

»Immer noch«, dachte Faith, »würde ich meine Chancen gern wahrnehmen.« Doch Ed sagte sie: »Leider nein!« und hoffte verzweifelt, die richtige Entscheidung getroffen zu haben.

»An demselben Abend fragte mich Dave nach dem Unterricht, ob ich ihn um sieben Uhr in der Kirche treffen könnte. Ich sagte: »Klar!«, hatte aber keine Vorstellung, worüber er reden wollte.

Um sieben Uhr ging ich in die Kirche, und Dave traf mich an der Tür und sagte: »Könntest du um halb acht noch einmal kommen?« Gewiss. Um fünf vor halb klingelte das Telefon. Eins der anderen Mädchen nahm den Hörer ab. »Faith, das ist Dave. Er sagt, du sollst um acht kommen.« Was in aller Welt hatte das alles zu bedeuten!?

Um acht ging ich zur Kirche hinüber. Dave stand da und war sehr nervös. Wir gingen hinein und setzten uns vorn auf ein Podest. Dann sprang er auf und sagte: »Ich bin gleich wieder da.« Fünf lange Minuten dauerte das.

»Worüber wolltest du mit mir reden, Dave?«

»Ich habe versucht, deine Eltern zu erreichen. Ich frage nun (Pause) ob du mir erlaubst, dein Ehemann zu werden.«

Ohne Zögern sagte ich »Ja«. Wir umarmten und küssten uns das erste Mal. Es war unglaublich. Als wir am nächsten Morgen unsere Verlobung bekanntgaben, traf das die anderen Studentinnen wie ein Schock. Sie konnten es nicht fassen. Ich auch nicht. Niemals war ich so glücklich.

Dave wollte innerhalb eines Monats heiraten (das war im März), doch als wir es meinen Eltern sagten, bestand meine Mutter darauf, wir sollten bis zum Juni warten, damit sie eine schöne Hochzeit vorbereiten konnte. Auf eine große Hochzeit war Dave nicht gerade aus, doch wollte er meine Mama nicht betrüben.

Am 3. Juni 1978 heirateten wir, etwas mehr als acht Monate nach unserem ersten Kennenlernen. Papas kleine Prophetie war eingetroffen.

Ich will sagen, dass mein Mann Dave nicht vollkommen ist; aber er ist so nahe dran, wie es nur möglich ist. Ich danke Gott jeden Tag für ihn.

Gedanken zu »Das Wort eines betenden Vaters«:

- Da ist ein Mann des Gebets ...
- Und ein Mädchen, das seinen Vater achtet.
- Da ist ein aufmerksamer Mann, der das Beste seiner Tochter will und begriffen hat, dass ein Vater Verantwortung trägt, ihr zur Ehe zu verhelfen.
- Er erkundigt sich nach denen, die Faith gefielen und arrangiert eine Möglichkeit, Dave unter die Lupe zu nehmen.
- Gott benutzte einen Dritten, um zwei Leute zusammenzubringen.

10 Harmonie der Gegensätze

Der Mann ist das Haupt der Frau,
wie auch der Christus das Haupt der Gemeinde ist,
er ist der Heiland des Leibes.
Wie aber die Gemeinde sich dem Christus unterordnet,
so auch die Frauen den Männern in allem.
Epheser 5,23-24

Einer der bemerkenswertesten Briefe, die ich erhalten habe, kam von einer Ärztin, die mit einem Arzt verlobt war. Beide dienten in der Royal Airforce.

»Gott ist mit uns beiden unglaublich barmherzig umgegangen«, schrieb sie. Nachdem wir in der Vergangenheit viele Fehler gemacht haben, erfahren wir jetzt ein so wunderbares Beispiel für Frieden und Freiheit, seit wir dem Himmlischen Vater gehorchen.

Ich war die letzten sechs Monate in Deutschland stationiert und mein Verlobter in England. Der erste Brief eines Ehemanns in Ihrem Buch *Leidenschaft und Reinheit* erscheint uns jetzt sehr wahr zu sein: »Unsere Sehnsüchte dürfen unseren Appetit auf Leben nicht abwürgen.« Den Rat habe ich fürwahr zu beherzigen versucht ...

Während einer Busch-Safari im Nordwesten Australiens kamen wir zu der Hütte eines alten Mannes. Er lebte allein, hunderte Meilen von aller Zivilisation entfernt. Er war Christ und betete mit uns, nachdem er uns zu einer Tasse Tee genötigt hatte. In seiner dunklen, staubigen Hütte standen große Bücherstapel. Interessiert musterte ich seine Auswahl ... Ich sprach ihn auf zwei mir bis dahin unbekannte Titel an: *Lass mich eine Frau sein* und *Die Kennzeichen eines Mannes*. Er erklärte mir, dass er sie jungen Männern und Frauen unter den Aborigines ausleihe, damit sie sehen könnten, wie Jesus will, dass sie ihr Leben führen. Ganz erstaunlich! ...

Nach England zurückgekehrt, kaufte ich mir schließlich die

beiden oben genannten Bände. Ohne Sie mit Einzelheiten zu langweilen, möchte ich nur sagen, dass sie mir vielleicht mehr geholfen haben, als ich begreifen kann. Sie stellten die Freude an meinem Frausein wieder her, die eine ziemlich harte und verwirrte junge Frau irgendwie verloren hatte. Außerdem konnte ich es akzeptieren, dass Gott Männern und Frauen unterschiedliche Bestimmungen gegeben hat. Lasst uns die Unterschiede genießen und nicht bekämpfen! Wäre ich nicht zu diesem Herzenswissen durchgedrungen, wäre ich gewiss heute nicht verlobt.

Noch vor einem Jahr war ich ziemlich überzeugt, niemals zu heiraten. Offensichtlich hatte ich die »Gabe des Ledigbleibens« erhalten; denn ich war nie auf der Suche nach einem Mann gewesen. Ich freue mich, sagen zu können, dass entsprechend dieser Veranlagung, mein heutiger Verlobter derjenige war, der die Initiative ergriff und das Werben übernahm. Ich habe das nur genossen!

In meiner ärztlichen Praxis werde ich täglich mit den Forderungen und Erwartungen einer gefallenen Welt bombardiert. Berufskollegen können sich nicht einmal vorstellen, Gott als Partner zu haben und danach zu leben ... Bitte, lassen Sie die Bücher immer wieder nachdrucken!«

Die Bücher, der die Schreiberin in der Hütte begegnete, feiern die herrlichen Unterschiede zwischen dem Weiblichen und dem Männlichen Wesen. Das Erste schrieb ich als Hochzeitsgeschenk für meine Tochter Valerie, weil sie zu einer Generation gehört, die wegen des aufkommenden radikalen Feminismus immer weniger die Unterschiede zwischen Männern und Frauen versteht. Weil diese Lehre dazu dienen soll, die abgrundtiefen und deutlichen Unterschiede zu verkleistern, wenn nicht gar auszulöschen. Die erstaunlichsten Reaktionen kamen von Männern, die bekundeten, durch das Lesen dieses Buches erst verstanden zu haben, was ein Mann ist. Ich überlege so – es gehört schon ein zäher Mann dazu, mit einem Buch unter dem Arm herumzulaufen, das den Titel trägt *Lass mich eine Frau sein*! Vielleicht sollte ich ein Buch extra für Männer schreiben. *Das Kennzeichen eines Mannes* für meinen Neffen Peter de Vries macht deutlich, was ich für die biblische Schau der Maskulinität halte.

Kapitel 10 – Harmonie der Gegensätze

In einer Welt, in der Männer gemeinsam in die Wälder ziehen, Trommeln schlagen, schreien und bellen und einander weinend um den Hals fallen und Frauen laut und oftmals auf die wirrste Weise erklären, sie brauchten die Männer nicht, ist es kein Wunder, wenn man sich über seine »Rolle« nicht sicher ist. Wenn ein Mann und eine Frau zum Essen ausgehen, fragen sich beide: »Wird er/sie es übel nehmen, wenn ich das Bezahlen übernehme? Oder wenn ich es *nicht* übernehme?« Ich versuchte die Wichtigkeit der göttlichen Ordnung aufzuzeigen, die wunderbar unterscheidenden Merkmale des Weiblichen und des Männlichen und dass man erkennen muss, wie das ganze Weltall hierarchisch aufgebaut ist (Gott, Cherubim, Seraphim, Erzengel, Engel, Menschen – »ein wenig niedriger als die Engel« – und Tiere), ein Thema, das den meisten in unserer Gesellschaft ein Gräuel ist.

Doch »Unterordnung heißt nicht Geringersein«, schrieb P.T. Forsyth.

> Das ist göttlich. Das Prinzip hat seine Wurzeln letztlich in der Verbindung innerhalb der Dreieinigkeit ... Wenn wir anerkennen, dass keine Obrigkeit vom Teufel ist, ... muss ich auf dem christlichen Grundsatz bestehen, der sich direkt vom Wesen Gottes ableiten lässt und wesentlich ist für die Männlichkeit und Weiblichkeit, die Er geschaffen hat. Ohne den Geist der Unterordnung gibt es keine wahre Frömmigkeit, keine männliche Noblesse und keinen weiblichen Charme.

»Das Geschlecht ist Wirklichkeit, eine fundamentalere Wirklichkeit als die Sexualität«, schreibt C.S. Lewis in *Perelandra*.

> Sexualität ist in Wirklichkeit nur die Adaption auf das organische Leben, das zu einer viel fundamentaleren Polarität gehört, die alle erschaffenen Wesen trennt. Weibliche Sexualität ist nur eines der Dinge, die zum weiblichen Geschlecht gehört; es gibt viele andere. Und die Männlichkeit und die Weiblichkeit begegnen uns auf Wirklichkeitsfeldern, auf denen es schlicht bedeutungslos ist, ob man männlich oder weiblich ist.[1]

Philip Zaleski, der Religion am Smith College und Englisch an der Wesleyan Universität lehrt, bietet seinen Studenten folgenden »besonderen kleinen Test« an, wie er das nennt. Er gibt ihnen eine Liste von 15 Wörtern:

Maus	Amöbe
Junge	Hamburger
Sonne	Kartoffel
Engel	Moby Dick
Ente	Tadsch Mahal
Krabbe	Rolls Royce
Norwegische Kiefer	Mais
die Idee des Guten	

Dann bittet er seine Studenten, diese Begriffe zu ordnen, wobei sie die Wertskala wählen sollen, die ihnen die wichtigste zu sein scheint. Die weitaus meisten setzen die Sonne an die erste Stelle. Wenn der Professor auf eine Erklärung dringt, geben sie zu, dass sie nach dem ordnen, was wir das *Sein* nennen müssen.

Während die Idee von der Hierarchie in unserer modernen Welt leider verloren gegangen ist, ist das Gefühl dafür geblieben. Jeder weiß, dass Müll und Könige weder vergleichbar noch austauschbar sind. Aber sind Männer und Frauen, nur weil sie beide menschliche Wesen sind, austauschbar?

Ein Mädchen, das mir gesagt hatte, ich sei »hart, unbeugsam und könne nicht nachgeben«, erzählte mir auch: »Ich geriet in eine Situation, in der über einen guten christlichen Freund und mich viel getuschelt wurde. Es gab welche, die meinten, wir sollten uns zusammentun; denn er ›sähe so anders drein‹, wenn er meinen Namen nennt. Die Versuchung, die Initiative zu ergreifen, brachte mich beinahe dazu, die einzige Freundschaft zu zerstören, die ich je mit einem wirklich frommen Jungen hatte. Mir wird ganz elend, wenn ich daran denke, was passiert wäre, hätten Sie mich nicht so freundlich gebeten, auf Gott zu warten ... Jeden Tag hat Gott mich gefragt: Vertraust du Mir? Liebst du Mich? Meine Antwort musste ›Ja‹ lauten. Nur so konnte ich auf Gott warten.«

Der Verlust der Vorstellung von der Hierarchie (vom Griechi-

Kapitel 10 – Harmonie der Gegensätze

schen *hieros* = heilig, und *arche* = herrschen oder Anfang) hat zerstörend gewirkt. Die Männer leiden. Wenn sie ihre Männlichkeit nicht zeigen mögen, sind sie Jammerlappen. Tun sie es aber, so sind sie chauvenistische Sch…e. Gebärden sie sich stark, sind sie Machos; versuchen sie sich wie ein Gentleman zu benehmen, riskieren sie, die Frauen zu beleidigen, denen es um die Gleichberechtigung geht. (»Haben Sie mir die Tür offen gehalten, weil ich eine Dame bin??«, fragte eine kampflustige Studentin einen Professor. »Nein«, antwortete der, »ich hielt sie offen, weil ich ein Gentleman bin.«) Wenn sie warten, bis die Frauen sie angreifen, verlieren die Männer die Selbstachtung, oder sie durchleben eine schwere Identitätskrise – Wer bin ich? Ein Mann oder eine Maus?

Die Frauen leiden. Sie wollen die Gleichstellung in Beruf und Bezahlung. Sie wollen Macht und Freiheit; aber die meisten von ihnen möchten auch gesucht, umworben, umhegt und wertgeschätzt werden. Mit einem Wort, sie möchten die Ehe. Sie haben draußen nach Erfüllung gesucht und sich gleichzeitig nach Erfüllung im Innern gesehnt.

Zaleski sieht in dem Verlust der Hierarchie den Grund für die schwerwiegendsten Missstände: den Zusammenbruch der Familie, die Billigung der Abtreibung, den ungehemmten Umgang mit der Sexualität, Streit, Mord und Grausamkeit. (Seine Ansichten finden sich in dem Artikel: »Ein besonderer Test«, *First Things*, Januar 1994.)

Kein Wunder, dass die gesamte Szene der Annäherung der Geschlechter im Argen liegt. Für nahezu alles gibt es einen richtigen und einen falschen Weg. Gott hat kein Verwirrspiel geschaffen. Er bestimmte dem Mann den höheren Platz und befreite dadurch uns Frauen. Die sexuellen Unterschiede sind nicht auf die Anatomie beschränkt.

---

[1] New York: Macmillan, 1965, S. 200

Gedanken zu »Harmonie der Gegensätze«:

- Die Schriftstelle aus dem Epheserbrief, die am Anfang dieses Kapitels steht, enthält den Grund für das Argument, Männer hätten die Initiative zu ergreifen und die Frauen sollten darauf reagieren. Kannst du die Verbindung erkennen?
- Ist die Bestimmung des Ehemanns zum Haupt und der Unterordnung der Frau auf Kompetenz gegründet?
- Wem ist nach deiner Meinung die schwerere Aufgabe übertragen? Erkläre deine Antwort.
- Untersuche die Aussage Forsyths: »Ohne den Geist der Unterordnung gibt es keine wahre Frömmigkeit, keine männliche Noblesse und keinen weiblichen Charme.«
- Macht dich der Gedanke an Rangordnung und Hierarchie a) dankbar, b) verwirrt, c) erleichtert oder was sonst?

11 Wenn Frauen die Initiative ergreifen

Ach, mein Volk, seine Antreiber sind Mutwillige,
und Frauen beherrschen es.
Mein Volk, deine Führer sind Verführer,
und den Weg, den du gehen sollst, verwirren sie ...
Weil die Töchter Zions hochmütig sind
und mit hochgerecktem Hals dahergehen und verführerische Blicke
werfen und mit ihren Fußspangen klirren ...
  Jesaja 3,12.16

Ein Film, der während der Niederschrift dieses Kapitels gedreht wurde, handelt nach Zeitungsaussagen von den sexuellen Belästigungen der Männer durch die Frauen. Ein bestimmtes Paar war schon lange verliebt. Jetzt ist sie der Boss. Obwohl er eine Frau hat, zwingt ihn der aggressive Boss immer wieder zum Sex. Die Tatsache, dass dieses Szenario mehr Diskussionen hervorruft als das Gegenteil, zeigt nur, dass die Gesellschaft im Allgemeinen dies irgendwie abartiger und belustigender findet. Selbst solche, die auf der Gleichberechtigung der Geschlechter bestehen und höhnisch grinsen, wenn man gelegentliche Seitensprünge für etwas Falsches hält, mögen noch das Empfinden haben, dass die Männer, nicht die Frauen die Werbenden sein sollten.

Dies ist kein Buch über die Ehe. Es handelt von dem Weg zur Ehe. Wie ein Mann mit einem Mädchen umgeht, sollte die Unterschiede zwischen Männern und Mädchen berücksichtigen.

Gott hat Adam zuerst erschaffen. Dann, als Er eine Sache sah, die Er in Seiner Schöpfung »nicht gut« fand – dass der Mann allein bleiben sollte – schuf Er ein Geschöpf, das dem Mann wunderbar gleich und wunderbar *ungleich* ist.

Sie wurde *für* den Mann gemacht.
Sie war buchstäblich *vom* Mann (»Gebein von seinem Gebein«).
Sie wurde *zu dem* Mann gebracht.
Sie bekam *von dem* Mann ihren Namen.

War sie nicht dem Mann »gleich«? Ja – auf dreifache, besondere Weise:
Beide waren von Gott gemacht.
Beide waren im Bilde Gottes erschaffen.
Beide wurden unter moralische Verantwortung gestellt.

Aber die beiden sind auch bemerkenswert »ungleich«, und wie ich es sehe, *wunderbar* ungleich. Keine Konkurrenz, sondern Ergänzung. Haben Sie einmal gesehen, wenn ein Mann mit einer Frau Walzer tanzt? Wir haben das in Wien gesehen – ein professionelles Paar. Welch eine Schönheit! Welche Anmut! Welche Harmonie und Ergänzung! Welch ein wunderbares Gleichnis auf liebevolle Leitung und frohe Unterordnung! Hätte die Frau plötzlich den Einfall gehabt, die Führung zu übernehmen, wäre die ganze Sache aufs Scheußlichste verpfuscht gewesen.

Adam hatte das Vorrecht bekommen, die ihm von Gott gegebene Frau zu benennen. Darin liegt, wie bei der Namensgebung der Tiere, dass er die Autorität übernahm. Göttliche Autorität ist zum Aufbauen, nicht zum Niederreißen da (siehe 2. Korinther 10,8). Adam war also zur Verantwortung eingesetzt, seine Frau zu versorgen, zu schützen, zu erfreuen und zu *leiten*.

Sie war ihm zur Hilfe gemacht. Sie sollte ihm Trost und Stütze sein und ihn lieben. Er hatte die Initiative zu übernehmen und sie hatte zu reagieren.

Aber sehr schnell wurden die Rollen vertauscht. Eva wurde aktiv und missachtete Gott, indem sie von der Frucht des Baumes der Erkenntnis des Guten und Bösen aß. Der Herr hatte verboten, diese Frucht zu essen, weil Er den Mann und die Frau nicht geschaffen hatte, die schreckliche Last dieser Erkenntnis tragen zu können. Eva hielt die Worte der Schlange für vertrauenswürdiger als Gottes Worte und Adam ließ sich mitschleifen.

Sie ergriff die Initiative und Adam reagierte. Sünde, Kummer und Tod waren die Folgen.

Achtet bei den folgenden Geschichten darauf, was geschieht, wenn die Frauen die Führung übernehmen.

»Sechs Monate nachdem ich Christus als meinen Retter gefunden hatte, wurde ich stark von einem ledigen Mann in unserer

Gemeinde angezogen. So rief ich einen unserer Pastoren an, den ich gut kannte und fragte ihn, was ich machen sollte. Ich wusste, dass zwischen der weltlichen Weise (in der ich dreiundzwanzig Jahre gelebt hatte) und den Wegen Gottes ein Unterschied bestand.

Ach wie wünschte ich, er hätte mir Ihren Rat gegeben! Stattdessen sagte er mir, als meine Gefühle auch einen Monat später noch anhielten, ich solle das den jungen Mann wissen lassen. Großer Fehler! *Drei* andere Pastoren der Gemeinde gaben mir den gleichen Rat und sagten: ›Wäre ich eine ledige Frau, würde ich …‹ Aber sie waren keine ledigen Frauen! Jetzt sitze ich da mit einer gespannten Beziehung zu einem Mann, den ich oft sehe, weil wir zur gleichen Gemeinde gehören und dieselben Freunde haben.

Ich wünschte am anderen Ende der Welt zu sein! Ich muss sagen, dass es einige Leute gab, die mir rieten, wie Sie es tun (wie Sie sehen, haben ich mit viel zu vielen Leuten gesprochen und es an der nötigen Diskretion fehlen lassen); aber ich habe nicht auf sie gehört. Glücklicherweise hat mir der Herr das jetzt deutlicher gemacht. Ich bin nun offener für solche ›altmodischen‹ Ideen. Ich danke Ihnen, dass Sie uns jungen Frauen eine Chance geben!«

Die Autorin eines Buches mit einem ähnlichen Titel wie *Momentaufnahme* gab ein Interview im Fernsehen. Obwohl sie ihren Theorien hochtrabende Namen gab, brachte sie den Frauen in Wirklichkeit bei, wie man flirtet (als ob Evas Töchter das lernen müssten!). Wie vielen gefühlvollen Frauen gehen folgende Ratschläge wie Honig ein: Lernen Sie Strategien, attraktiv zu wirken! Sprechen Sie eine Sprache, die Sie dem Gegenüber ins Bewusstsein rückt (»wenn ich Sie sehe, sagt mir eine innere Stimme, wir passten zusammen«)! Entwickeln Sie sensorische Kommunikation! Das geschieht am besten, indem Sie die Körperbewegungen Ihres Gegenübers nachahmen.

Dass die Frauen scharenweise solchen Quatsch ergriffen in sich hineintrinken, ist nicht verwunderlich, wie ich denke. G.K. Chesterton bemerkt dazu: »Wenn die Leute aufhören, an Gott zu glauben, hören sie nicht auf zu glauben – sie glauben fortan alles!«

»Ich sitze seit der Studentenkonferenz in einer Achterbahn. Dort traf ich einen großartigen Jungen. Es schien zwischen uns zu funken und ich war hoch entzückt über seinen geistlichen Hunger – ein Mann nach dem Herzen Gottes. Wir tauschten unsere Telefonnummern aus und ich wartete geduldig drei Wochen lang. Er rief nicht an. Auf einem Treffen sah ich ihn wieder. Er lächelte, kam her und nahm mich in den Arm. Ich stellte ihm meine beste Freundin vor, die schon so viel von ihm gehört hatte und auch ganz gespannt auf ihn war.

Irgendetwas ging schief. Er sprach mit ihr viel mehr als mit mir. Dann ging er mit ihr aus. Ich war am Boden zerstört.

Ich beschloss, ihn anzurufen, wie man eben einen Freund anruft. Wir sprachen stundenlang miteinander. Dann bat ich ihn, mit zu einer Aktion meiner Studentenverbindung zu kommen, nur so als Freund. Er verstand mich und wir hatte eine tolle Zeit. Er blieb dabei, er wolle mehr Zeit mit mir verbringen, und ich willigte ein, unter der Bedingung, dass wir uns nur als Freunde verstanden. Dann bat ich ihn, der Verbindung formal beizutreten. Wir gingen gemeinsam, und am nächsten Wochenende kaufte er mir einen Teddybär und sagte, er ›mag mich leiden‹, und daraufhin erzählte ich ihm alles, was ich für ihn empfand.

Dann geschah etwas Eigenartiges. Er rief nicht mehr an. Später sagte er, es tue ihm leid, mir wehtun zu müssen; aber er fühle, das sei Gottes Wille. Wir könnten weiter Freunde bleiben und ich könne ihn immer anrufen. Das tat ich; aber die Unterhaltung war irgendwie schrecklich.«

Dann folgten in dem Brief noch zwei Seiten, die immer größere Verwirrungen offenbarten. Als ich sie um Druckerlaubnis für diesen Brief bat, schickte sie eine Fortsetzung und gestattete den Abdruck beider Briefe.

»Ich bete dafür, dass mein Brief irgendeine Frau davor bewahrt, dieselben Fehler wie ich zu machen. Ich habe den Rat Ihres Mannes in seinem Brief nicht beachtet. (Dort hieß es etwa so: »Lass die Finger davon! Der Mann ist nicht wirklich an dir interessiert. Er will nur deine Unterhaltung«). Irgendwie begriff ich das; aber ich meinte, die Dinge lägen doch etwas anders. Das Ergebnis war eins der erbärmlichsten Semester, das ich mitgemacht habe. Er sagte Dinge, die mich denken ließen, da sei noch

Kapitel 11 – Wenn Frauen die Initiative ergreifen

Hoffnung für uns. Dann interessierte er sich plötzlich für eine andere. Das war bald zu Ende und er kam zurück, führte mich aus, und ich machte den uralten Fehler, körperliche Intimität für Liebe zu halten. Wenn er mich küsste, meinte ich, ich hätte endlich, was ich wollte! Ich *irrte mich sehr*. Ich war völlig zerstört ...

Zum Glück sind wir nicht weiter gegangen ...

Ich habe gelernt in allen Umständen, mit oder ohne Freund, zufrieden zu sein und bin viel näher zu Gott gekommen ... Ich weiß, dass Er großen Segen für mich bereithält, wenn ich Ihm immer folge.«

Aus einem anderen Staat, von einem anderen Mädchen, ein weiterer Brief ... Immer das gleiche Lied ...

»Ich liebe (oder meine zu lieben) einen unglaublichen Mann Gottes. Er hat mich augenblicklich angezogen, nicht nur wegen seines Aussehens, sondern wegen seines Charakters und vor allem wegen seines vom Glauben erfüllten Lebens. Ich konnte die Gegenwart des Herrn in ihm erkennen. An dem Wochenende nach Semesterschluss fuhr ich nach Hause und machte höchstwahrscheinlich einen der fatalen Fehler, die Sie in Ihrem Buch beschreiben.«

Dann folgt die Beschreibung einer »Freundschaft«, die »sich intensiviert«.

»Beide, er und ich, ergriffen die Initiative ... Ich stolperte durch den ganzen Herbst; aber im November fragte ich ihn, wo wir standen. Er sagte mir, ich gefiele ihm; aber er wolle keine sexuellen Gefühle für mich haben. Die Tür sei noch nicht völlig ins Schloss gefallen, sagte er; aber es stünde zu befürchten, dass seine Gefühle sich nicht ändern würden.«

Dies unglückliche, innerlich ganz und gar zerrissene, auf Liebe hoffende Mädchen, das ernsthaft Gottes Willen tun möchte, leidet wie so viele heute, auf eine Weise, die ich für unnötig halte. Das Risiko, sich zu verlieben, ist gewiss nichts Neues; aber dass man nicht mehr weiß, wie man damit umzugehen hat, ist neu. Niemand weiß richtig, wie man sich verhalten muss. Wie viel von ihrem Leiden wäre vermeidbar gewesen, wenn sie nicht als Erste ihre Gefühle offenbart hätte. Aber ich bin dankbar zu sehen, dass sie am Ende eine weise Wahl getroffen hat, wie ihr letzter Absatz uns berichtet.

»Ich habe versucht, diese Gefühle loszuwerden, und hoffte auf eine platonische Freundschaft. Jetzt bete ich nicht mehr, diese Gefühle mögen mir genommen werden. Ich habe erkannt, dass dieser Kampf unbedingt nötig war, um auf den Herrn zu schauen und Ihn zum Zentrum meines Lebens zu machen, und dass diese Gefühle an sich nichts Böses sind. Was ich mit dem Problem mache ... Ich merke immer deutlicher, ich sollte diese ganze Beziehung völlig aufgeben. Ich frage mich, ob ich am Ende nicht durch meine Gefühle und mein Begehren den Plan des Herrn für mein Leben durchkreuzt habe. Ich möchte gern in der Lage sein zu sagen: ›Herr, Dein Wille geschehe!‹ Aber meine Leidenschaft scheint mir im Wege zu stehen. Meine Entscheidung läuft wohl darauf hinaus, die Beziehung fortzusetzen oder abzubrechen – mit oder ohne Aussprache – um dann mit aller Kraft dem Ich zu sterben und mich allein auf den Herrn Jesus Christus zu verlassen.«

»Danke, dass Sie mich in meiner schon längst gefassten Meinung bestärkt haben, die Männer hätten die Initiative zu ergreifen. Tief in mir habe ich mich immer von Frauen abgestoßen gefühlt, die die Sache in die Hand genommen haben. Der stete Gedanke: ›Vielleicht hätte er von sich aus nie um dich geworben!‹ scheint mir unerträglich. Nein, ich will *warten*.«

»Ich bin dreißig Jahre alt und seit vier Jahren mit dem wunderbarsten Mann verheiratet. Ich schreibe meinen Erfolg und meine Freude an unserer Beziehung dem frühzeitigen christlichen Training durch meine Eltern zu und vor allem, dass ich auf (bestimmte) Bücher gehört habe, die ich las, als ich gerade zwanzig war.

Als ich Dale begegnete, war ich sehr versucht, ihn für mich zu gewinnen – denn mir schien es, als hätte er von mir lange Zeit keinerlei Notiz genommen. Zwei Jahre lang kannten wir uns schon und nie habe ich ihn merken lassen, was ich für ihn empfand. Ich musste sogar stillschweigend erleben, dass er sich wohl ein halbes Jahr lang für meine Zimmerkollegin interessierte. Aber die Grundsätze aus jenen Büchern waren mir dermaßen ins Herz gebrannt, dass ich daran fest hielt, ihn *nur* zu wollen, wenn er von sich aus um mich warb, ohne jeglichen Druck von außen. Ich hatte starke innere Kämpfe auszustehen; doch endlich konnte ich Dale auf den Altar meines Herzens legen, d. h., die Sache wirklich ganz und gar Gott überlassen.

Als er dann wirklich mit mir eine Beziehung anzuknüpfen begann, war niemand erschrockener als ich. Später sagte er mir, mein Charakter, meine hohen Maßstäbe und meine Selbstachtung hätten ihn angezogen. Während unserer Verlobungszeit beachteten wir strenge Regeln in Bezug auf körperlichen Kontakt. Das Ergebnis war eine Ehe, die auf solidem Vertrauen und gegenseitigem Respekt gegründet ist. Wir haben uns weder zu schämen noch etwas vorzuwerfen. Unsere Beziehung ist wunderbar freudevoll!

Ich weiß, Sie bekommen so viele Briefe von solchen, für die Ihr Rat zu spät kam. Da dachte ich, es würde Sie freuen, von einer zu hören, die ihn rechtzeitig erhielt.«

Es gibt Männer, die es mögen, wenn Frauen hinter ihnen her sind. Sie haben sich aus diesem oder jenem Grund zögerlich verhalten, oder das betreffende Mädchen nicht einmal registriert. Mich überrascht es nicht, wenn ich Briefe erhalte, in denen gegen die Ansicht, die Männer sollten die Initiative ergreifen, protestiert wird. Ich allerdings bleibe dabei.

Gedanken zu »Wenn Frauen die Initiative ergreifen«:

- Lies 1. Mose 1 und 2, um herauszufinden, inwiefern Männer und Frauen gleich oder gleichwertig sind und inwiefern nicht.
- Signalisieren die körperlichen Unterschiede zwischen Männern und Frauen irgendetwas über Initiieren und Empfangen? Hat das eine Bedeutung über das rein Körperliche hinaus?
- Achte bei der Ermahnung des Apostels Petrus (1. Petrus 3,1-6) an die Frauen besonders auf die Ausdrücke »ohne Wort« und »im unvergänglichen Schmuck des sanften und stillen Geistes«. Natürlich spricht er zu verheirateten Frauen. Könnte das aber auch auf alle Frauen zutreffen, die heiraten wollen?

12 Kein Rendezvous vor dem Heiratsantrag

Wenn wir aber das hoffen, was wir nicht sehen,
so warten wir mit Ausharren.
　Römer 8,25

Wir rühmen uns auch in der Bedrängnis,
da wir wissen, dass die Bedrängnis Ausharren bewirkt,
das Ausharren aber Bewährung,
Bewährung aber Hoffnung;
die Hoffnung aber lässt nicht zuschanden werden,
denn die Liebe Gottes ist ausgegossen
in unsere Herzen durch den Heiligen Geist,
der uns gegeben worden ist.
　Römer 5,3-5

Das Trauma unerfüllter Liebe ist das Thema vieler berühmter Erzählungen. Es war auch das Drama, das Dick Hillis, ein Chinamissionar, erlebte, gerade weil Gott das Drama seiner Gnade an ihm in Honan entfalten wollte. Er liebte ein bildhübsches Mädchen und sie liebte seinen besten Freund.

Obwohl sein Leben mit den Pflichten und Freuden eines Missionars ausgefüllt war, plagte ihn doch oft eine innere Leere. Er hatte viele Freunde unter den einheimischen Chinesen, aber trotzdem fühlte er eine tiefe Einsamkeit. Seine Tage vergingen unter rastloser Tätigkeit, doch er wollte mehr. Er sehnte sich nach Margaret Humphrey.

Jedesmal, wenn ihr Name und ihr Gesicht vor ihm auftauchten, überfiel ihn Mutlosigkeit. Das schöne, dunkelhaarige Mädchen mit den braunen Augen und dem freundlichen Lächeln war einen Ozean weit von ihm entfernt und ihm doch so nahe wie sein pelzbesetzter Parka, den er täglich anzog. Er konnte sie nicht aus seinen Gedanken vertreiben. Das wurde noch dadurch verschlimmert, dass sie kaum etwas von seiner Existenz wusste.

Er hatte Jesus Christus erst ein paar Monate zuvor kennen

gelernt, bevor er sich verliebte. Aber schon bald verband den Gegenstand seiner Liebe eine feste Beziehung zu seinem besten Freund.

Dick konnte nicht einfach aufgeben und nach jemand anders Ausschau halten. *Warum sollte man etwas anderes suchen, wenn man das Gewünschte schon gefunden hat?*, sagte ihm sein Herz. Aber das, was er wollte, lag außerhalb seiner Reichweite.

Doch sie erfüllte unaufhörlich seine Gedanken und Gebete.

In den letzten Stunden bevor er sich nach China einschiffte hatte er, anstatt aufzugeben, einen vertrauenswürdigen Freund gebeten, für ihn Späherdienste zu tun. »Schreibe mir alle sechs Monate«, so sagte er ihm. »Berichte nur, wie es ihr geht, was sie macht und – natürlich, ob sie noch fest liiert ist.«

Vier Jahre lang kamen Briefe aus Amerika – im Sechsmonatstakt; immer mit der monotonen Meldung: »Situation unverändert.«

Dick erinnerte sich selbst oft daran, dass Jakob sieben Jahre auf seine Braut gewartet hat. Er fragte sich, ob das auch von ihm verlangt wurde. Er hatte sie während seiner Jahre an der Bibelschule geliebt. Und auch nach vier Jahren in China konnte er nicht davon lassen. Doch kam ihm die Frage: »Habe ich mich geirrt? Jage ich einer Utopie nach?«

Verheißungen und Sprüche wirbelten in seinem Kopf herum, wenn er biblische Leitung suchte; manche gaben ihm eine Art Zusicherung, er dürfe noch hoffen, dass Gott ihm Margaret zur Frau geben würde.

»Lang hingezogenes Harren macht das Herz krank«, las er in den Sprüchen. Dann aber auch: »Er, der doch seinen eingeborenen Sohn nicht verschont ... wie wird er uns mit ihm nicht auch alles schenken?«

Er war sicher, Gott habe Margaret für ihn ausgesucht. Die Zeit konnte ihr Gesicht nicht aus seinem Gedächtnis rauben und ihren Namen nicht von seinen Lippen. Seine Einsamkeit ohne sie verschwand nicht angesichts der aufreibenden Arbeit unter den vielen Leuten mit denen er in Honan zu tun hatte.

Er sehnte sich nach der Gemeinschaft mit Margaret Humphrey, nach der Freude mit ihr Spaß zu haben, ihr gute Worte zuzuflüstern und sie in den Armen halten zu können. Doch selbst

Kapitel 12 – Kein Rendezvous vor dem Heiratsantrag

wenn er von ihr träumte, drängte sich die Realität in seine Gedanken: Vielleicht hat sie die ganze Zeit, die er in China ist, kaum jemals an ihn gedacht.

Es war ein sehr heißer Sommertag, als ihm der Postbote einen weiteren »Späherbrief« überreichte. Dick öffnete ihn mit wenig Erwartung. Er wusste schon, was drin stand. Doch als seine Augen die Worte erfasst hatten, blieb ihm der Atem stecken.

»Sie sind nicht mehr zusammen. Margaret fühlt, dass Gott ihren Dienst in China will. Sie hat sich bei der China Inland Mission angemeldet ... ist angenommen ... wird in sechs Monaten ausreisen.«

Bevor er den letzten Satz gelesen hatten, glichen seine Beine zu lange gekochten Nudeln. Er fiel auf seine Knie und betete: »Ich danke Dir, Gott! Wenn Du sie nur sicher nach Schanghai bringst, sorge ich für den Rest!«

Dann erinnerte er sich plötzlich: »*Ich habe keinen Grund anzunehmen, dass sie sich für mich interessiert!*« Und er fragte sich: »*Was soll ich tun? Ich kann nicht nach Schanghai kommen und sie abholen. Ich darf meine Arbeit nicht verlassen und Hunderte von Meilen reisen, damit ich um ein Mädchen werben kann, das ich jahrelang nicht gesehen habe. Was würde die Mission denken! Oh, Herr, ich brauche Deine Hilfe auch, nachdem sie in Schanghai gelandet ist!*«

Es blieb ihm nichts anderes übrig, als den ersten Schritt per Post zu tun. »Ein zaghaftes Herz hat noch nie eine schöne Frau erobert«, sagt das Sprichwort. So nahm er all seinen Mut zusammen und packte sein ganzes Herz in einen Brief, der etwa so lautete:

Seit Jahren liebe ich Dich. Ich habe für Dich gebetet und gewünscht, Du würdest meine Frau. Du hast mich seit fast fünf Jahren nicht gesehen; aber wir haben uns beide gut gekannt, als wir gemeinsam auf der Bibelschule waren. Du wirst sagen, Du könntest meinen Heiratsantrag nicht ohne ein näheres Kennenlernen annehmen. Ich muss darauf sagen, dass Du unter unseren Umständen ohne dies Kennenlernen meinen Antrag annehmen musst. Das ist hart, ich weiß, aber es sieht so aus, als ob Deine Entscheidung allein auf Gottes Willen für Dein Leben gegründet werden soll. Für mich ist es leicht zu glauben, dass Du Gottes Wille für mein Leben bist, weil ich meine tiefe Liebe zu Dir seit langem kenne. Für Dich ist das ein weit größeres Problem, darum will ich Dir gern sechs Monate Zeit für eine Antwort geben. Dadurch hast Du wirklich Gelegenheit genug, darum zu beten. Ich weiß, Gott wird Dir Seinen Willen zeigen.

Bevor ich schließe, lass mich noch eine Frage stellen. Bist Du nach China gekommen, weil Du die Chinesen liebst, oder weil Du sicher bist, dass es Gottes Wille für Dich ist? Ich kenne Deine Antwort – Du kamst, weil es Sein Wille ist. Indem Du das weißt, bist Du auch sicher, dass Er Dir die Liebe zu den Chinesen schenken wird. Darf ich, meine Liebe, diese klare Logik auch auf Deine Entscheidung beziehen? Wenn es Sein Wille ist, dass Du meine Frau wirst, dann wird Er Dir auch die Liebe zu mir schenken. Margaret, ich werde jeden Tag beten – oftmals am Tage – weil ich Dich liebe.

Margaret Humphrey kam im Oktober 1936 in Schanghai an. Sie hatte mit fremdartigen Gefühlen und verwirrenden Erfahrungen nach der Ankunft in einem fremden Land gerechnet. Die Vorbereitungsklassen der Mission hatten sie darauf vorzubereiten versucht. Aber nichts hätte sie auf das Durcheinander der Gefühle vorbereiten können, das sie empfand, nachdem sie den Brief gelesen hatte, der im Missions-Hauptquartier auf sie gewartet hatte.

Sie starrte auf die Unterschrift unten auf dem Brief. Dick Hillis. Ihre Stirn krauste sich. Sie war verwirrt. Sie erinnerte sich aus Bibelschultagen an einen gut aussehenden jungen Mann, um dessen zurückhaltende Persönlichkeit und ungewöhnliche Energie jeder wusste.

»Aber ich habe kaum einen flüchtigen Gedanken auf ihn verschwendet seit er in China ist!«, überlegte sie verwundert. Als sie die vergangenen Jahre Revue passieren ließ, erinnerte sie sich seines kaum mehr als vorübergehenden Interesses an ihr während der gemeinsamen Zeit in Biola.

Aber auch dann, so dachte sie, *empfand ich nichts weiter als Freundschaft für ihn. Und jetzt dies* – ein Heiratsantrag! Sie verstand gar nichts mehr und war mehr als nur erschrocken.

Kapitel 12 – Kein Rendezvous vor dem Heiratsantrag

Margaret hatte ihre Erfahrung mit Heiratsanträgen in den letzten Jahren; aber sie hatte alle abgelehnt, damit sich nichts zwischen sie und ihren Wunsch schieben möchte, Gott in China zu dienen. Nachdem sie ihre Prüfungen in Biola gemacht hatte, ging sie zur Universität in Washington. Dann meldete sich bei der China Inland Mission und wurde angenommen.

Nun kam sie nach China im vollen Vertrauen, endlich ihr Lebenswerk erreicht zu haben. Doch ihr Vertrauen verwandelte sich in Konfusion, nachdem sie Dick Hillis‹ Brief gelesen hatte. *Was soll ich tun?* Fragte sie sich. *Was soll ich bloss tun?*

Ehrlicherweise musste sie sagen, dass sie ihn nicht liebte. Sie bewunderte ihn und hatte seine Gesellschaft gern gehabt, die paar Male, die das vorgekommen war. Aber nach vier Jahren in China konnte er völlig anders geworden sein. Und außerdem hatte sie wie andere junge Frauen ihre eigenen Träume von der »großen Liebe«, die sie eines Tages erleben wollte. Sollte sie das begraben, um einen Mann zu heiraten, der in vieler Hinsicht ein Fremder für sie war?

Im Augenblick konnte sie sich nicht entscheiden. Sie brauchte Zeit. Würden sechs Monate ausreichen? fragte sie sich, um zu entscheiden ob dieser Mann, den sie so lange nicht gesehen hatte, der von Gott bestimmte Ehemann war?

»Herr«, betete sie, »Du hast mich bisher geleitet. Ich will Dir vertrauen, dass Du mich auch in dieser Sache so führst, dass Du verherrlicht wirst.«

Margaret hatte sich entschieden, niemand etwas von dem Heiratsantrag des jungen Missionars aus der Provinz Honan zu erzählen. Sie wollte nur beten und abwarten, in welche Richtung Gott sie führte.

Kurz nach ihrer Ankunft in Schanghai wurde sie von einer Missionarin zum Tee eingeladen, und ohne ersichtlichen Grund ging das Gespräch auf das Thema »Heirat« über.

»Ich habe meinen Mann nur einmal getroffen«, erzählte die alte Missionarin, »bevor er mir seinen Antrag machte. Ich betete darüber und fühlte, dass Gott meine Einwilligung wollte.«

Margaret richtete sich kerzengerade auf; aufmerksam betrachtete sie die Frau, deren Gesicht von friedevoller Freude geprägt war.

»Wir haben bald danach geheiratet«, fuhr diese fort. »Gott hat unsere Ehe mit wahrer Liebe gesegnet, die mit den Jahren immer stärker wurde.«

Margaret fragte sich, warum gerade sie jetzt die Geschichte von der ungewöhnlichen Heirat dieser Frau hören sollte. Bald schon erlebte sie erneut etwas Verwunderliches. Sie war zu Besuch bei einer ihrer früheren Professorinnen in Biola, die für ein Jahr in China Unterricht erteilte.

»Margaret«, sagte die Frau, »ich habe seit geraumer Zeit dafür gebetet, Gott möge dich und Dick Hillis zusammenbringen.«

Margaret war geschockt. Niemand kannte den Brief mit dem Heiratsantrag. Niemand wusste etwas von ihrem Grübeln und von den täglichen Gebeten, Gott möge ihr zeigen, was sie mit Dick Hillis machen solle.

Die Gebete dieser gottergebenen Frau sind gewöhnlich erhört worden, dachte sie und Angst überfiel sie.

Schon nach wenigen Tagen schickte die Mission Margaret zur Frauensprachschule der China Inland Mission in Jangtschau. Sie hatte vom Morgengrauen bis zum Abend zu tun, studierte die Sprache und wurde mit der komplexen chinesischen Kultur vertraut gemacht. Daneben lernte sie die Missionars-Klassenkameraden kennen. Sie hatte kaum Zeit, ihr tägliches Gebet über Dicks Antrag zu verrichten und den wöchentlichen Brief an ihn zu schreiben.

Durch die Briefe lernte sie ihn als einen direkten, entschiedenen jungen Mann kennen. Schon bald konnte sie den nächsten Brief kaum erwarten und sie erwischte sich dabei, Geschichten aus ihrem Leben zu sammeln, die sie ihm das nächste Mal mitteilen wollte.

Im März merkte sie, dass sie ihre Entscheidung nicht länger hinauszögern konnte. Der Missionsdirektor sollte bald eintreffen und die neuen Missionare an ihre Bestimmungsorte schicken. Sie würden über ganz China verstreut werden. Wenn sie dem Direktor nicht mitteilen würde, dass sie noch weitere Pläne einschließlich eines jungen Missionars in Honan habe, könnte sie sich plötzlich in einer der entfernten südwestlichen oder nordwestlichen Provinzen zu einem Siebenjahreseinsatz wiederfinden. Das wäre das Ende jeder Möglichkeit, Dick zu heiraten.

Doch immer noch kämpfte sie allein mit dieser Situation. Wie sollte sie Gottes Willen erkennen? Sie dachte an Gottes Führung in der Vergangenheit, wie Er kleine Zeichen benutzt hatte, um sie nach Biola zu bringen, dann nach Washington, schließlich nach China. Bedeutete es etwas, dass Gott sie in das gleiche Land rief wie Dick, zur gleichen Missionsgesellschaft, und dass Dick so viele Jahre auf sie gewartet hatte?

Sie betete und wartete, und als die sechs Monate vergangen waren, wusste sie, dass sie sich entscheiden musste. Eine tiefe innere Sicherheit erfüllte sie. Sie erkannte in der Heirat mit Dick Hillis Gottes Plan für ihr Leben. Es gab für sie keinen Zweifel mehr. Sie war gewiss.

Bevor Dick ihr Jawort erhielt, sagte sie dem Direktor, sie wolle nach Honan gehen und Frau Hillis werden.

Obwohl die Entscheidung gefallen war, und obwohl sie an der Richtigkeit dieser Entscheidung nicht zweifelte, blieb noch ein gewisses Maß an Furcht in ihrem Herzen.

»Herr, ich fürchte mich nicht, Deinen Willen zu tun«, bekannte sie in ihren Gebeten, »aber ich fürchte mich vor dem Unbekannten. Und mein zukünftiger Mann ist mir in so vielem ein Unbekannter.«

Dicks Briefe trugen viel dazu bei, ihre Furcht zu nehmen. Sie waren voll von all dem Liebesüberschwang eines zukünftigen Bräutigams. Und Margaret begann eine entsprechende Liebe in sich wachsen zu fühlen, nachdem sie erst einmal zu Gott »Ja« gesagt hatte.

Die Hochzeitspläne begannen zwischen ihnen zu reifen, je mehr Briefe hin und hergingen. Die Eheschließung sollte sechs Monate danach in Hankau, in Zentralchina, stattfinden.

Sechs Monate! Dachte Dick. Das ist zu lang. Und doch, was sind sechs Monate verglichen mit den sechs Jahren, die er schon auf die Liebe der Frau seiner Träume gewartet hatte?!

Gedanken zu »Kein Rendezvous vor dem Heiratsantrag«:

- Erscheint ein Heiratsantrag, der dem Miteinander-gehen vorausgeht, nicht lächerlich? Welche »klare Logik« verhalf diesem Paar zu der Überzeugung, gerade dies könnte der Wille Gottes für sie sein?
- Wenn man sich unter Gebet und klarer Führung entschieden hat, überrascht es uns dann, wenn diese sich in Verunsicherung wandelt? Was tat Margaret, als das geschah?
- Auf welche Weise wurde diesem Paar der Wille Gottes deutlich gemacht? Gab es Stimmen, Visionen, Feuersäulen oder eine Schrift an der Wand?
- Was können wir daraus lernen in Bezug auf Gottes gewöhnliche Art der Führung?

13 Männer mit Mut zur Liebe

Wachet, steht fest im Glauben; seid mannhaft, seid stark!
1. Korinther 16,13

Dick Hillis ist ein glaubensvoller und mutiger Mann, ein Mann dessen Herz von Gott regiert wird. Er liebte Margaret von ganzer Seele, doch übergab er diese Liebe seinem himmlischen Vater und tat weiterhin das, was ihm aufgetragen war, ohne nach rechts oder links zu blicken. Woher nahm er diese Kraft? Sie kam aus der gleichen Quelle wie die des Ritters, von dem es heißt:

> Er hatte Kraft und Macht für zehn;
> dieweil sein Herz war rein.

Ein reines Herz ist ein ungeteiltes Herz. Ein reines Herz will, was Gott will, einerlei, was das kostet. Willensstärke bedeutet, den Eigenwillen zu überwinden und zu sagen: »Nicht mein, sondern Dein Wille geschehe!«

Anthony Trollope hat einmal gesagt: »Es heißt: Verzagte Herzen gewännen nie ein schönes Mädchen; ich bin erstaunt, dass trotzdem schöne Mädchen gewonnen werden, weil die Herzen der Männer so oft verzagt sind.«

Wenn das schon 1854 so war, was sollen wir dann von der Verzagtheit der heutigen Männerherzen sagen? Vielleicht sollten wir uns gar nicht so sehr wundern. In einem Artikel des *Wallstreet Journals* wird gesagt, die liberalen Gepflogenheiten im Bezug auf die Beziehung der Geschlechter untereinander haben eine völlig andere Wirklichkeit hervorgebracht als wir erwartet haben. Wer hätte in den Fünfzigern und Sechzigern auch nur davon geträumt, man würde Oberstufenschülern Kondome aushändigen, oder dass sich eine fatale Geschlechtskrankheit epidemisch ausbreiten sollte, oder dass Homosexuelle und Lesben eine so breite Öffentlichkeit für sich gewinnen könnten? Wer hätte sich Filme über sexuelle Aggressionen vorstellen können, in denen Männer reihenweise Frauen ermordeten oder Frauen Männer umbrächten, weil sie gegen die sexuelle Unterdrückung protestieren wollen? Und das zu Unterhaltungszwecken!

> »Repression« und »Tabus« gibt´s nicht mehr, und der freie Sex scheint grenzenlos Angst und Zorn und Elend zu stiften. Ein Jahrhundert liberaler Vorstellungen über das Miteinander von Männern und Frauen hat die Sexualität auf den Hund gebracht.[1]

Kristol erklärt dann weiter, dass sich der historische Begriff »Ladys and Gentlemen« in der Shakespeare-Zeit auf eine winzige Minderheit, eben die Aristokratie, bezog. Eine »mutige victorianische Neuerung« dehnte diesen Begriff soweit aus, dass alle Männer und Frauen diesen Stand durch Erziehung und Eigengestaltung erreichen konnten. Ein Mann aus der Mittel- oder auch aus der Unterschicht konnte ein Gentleman werden, wenn er die Damen mit Respekt behandelte, zum Beispiel, wenn er aufstand, sobald eine Frau den Raum betrat, oder wenn er ihr im Bus oder in der Bahn seinen Sitzplatz anbot. Solche kleinen Akte der Ehrerbietung erscheinen unserer jüngeren, »befreiteren« Generation unverständlich, ja sogar unerträglich, wie es die ärgerliche Reaktion jener Studentin beweist, als ein Professor ihr die Tür offen hielt und ihr den Vortritt ließ.

Die Ladys-and-Gentlemen-Beziehung, einst eine glückliche Regelung, die von beiden Geschlechtern akzeptiert werden konnte, hat jetzt ausgedient. Wir sind jetzt alle gleich, was im feministischen Vokabular so viel wie austauschbar bedeutet, außer, wenn zum Beispiel der einzigen Offizierin in einer Militärakademie zugemutet werden soll, sich eine Glatze schneiden zu lassen. Die Veränderungen, die dies furchtbare Konzept in das Leben sowohl von Männern als auch Frauen gebracht hat, sind so entsetzlich, so destabilisierend, dass niemand damit zurechtkommt. Individuelle Autonomie – »Ich bin ich«, »Ich tu, was mir gefällt« – wird Freiheit genannt, doch ist es in Wirklichkeit eine neue Art der Knebelung; außerdem bringt sie Verwirrung und Orientierungslosigkeit.

Mein Mann und ich wurden von einem jungen Mann um Rat

gebeten. Er beschrieb uns die junge Frau, der sein Interesse galt, und mit der er schon mehr als zwei Jahre zusammen war. Sie war eine entschiedene Christin, attraktiv, lustig, usw. usw. Tatsächlich, sie war »alles, was ich bei einer Frau suche«.

»Sind Sie verlobt?«, fragten wir.

»Oh nein – *das* kann ich nicht machen!«

»Sie gehen schon seit zwei Jahren mit ihr und haben ihr noch keinen Heiratsantrag gemacht? Warum nicht?«

»Naja, ich weiß ja nicht, wie sie sich dabei fühlen würde.« (Muss das Mädchen als Erste alle Karten auf den Tisch legen?)

»Ich will Ihnen sagen, wie Sie das ganz schnell herauskriegen«, sagte Lars.

»Wie?«

»Bitten Sie sie um ihre Hand. Dann wird sie Ihnen sagen, was sie fühlt!«

Aber das ist zu ungehobelt und viel zu einfach! Müssen wir nicht jahrelang ringen, ausprobieren, Gefühle austauschen und jeden Persönlichkeitsaspekt bis ins Letzte erforschen?

Ein Gentleman möchte ein Mädchen gewinnen. Ein Mädchen möchte umworben sein. Beide Ausdrücke – werben und gewinnen – sind bei dem ganzen Durcheinander verloren gegangen. Viele Frauen lehnen es ab, als Lady betrachtet zu werden, weil man ihnen eingeredet hat, darin läge etwas Schlechtes. Die Männer wagen kaum noch sicher aufzutreten, weil sie nicht als Chauvinisten oder als sexuelle Unterdrücker verschrien sein wollen. Wenn beide Geschlechter die gleichen Rechte haben, weiß niemand, worin diese bestehen.

»›Rechte‹ scheinen heutzutage das einzig Annehmbare zu sein«, sagt Kristol. »Das Elend mit dieser Rhetorik liegt darin, dass sie Verwirrung stiftet. Sie verkündet den Männern, Frauen seien mit Respekt und Umsicht zu behandeln – aber sie verrät nicht, warum die weibliche sexuelle Identität diese Behandlung verdient.«

»Ist es da ein Wunder, wenn die Studenten keine Liebeserklärungen machen?«, fragt John Mallon von der Universität Boston:

Die sexuelle Revolution hat die Romantik umgebracht. Ein Paar, das Hand in Hand über den Campus geht, ist ein seltener Anblick. Ich habe das Gefühl, mancher steife Professor, der derlei Betragen früher missbilligt hat, sehnt sich heimlich nach solchem Bild.

In einem Jahr beklagen sich die Mädchen, dass kein Junge sie anspricht. Im Jahr darauf beklagen sich die Jungen, dass die Mädchen nicht mit ihnen gehen wollen – sondern im Gegenteil erstaunt sind, dass man sie anspricht und sogar eine Erklärung dafür verlangt.

Wenn Tradition und Regeln in den Wind geschlagen werden, ist es nicht verwunderlich, wenn die Herzen der Männer feige werden und schöne Mädchen die Initiative ergreifen oder sich verwirrt zurückziehen. Die Abwesenheit von Vorbildern, nach denen man sich richten kann, macht die gesamten, mit dem Heiraten verbundenen Vorgänge, einfach zu »stressig«.

Wenn die sexuelle Revolution die Romantik umgebracht hat, zumindest in dem Sinn, in dem Malon ihn versteht, so hat sie in anderer Hinsicht die Bedeutung dieses Wortes pervertiert. Wo sexuelle Aktivitäten ohne jedwede Verantwortlichkeit und Hingabe leicht zu haben sind und im Bewusstsein vieler mit wirklicher *Liebe* nichts zu tun haben, da ist die Liebe im eigentlichen Wortsinn zu einer Gefühlsduselei verkommen, die man *Romantik* nennt und die sich einstellen kann, oder auch nicht. Ereignet sie sich nicht mehr, so überzeugen sich zwei Menschen, die vielleicht in glücklichem Zustand die Ehe eingingen, gegenseitig, die Abwesenheit solcher Gefühle werde sie an zukünftigem Glück hindern. Dann geht man eben auseinander. Ist solche Romantik aber vorhanden und man baut sein Eheglück auf dies undefinierbare Etwas, kann es zu größten Enttäuschungen kommen, weil es schon nach wenigen Wochen oder Monaten verflogen sein kann.

»Ich gehe mit einem wunderbaren Jungen, er möchte sich verloben. Er hat alles, was ich an einem Ehemann schätzen würde, ich mag ihn gern um mich haben; aber ich habe das Gefühl, nicht in ihn verliebt zu sein. Ich habe einfach keine tiefen Gefühle für ihn. Wie wichtig *sind* solche Gefühle? Ich bin über dreißig. Vielleicht habe ich eine zu hohe Vorstellung von dem, was ich empfinden sollte. Genügt es, ihn gern zu haben und eine intellektuelle Entscheidung zu treffen, um eine Ehe einzugehen?«

Kapitel 13 – Männer mit Mut zur Liebe

Eine andere sah das Problem so: »Sollte man jemand heiraten, der einen von Herzen liebt, oder sollte man jemand heiraten, den man von Herzen liebt? Ich kann nicht sagen, ›völlig in ihn verknallt‹ zu sein. Ich kann nicht behaupten, ihn zu lieben, daher komme ich mir wie eine Heuchlerin vor, wie jemand, der nicht ganz ehrlich ist.«

C.S. Lewis definiert »verliebt sein« mit der Zündung eines Motors. Muss man nun auf diese Zündung warten? *Verliebt sein* ist ein Gefühl. Wahre Liebe ist weit mehr als ein Gefühl. Das große Kapitel über die Liebe in 1. Korinther 13 beschreibt, was Gott Liebe nennt. Dort erkennt man, dass romantische Gefühle durchaus keine Voraussetzung dafür sind und mit wahrer Liebe nichts zu tun haben. Phillips hat 1. Korinther 13,4-8 so wiedergegeben:

Die Liebe, von der ich spreche, verliert nicht schnell die Geduld – sie sucht nach konstruktiven Wegen. Sie will nicht besitzen: ihr geht es weder darum, Eindruck zu machen, noch liebt sie es, überhöhte Vorstellungen von ihrer Wichtigkeit zu pflegen.

Die Liebe hat gute Manieren und sucht nicht den eigenen Vorteil. Sie ist nicht empfindlich. Sie achtet nicht auf das Böse und hält sich nicht mit der Schlechtigkeit der anderen auf. Stattdessen freut sie sich über alles Gute in den Menschen und ist froh, wenn die Wahrheit die Oberhand gewinnt.

Die Liebe kennt keine zeitliche Begrenzung; niemals hört sie auf, zu vertrauen, nie lässt sie die Hoffnung sinken; sie kann alles aushalten. Sie ist tatsächlich das Einzige, was Bestand hat, wenn alles andere zusammengebrochen ist.

---

[1] Irving Kristol, *Wallstreet Journal*, 12. Mai 1992

Gedanken zu »Männer mit Mut zur Liebe«:

- Denke an das oberste Ziel, das Dick Hillis hatte. Frage dich, was das Deine ist.
- Fürchten Männer die Frauen?
- Ist ein ängstliches Herz eines, das sich seines Gottes nicht sicher ist?
- »Da ihr eure Seelen durch den Gehorsam gegen die Wahrheit zur ungeheuchelten Bruderliebe gereinigt habt, so liebt einander anhaltend, aus reinem Herzen!« (1. Petrus 1,22). Hat uns das in unserem Zusammenhang etwas Bedeutsames zu sagen?

14 Erst angeln – dann wegwerfen

Nehmt Brüder, zum Vorbild des Leidens und der Geduld die Propheten, die im Namen des Herrn geredet haben! Siehe, wir preisen die glückselig, die ausgeharrt haben. Vom Ausharren Hiobs habt ihr gehört, und das Ende des Herrn habt ihr gesehen, dass der Herr voll innigen Mitgefühls und barmherzig ist. Vor allem aber, meine Brüder, schwört nicht, weder bei dem Himmel, noch bei der Erde, noch mit irgendeinem anderen Eid! Es sei aber euer Ja ein Ja und euer Nein ein Nein, damit ihr nicht unter ein Gericht fallt.
  Jakobus 5,10-12

In der »Southwell Litanei für das persönliche Leben« steht folgendes Gebet:

> Von moralischer Schwäche des Geistes, von Furchtsamkeit, von Zögerlichkeit, von Menschenfurcht und Angst vor Verantwortung befreie uns und erfülle uns mit Mut, die Wahrheit in Liebe und Selbstkontrolle zu reden; ebenso von der Schwachheit übereilten Zorns und der Schwäche moralischer Feigheit rette und hilf uns! Darum flehen wir demütig zu Dir, o Gott, unser Herr!
>
> Von Urteilsschwäche, von der Unentschlossenheit, die sich nicht zur Tat durchringen kann, und davon, dass wir die Möglichkeiten, Dir zu dienen, nicht nutzen, rette und hilf uns! Darum flehen wir demütig zu Dir, o Gott, unser Herr![1]

Urteilsschwäche und Unentschlossenheit werden in den folgenden Berichten schmerzlich deutlich.

»Ich schrieb mich in jüngster Vergangenheit mit einem netten christlichen Jungen, während ich zu einem missionarischen Kurzeinsatz in Übersee war. Er war in den Staaten und wartete auf meine Rückkehr. Er schickte mir Fotos von seiner Familie und Lebensmittelpakete, und am Ende meines Einsatzes lud er mich ein, seine Eltern kennen zu lernen, die auch Missionare waren. Ich wollte sie gern besuchen, weil er in seinen wöchentlichen Briefen so gut von ihnen gesprochen und angedeutet hatte, dass auch sie mich gern sehen wollten. Ich meine, schon aus seiner Nervosität bei dem Gedanken an meine Rückkehr gemerkt zu haben, dass er nicht mehr sicher war, mich zu mögen. Vielleicht hat er selbst dann erst gemerkt, mehr mit mir kommuniziert zu haben, als er eigentlich wollte. Offensichtlich hatte er auch seinen Eltern einen falschen Eindruck vermittelt; denn sie behandelten mich bei dem Besuch besonders nett. Während ich bei ihnen war, erhielt ich einen Brief von ihm, in dem er mir mitteilte, er habe ›zufällig‹ ein anderes Mädchen getroffen, mit dem er eine wunderbare Zeit verlebt habe.

Sein Willkommenskuss verwirrte mich um so mehr, als ich ihn fragte, wie die Dinge eigentlich stünden. Er sagte, er wäre sehr gern mit dem anderen Mädchen zusammen. In den vergangenen zwei Jahren im Ausland hatte ich den Eindruck, mit den kulturellen Unterschieden zwischen dort und hier umgehen zu können; aber der Graben zwischen Männern und Frauen scheint schier unüberbrückbar zu sein! Die Vorstellung, er habe nicht ahnen können was es für mich bedeutete, wenn er mir Schmuck und Kleidung schenkte, erscheint mir einfach lächerlich. Ich bin nicht bitter. Ich kann das Gute an dieser Situation wohl sehen, und ich danke Gott, nicht länger mit so einem verbunden zu sein.«

Ein anderer Brief:
»Wir hatten beschlossen, nur Freunde zu sein; aber schon nachdem wir uns ein paarmal getroffen hatten, machte er einen Heiratsantrag. Ich war sehr überrascht, sagte ihm aber, dass wir uns noch länger kennen müssten. Wenige Minuten später küsste er mich und ich vergaß alles. Es war der schönste Kuss, denn ich jemals bekommen habe.

Wir sahen uns zweieinhalb Jahre lang jede Woche, aber nur um größere Aufmerksamkeit zu erreichen, begann ich mich nach jemand anderem umzuschauen. Der mochte mich sehr gern. Dann ging mein Schatz mit mir in die Stadt und ich erzählte ihm von Nummer 2. Mit beiden traf ich mich drei Monate lang, wurde mit Nummer 1 intimer, und plötzlich reagierte er ganz

Kapitel 14 – Erst angeln – dann wegwerfen

ungewohnt, so dass ich die Hochzeit vorschlug. Naja, er willigte ein, und wir gingen zu einer kirchlichen Beratung. Er war ziemlich missmutig und sagte das auch dem Pastor.

Ich beschloss, die Sache aufzugeben. Wir fuhren fort, uns zu treffen. Jetzt fing er an, zu betteln, ihn zu heiraten. Ich willigte ein und setzt das Datum fest. Doch dann brach ich nach ein paar Tagen alles wieder ab. Er zog fort und hatte eine andere Bekanntschaft, doch ich dachte weiter über das Heiraten nach. Und – man höre und staune – ich fing mit einem anderen eine Beziehung an.

Ich war hoffnungslos in Nummer 3 verliebt, als ich ihm aber von Nummer 2 erzählte, schlug er vor, nur Gut-Freund zu sein; aber das klappte nicht. Ich muss dazu sagen, dass ich geschieden und mittleren Alters bin und seit fünfzehn Jahren nach einem Mann Ausschau halte. Es sieht aus, als liefen alle vor mir weg. Allmählich höre ich mit der Jagerei auf. Ich fing an zu beten, Gott möge mich doch einfach einen Ehemann finden lassen. Das kam mir wie ein gutes Gebet vor und ich fühlte mich besser. Beim Schreiben dieses Briefes merke ich, welch eine verzweifelte Jagd ich betrieben habe – ohne viel Erfolg. Wie funktioniert Gottes Plan in dieser Angelegenheit?«

Armer Mensch! Diese Geschichte endet damit, dass sie mir erzählt, sie habe *Leidenschaft und Reinheit* gelesen – offensichtlich hat es ihr überhaupt nicht geholfen. Sie scheint, die Voraussetzungen zum Verständnis des göttlichen Planes nicht begriffen zu haben, die doch so klar in Römer 12,1-2 dargelegt werden.

> Ich ermahne euch nun, Brüder, durch die Erbarmungen Gottes, eure Leiber darzustellen als lebendiges, heiliges, Gott wohlgefälliges Opfer, was euer vernünftiger Gottesdienst ist. Und seid nicht gleichförmig dieser Welt, sondern werdet verwandelt durch die Erneuerung des Sinnes, dass ihr prüfen möget, was der Wille Gottes ist: das Gute und Wohlgefällige und Vollkommene.

Ein Mann erzählte mir, welche großen Anstrengungen er unternommen habe, treu zu sein und »als Ergebnis« habe er seiner

Freundin »allerhand zugemutet«. Sie haben sich nicht weniger als viermal getrennt und wieder zueinander gefunden und schließlich die Verlobung aufgelöst. »Aber diesmal haben wir *beide* verstanden, warum, und wir beide sind bereit, Gottes Willen in unserem Leben zu suchen ... Wir haben begriffen, wie destruktiv körperliche Intimität sein kann. Und wie *sündig* ebenfalls.«

Ein anderer erzählte einer Frau, er wolle den Rest seines Lebens mit ihr verbringen. Sie glaubte ihm. Er bat sie, dies ihren Eltern mitzuteilen und ein Treffen zu arrangieren. Auch das machte sie. Dann entschied er, etwas fehle an ihr. Er liebe sie geistlich, ihre Wertvorstellungen und ihre Liebe zu ihm. Alles das sei Recht, aber ...

Der Mann verschwand aus ihrem Gesichtskreis.

»Ich bin zornig, verletzt, sitzen gelassen, verraten«, schrieb sie. »Danke, dass Sie gesagt haben, auf Gott in Bezug auf unser Liebesleben zu vertrauen, sei eine tägliche rigorose Glaubensübung.«

Wir sind berufen, aus Glauben zu *leben*. Alles, was geschieht – so sagt uns Gottes Wort – passt in ein Muster, das denen zum Guten ausschlägt, die Ihn lieben. Je intimeren Umgang wir mit Ihm haben, je glaubensvoller wir seine Verheißungen und Anordnungen ernst nehmen, um so einfacher wird es, und um so froher werden wir. Das Leben verliert dann völlig seine »Kompliziertheit«.

Mein Vater war ein passionierter Forellenfischer, der seine vergnügtesten Lebenstage damit verbrachte, in kristallklarem Wasser der White Mountains von New Hampshire zu waten. Er trug hohe Gummistiefel und warf seine säuberlich selbstgefertigten Fliegen, oder er kroch durch das Ufergehölz manch winzigen Baches, wo er den schönen, kaum greifbaren »Bewohnern« eines von Felsen beschatteten Teiches auflauerte. Zwei meiner Brüder erbten diese Leidenschaft und begleiteten ihn gern auf diesen meist nahrhaften Expeditionen. Dies Gebiet wurde bald von allen Fischern nördlich von Baltimore entdeckt und ziemlich leergefischt, so dass man kaum noch Forellen fand. Dave und Jim machten sich mitunter den Spaß, Welse, große, langsame Bodenfische, zu fangen, die aber bei weitem nicht so interessant und lange nicht so schmackhaft wie Forellen sind. Sie fingen sie nur, um sie dann wieder ins Wasser zurückzuwerfen. Ich fand das schrecklich grausam. Sie versicherten mir, das mache dem Fisch nichts aus, und es sei nur eine Art Spiel zwischen Fisch und Angler.

Eines Tages aß ich mit einer jungen Frau zu Mittag, die mir ihre Geschichte erzählte, eine traurig bekannte Geschichte. Als sie Folgendes berichtete, fiel mir dieses »Spiel« mit den Fischen ein: »So wuchs unsere Beziehung. Er war ein wirklich frommer Mann. Ich meinte, er habe alles, was ich an einem Ehemann suchte. Schließlich lud er mich zu einem Essen an einem wunderschönen Ort ein. Eigentlich hatten wir gar nicht viel miteinander gehabt, wir waren nur oft zusammen – hatten wertvolle Gespräche, verstehen Sie? Naja, und nun dies schöne Essen. Ich war wie im Rausch. Vielleicht klappte ›es‹ diesmal.

Er sagte mir, ich sei alles, was er sich unter einer Ehefrau vorstelle. Auch habe er niemals jemand geliebt wie mich. Wir bedeuteten uns gegenseitig wirklich etwas. Ich meine, unsere Beziehung war – was soll ich sagen? Sie war etwas Besonderes, für uns beide. Oder – zumindest *dachte ich*, sie sei es, und er vermittelte mir tatsächlich den Eindruck, sie sei es auch für ihn.

Aber dann ...«

Ich hatte keine Schwierigkeiten, den Rest der Geschichte zu erraten, und musste nur daran denken, wie oft dieser Mensch wohl schon so zum Vergnügen gefischt hatte, wie viele er schon am Haken gehabt und dann weggeworfen hat, wie manches Mädchen er wie einen Wels und nicht wie ein schönes Menschenkind behandelt hatte, auf das er doch aus war. Welse taugen nicht viel, aber es macht Spaß sie zu angeln – und das tut ihnen natürlich überhaupt nicht weh!

Ich habe Welse genug gesehen mit den Narben alter Haken.

Von moralischer Schwäche des Geistes, von Furchtsamkeit, von Zögerlichkeit, von Menschenfurcht und Angst vor Verantwortung ...

Von Urteilsschwäche, von Unentschlossenheit, die sich nicht zur Tat durchringen kann, rette und hilf uns! Darum flehen wir demütig zu Dir, o Gott, unser Herr!

---

[1] Cincinnati: Forward Movement Publications

Gedanken zu »Erst angeln – dann wegwerfen«:

- Vielleicht erkennen wir die Ursache für das Chaotische in diesen Geschichten, um Ähnliches zu vermeiden.
- Demut, Gehorsam, Buße und die Furcht des Herrn versetzen uns in die Lage, dass Er uns zeigen kann, welchen Weg Er für uns ausgesucht hat. Lerne Psalm 25,9-12 auswendig!
- Bete wie es die Southwell Litanei lehrt, und denke daran: Gott ist unser *Helfer*! Verzweifle nicht!

15   Gott erwählt die Schwachen

Sehr gerne will ich mich nun vielmehr meiner Schwachheiten rühmen, damit die Kraft Christi bei mir wohne. Deshalb habe ich Wohlgefallen an Schwachheiten, an Misshandlungen, an Nöten, an Verfolgungen, an Ängsten um Christi willen; denn wenn ich schwach bin, dann bin ich stark.
2. Korinther 12,9-10

Hudson Taylor war Arzt und der Gründer der China Inland Mission, die jetzt »Overseas Missionary Fellowship« heißt. Er wurde zu seiner Zeit und vielleicht noch mehr nach seinem Tode hoch verehrt. Da verwundert es nicht, wenn wir einem Mann, der ein so mächtiges Werkzeug in der Hand Gottes war, keine Schwächen zutrauen. Eigentlich aber sollten wir nicht erstaunt sein. Lesen wir nämlich in der Bibel die Biografien der Männer, die Gott große Dinge wirken ließ, so stellen wir fest, dass sie allesamt fehlbare Menschen waren.

So berichte ich auch von Taylors Unschlüssigkeit, in der Hoffnung, dass Männer und Frauen, die eine ähnliche Schwachheit bei sich entdecken, ermutigt werden, auf den treuen Gott zu blicken, der gnädig auf unsere offensichtlich unheilbaren Verwirrungen herabblickt. Er ist immer noch unter uns am Werke, indem Er für unsere Fehler aufkommt, und »die Jahre erstattet, die die Heuschrecken vernichtet haben«.

Hudson Taylor war der Sohn eines Apothekers, der nebenbei Prediger in einer Bergwerksstadt in Yorkshire war. Er verliebte sich als Teenager in eine junge Musiklehrerin, Miss Vaughan, sagte aber nichts von seiner Liebe.

»Was soll ich machen?«, schrieb er an seine Schwester Amelia am 11. November 1850. »Ich weiß, dass ich sie liebe. Ohne sie nach China zu gehen, würde mir die Welt zur Öde machen.« Doch empfand er die Unmöglichkeit, dem Mädchen die Armut zumuten zu können, der er als Missionar entgegensah, und sie dachte gar nicht daran, nach China zu gehen. Von Zeit zu Zeit trafen sie sich und »kamen überein«, zu heiraten. Jeder für sich hatte jedoch die Hoffnung, den anderen umzustimmen. *Er* setzte alles daran, dass sie nach China kam. *Sie* versuchte, seine absurden Vorstellungen zu vereiteln. Keiner hatte Erfolg. Ihre Absage machte ihn »so elend, wie man´s sich nicht vorstellen kann«, aber er tröstete sich mit der Liebe Gottes, der ihn »gründlich besänftigte und demütig machte«.

Doch er wollte sie nicht fahren lassen. Im Jahre 1853 machte er einen neuen Versuch, sie zur Heirat zu bewegen, obwohl er wusste, dass sie weder von der Zukunftsperspektive, noch von der Gesundheit oder der Ausbildung her dafür geeignet war. Diesmal nahm sie sein Angebot an; doch schrieb er einige Wochen später seiner Schwester: »Ich weiß, dass ich sie liebe, und sie sagt, sie liebt mich. Aber sie liebt nicht mehr wie früher … Ich fürchte, die Sache muss abgebrochen werden. Oh bitte, bete für mich und schreibe bald.«

Miss Vaughams Vater regelte die Angelegenheit, indem er erklärte, er könne niemals seine Einwilligung geben, dass sie nach China gehe. So trennte man sich in beiderseitigem Einverständnis. Während ihrer Verlobungszeit sagte eine andere Freundin, Elizabeth Sissons, wiederholt, sie liebe Hudson. Sie bedauerte den verschmähten Liebhaber und schenkte ihm einige Zeichnungen. Als er England verließ, überreichte er ihr eine Brosche, damit sie an ihn dächte.

Hudson Taylor, der einsame Passagier auf dem Segelschiff Dumfries, verließ Liverpool am 19. September 1853, »fröhlich, jungenhaft und klein« im Alter von einundzwanzig Jahren. Dreiundzwanzig Wochen später landete er in Schanghai. Es war »eine ungemütliche Reise, und die Besatzung gab mir gern die Schuld für jeden Sturm, jede Flaute, jeden Wind von vorn, für alle Widerwärtigkeiten, indem sie sagten, wegen der Pastoren und Missionare gingen gewöhnlich die Schiffe unter«.

Er war noch nicht lange in Schanghai, als er sich »verloren, elend und heimwehkrank« vorkam. Es ist kein Wunder, dass die Einsamkeit während seines ersten China-Jahres ihn zum Selbstmitleid verführte. Nicht einmal seine Schwester schrieb ihm so oft, wie er meinte, sie solle es tun. Er sehnte sich nach einer Frau.

»Ich freue mich über alles, was ich von Miss Vaugham zu hören bekomme. Sie mag einen reicheren und tüchtigeren Ehemann bekommen; aber niemals einen ergebeneren, als ich es sein würde. Aber ich erkenne, sie ist nicht bereit, eine Missionarsfrau zu werden. Dabei ist es unwahrscheinlich, hier eine zu treffen – die Amerikanerinnen machen keinen guten Eindruck auf mich – vielleicht kommt das daher, dass ich sie nicht genug kenne. Ich habe das Gefühl, dass jede Seele, mit der ich über unser Land, unsere Freunde sprechen könnte, ein unschätzbarer Freund und eine gute Frau wäre. Eine, die fühlen würde wie ich und die mich in meiner Arbeit unterstützte, wäre mir unsagbar wertvoll.«

Seine Gedanken wendeten sich wieder Elizabeth Sissons zu, und nach einigen Monaten schrieb er ihr und bat sie um eine Haarlocke. Diese schickte sie im Januar 1855. Und nachdem er das Leben in China in den rosigsten Farben geschildert hatte, machte er ihr einen förmlichen Heiratsantrag. Doch hatte er bei allem ein ungutes Gefühl – Gott hatte ihn ins Inland berufen, und er wusste genau, dass die Hochzeit mit Elizabeth bedeuten würde, an der Küste bleiben zu müssen. Doch, das würde sich wohl von selbst ergeben. Miss Sissons willigte in die Ehe ein; doch ihr Vater hielt es für besser, noch abzuwarten. Hudson war bereit, auf Gott zu warten und Ihm zu vertrauen.

Im Dezember 1855 schrieb Elizabeth ihm, leider empfände sie keine Liebe für ihn. Das war ein vernichtender Schlag, der ihn gerade zu der Zeit traf, als er aus Tsungming hinausgeworfen war und »zwischen allen Stühlen saß und völlig niedergeschlagen war, so dass ich gar nicht wagte, die anderen Briefe zu öffnen«. Er schickte eine lange Antwort, »um für mich und für die Heiden ein gutes Wort einzulegen«. Doch schleppte sich die Angelegenheit hin und wurde immer einseitiger.

»Ich weiß nicht, was ich tun soll, wenn mit der nächsten Post ein abschlägiger Brief kommt«, schrieb er seiner Mutter am 30. Mai. »Manchmal habe ich das Gefühl, das alles sei mehr, als ich zu tragen vermag; es bringt mich fast zur Verzweiflung. Doch weiß ich auch, dass es ein Fehler ist, sich diesen Gedanken hinzugeben, weil es die Sache nicht leichter macht, mit ihr fertig zu werden.« Und wieder: »In meinem Wesen scheint etwas zu sein, das unbedingt Liebe und Mitgefühl braucht.«

Hudsons Lebenslauf hat gezeigt, wie nötig er die Liebe brauchte. Seine wirren Versuche, die Einsamkeit zu beenden, ließ ihn Opfer anbieten, die, wenn sie angenommen wären, die Flamme seines Pioniergeistes ausgeblasen hätten. Sein ganzes Sein schrie laut danach, in Ordnung gebracht zu werden, das heißt: Seine natürliche Ungeduld brachte ihn zu all diesen quälenden Versuchen, eine Partnerschaft zu finden, die doch nur ein Geschenk sein durfte.[1]

Er hoffte weiterhin auf eine Zusage. Er schrieb an Amelia, dass, wenn es nicht Elizabeth gäbe, das Junggesellendasein das Beste für ihn wäre; aber »weil es Liz gibt, kommt nichts anderes in Frage; sie ist *ein solcher* Schatz«.

Er ging so weit, eine Rückkehr nach England in Erwägung zu ziehen, zumal ihr Vater gesagt hatte, er willige in eine Heirat ein, wenn seine Tochter hier bliebe. Dieser Gedanke allerdings legte sich »wie Mehltau« auf sein Gebetsleben.

Eine Missionarin, zu der Hudson Vertrauen hatte, erwähnte ihm gegenüber Maria Dyer, die in einer Missionsschule in Ningpo arbeitete. Er erinnerte sich ihrer als eines »hübschen Mädchens, obwohl sie ein wenig schielte«. Sie galt als eine, die ihre Berufung ernst nahm, sie war die zweitbeste Chinesischsprecherin der Gemeinde und hatte schon einige Bewerber ausgeschlagen. Zweifel beschlichen ihn: Wie sollte er für eine Frau ihres sozialen Standes sorgen können, die an einen europäischen Lebensstil gewöhnt war!

Doch während der folgenden Monate wurde er mit Erstaunen gewahr, eigenartige Gefühle für Maria zu entdecken, die ganz anders waren als die für die Fräulein Vaugham und Sissons. Er empfand tiefe Zuneigung zu ihr, und »obwohl ich es nicht unterdrücken konnte, rang ich darum, dies Wissen ganz für mich zu behalten«.

Einige Monate zuvor hatte Maria über Hudson Taylor an ihren Bruder geschrieben: »Ich traf einen Herrn, und obwohl ich nicht sagen kann, auf der Stelle in ihn verliebt gewesen zu sein, fand ich ihn doch so interessant, dass ich ihn nicht vergessen kann. Von Zeit zu Zeit sah ich ihn, und das Interesse hält an. Ich habe keinerlei Gründe zu der Meinung, er erwidere diese

Kapitel 15 – Gott erwählt die Schwachen

Gefühle; er war immer und stets unaufdringlich und machte keine Annäherungsversuche.« Sie brachte die Sache vor den Herrn und sprach dann, Anfang Januar 1857 mit einer älteren Frau über ihre Gefühle. Diese riet ihr, die Hoffnungen aufzugeben, weil sie selbst auch kein Interesse Hudsons an Maria hatte feststellen können und bemerkte: »Es ist etwas Schreckliches, wenn man liebt und nicht wieder geliebt wird.«

Als der Englisch-Chinesische Krieg begann, bat man Hudson, Frauen und Kinder von Ningpo nach Schanghai zu begleiten. Maria blieb mit einigen Missionaren zurück, doch winkte sie dem Dampfer nach und schrieb: »Bevor er abreiste, hatte ich, vielleicht, ein wenig Grund zu hoffen, er interessiere sich für mich; aber ich hielt es für besser, nicht zu viel darauf zu geben. Ich werde die Angelegenheit weiter zum Gegenstand meiner Gebete machen.«

Hudson schrieb: »(Meine) Gefühle befanden sich im Zustand größter Angst und Schmerzen ... Doch ich unternahm in der Sache nichts. Und gegen Ende Januar reiste ich nach Schanghai und machte sie zu einer Gebetsangelegenheit – wie schon zuvor.«

Kein Wunder, dass er große Angst und Schmerzen empfand – während des Januars und des Februars fühlte er sich an Elizabeth gebunden, wenn sie sein offenes Angebot annahm, doch schrieb sie einfach nicht. Er fragte sich, ob er die Korrespondenz zu weit in die Länge gezogen hatte, und doch meinte er, es nicht ertragen zu können, wenn er sie verliere. So wollte er weiter warten. Er erwähnte sie oft in seinen Briefen an zu Hause, sagte aber kein Wort von Maria, obwohl er sie für »ein liebenswertes Geschöpf« hielt, das alle guten Seiten von Miss S. und noch viele dazu besaß. Sie sei ein kostbarer Schatz und »Gold wert« und habe einen unermüdlichen Eifer für die armen Leute in China. Darüber hinaus sei sie eine Dame. Während ihn anfangs das geringe Schielen ein wenig gestört hatte, schätzte er es jetzt besonders, weil er darin eine Chance sah, sie vielleicht zu gewinnen.

Nach langem Warten, Mitte April, schrieb ihm Miss Sissons einen Brief, der ihm ermöglichte, mit Anstand die Korrespondenz abzubrechen. »Ich habe die Sache abgeschrieben und die

Frage ist für mich erledigt. Ich bin dankbar, dass sie auf diese Weise geregelt wurde.«

Er konnte tatsächlich froh sein, dass es so gekommen war; denn er hatte im März einen Heiratsantrag an Maria geschickt, die ihn am 8. April erhielt.

Das war für beide der Beginn eines langen Kummers – wie sollte man ihr einen Brief zukommen lassen, ohne dass die misstrauische Miss Aldersey ihn las. Diese war zwar nicht Marias gesetzlicher Vormund, aber die Rektorin der Schule in der Maria und ihre Schwester unterrichteten. Taylor legte seine Brautwerbung in einen Brief an einen anderen Missionar, Mr. Gough, der sehr mitfühlend war und dem man vertrauen konnte. Der gab Hudsons Brief seiner Frau, die einen Diener zu Marias Klassenraum mit der Botschaft schickte, Mrs. Gough wolle sie sprechen. Sie bat Maria, keine Absage zu schicken. Maria erkannte die Handschrift nicht, doch ahnte sie den Inhalt, und während sie fürchtete, der Brief sei von einem Bewerber, dem sie schon abgesagt hatte, steckte sie ihn in die Tasche und ging in die Klasse zurück.

»Nach der Schule ging ich auf mein Zimmer. Bevor ich die Briefe öffnete, betete ich über ihnen. Ich hatte ein wenig Hoffnung, sie möchten von Mr. Taylor kommen, doch war eigentlich nicht daran zu denken. – Das war zu unwahrscheinlich … Es schien aber, als seien meine Gebete tatsächlich erhört, er bat mich, einer Verlobung zuzustimmen. Er bat mich, nicht eine überstürzte Absage zu schicken, das würde ihn in die allergrößten Ängste stürzen. Er endete, indem er die Hoffnung ausdrückte, in Kürze würden alle seine Zweifel und Befürchtungen zerstreut und seine kühnsten Hoffnungen erfüllt sein. Er unterschrieb, indem er sich selbst als meinen ergebensten und liebevollsten Hudson Taylor bezeichnete.«

Am nächsten Tag ging sie zu Miss Aldersey, die ihr sagte: »Ich hoffe doch, dass Sie ihn abweisen?!« Dann begann sie alles aufzuzählen, was einen Schritt wie diesen unmöglich machen musste: Mr. Taylor war arm, ein einzelner Niemand, er war anmaßend, kein vornehmer Mensch, ohne Bildung, ein Großmaul, ein singender Plymouthbruder, er hielt den Sonntag nicht und arbeitete »mit einem höchst dubiosen Missionar« zusammen (einem Mann namens Burns), dazu war er klein und Maria groß »und außerdem trug er chinesische Kleidung!«

Dann begann sie, Marias Antwort zu diktieren, eine kategorische Absage – so wollte Gott das und so gebot es ihre Pflicht! Sie betrachtete Mr. Hudson als Bruder in Jesus; aber sie erwartete, dass er sich nie wieder mit diesem Ansinnen bei Maria melden würde. Während Miss Aldersey ihr über die Schulter blickte, schrieb Maria, was ihr gesagt wurde.

Maria liebte Hudson, träumte von ihm, von seinen blauen Augen, von seiner Liebe zu den Chinesen, von seinem fröhlichen Wesen und seiner Liebe zur Musik. Die chinesische Kleidung setzte allem einen kleinen Dämpfer auf, doch vertraute sie seiner Urteilsfähigkeit – »Es wird schon richtig sein, wenn er es tut.«

Hudson, vermutete, dass Miss Aldersey dahinter steckte und suchte sie im Juli auf. Doch sie blieb unbeugsam. Monatelange innere Kämpfe folgten, besonders für Maria; denn sie liebte Hudson wirklich und bewunderte gleichzeitig Miss Aldersey. Manchmal begegneten sich Maria und Hudson zufällig im gleichen Zimmer, doch war es nicht möglich, ein Wort, ja nicht einmal einen Blick zu wechseln. Die Missionare bezogen schließlich in dieser Sache Stellung; doch selbst Marias Schwester war gegen eine Verlobung, weil Miss Aldersey so stark davon abriet. Später wurde ein Gespräch vereinbart, an dem Mrs. Bausum auf Marias Bitte hin teilnahm. Die drei beteten gemeinsam darum, Gottes Willen zu erfahren.

Einer der Missionare lehnte es sogar ab, Hudson als Christen anzuerkennen und wies seine Frau an, ihn völlig zu ignorieren. Er meinte, ein Mensch, der so handelt wie Mr. Taylor, »müsste durchgepeitscht werden«. Maria wurde fanatisch, unanständig und leicht verführbar genannt.

Schließlich wurde am 14. November 1857 von einem amerikanischen Missionarsehepaar ein Treffen arrangiert. Diese Leute wussten von dem voraufgegangenen Hick-Hack nichts. Sie luden Maria ein. Hudson war da. Er blickte nur auf die Tür. Als diese sich öffnete, lag sie in seinen Armen.

»Das Ergebnis war«, so schrieb Hudson, »dass wir uns verlobten, einerlei wie die Reaktion unserer Wächter ausfallen würde.«

... Ich war noch nicht lange verlobt, da hatten wir uns schon all die Küsse gegeben, die wir uns in den vergangenen Monaten hätten geben sollen.«

Trotz des unversöhnlichen Widerstands einiger Leute, heirateten Hudson Taylor und Maria Dyer schließlich am 20. Januar 1858.

---

[1] John C. Pollock, *Hudson Taylor und Maria* (New York: McGraw Hill, 1962).

Kapitel 15 – **Gott erwählt die Schwachen**

Gedanken zu »Gott erwählt die Schwachen«:

- Lassen wir alles noch einmal Revue passieren:
  Ein Teenager verliebt sich in Miss Vaughan.
  Sie hat kein Interesse an der Mission.
  Er hofft auf Sinnesänderung bei ihr.
  Ihr Vater verweigert die Zustimmung.
  Sich einsam fühlend beginnt er zwei Möglichkeiten durchzuspielen:
  Miss Vaughan und Miss Sissons.
  Trotz großer Ungewissheit macht er Miss Sissons einen Antrag. Entmutigung – sie liebt ihn nicht.
  Er braucht unbedingt Liebe und Zuneigung.
  Ungeduld.
  Er hegt »eigenartige Gefühle für Maria«.
  Er macht eine Liebeserklärung, während er noch an Miss Sissons gebunden ist.
  Maria unterwirft sich demütig der Vorgesetzten. Später begreift sie, dass sie diese Autorität übergehen muss, um dem Herrn zu gehorchen.
- Unangemessene Gefühle? Unbrauchbar zum Dienst für den Herrn? Angst vor der Ehe? »Das Törichte der Welt hat Gott auserwählt, damit er die Weisen zuschanden mache; und das Schwache der Welt hat Gott auserwählt, damit er das Starke zuschanden mache. Und das Unedle der Welt und das Verachtete hat Gott auserwählt, das, was nicht ist, damit er das, was ist, zunichte mache, dass sich vor Gott kein Fleisch rühme« (1. Korinther 1,27-29).
- Denke an einige der großen Helden der Bibel, die Gott erklärten, unbrauchbar zu sein, z.B. Mose (2. Mose 3), Gideon (Richter 6), und andere. Es kam nicht darauf an, was sie waren, sondern was Gott ist.
- »Der Herr, HERR hilft mir. Darum bin ich nicht zuschanden geworden, darum habe ich mein Gesicht (hart) wie einen Kieselstein gemacht. Ich habe erkannt, dass ich nicht beschämt werde« (Jesaja 50,7).

16   Herzen können brechen

Nahe ist der Herr denen,
die zerbrochenen Herzens sind.
   Psalm 34,19

Hudson Taylors Geschichte macht klar, dass er, wie wir anderen auch, nur ein »irdenes Gefäß« war, ganz gewöhnlich, fehlerhaft und zerbrechlich; doch in Gottes Meisterhänden brauchbar – »damit das Übermaß der Kraft von Gott sei und nicht aus uns« (2. Korinther 4,7).

Jede Offenbarung unserer eigenen Schwachheit ist ein Anruf Gottes, von Ihm zu lernen, Ihn um rechtzeitige Hilfe in der Not anzurufen und uns auf Seine Kraft zu Wiederherstellung, Errettung, Vergebung und Heilung zu verlassen.

Herzen sind zerbrechlich. Ich erhalte Briefe von Paaren, die verlobt oder beinahe verlobt waren. Plötzlich schreibt der eine Partner dem anderen, es müsse Schluss sein. Als Grund wird dann oft gesagt: »Es ist der Wille Gottes.« Damit meint man, alle Gegenargumente überwunden und alle Tränen getrocknet zu haben.

In manchen Fällen ist das wohl eine anständige Erklärung. Vielleicht hat sich jemand dem Herrn wieder ganz neu ausgeliefert und dabei gemerkt, dass er oder sie einen schweren Fehler begangen hatte. Ernste Christen machen viele Fehler, und auf jeden Fall ist es besser, ihn zu berichtigen, als so weiterzumachen, als sei alles in Ordnung. Dann ist es besser, die Verlobung abzubrechen, als die Ehe zu scheiden.

Es gibt noch eine andere Möglichkeit. Jemand hat von Anfang an nicht nach Gott gefragt. Er oder sie ist sehr unüberlegt in eine Beziehung geraten, ohne Selbsthingabe, Gebet und Warten auf Gottes Stimme. Alles war eigenwillig und unverantwortlich. Was dann »der Wille Gottes« genannt wird, kann etwas völlig anderes sein. Vielleicht hat diese Person nur den Mut verloren, oder jemand anderen getroffen, oder lässt sich sowieso primär von

Kapitel 16 – Herzen können brechen

Augenblicksgefühlen leiten und bricht darum den Kontakt ab – es handelt sich also eher um den Willen dessen, der »Schluss macht«!

»Jeder Weg eines Mannes ist gerade in seinen Augen, aber der die Herzen prüft, ist der HERR« (Sprüche 21,2). Was auch immer die wahren Beweggründe sind, wir können sicher sein, dass Gott niemals Konfusionen stiftet.

»Mein Verlobter erzählte mir, er müsse ›für eine Zeit‹ die Beziehung abbrechen, um sich auf Gott auszurichten. Das hat mir das Herz gebrochen; aber ich willigte ein. Sieben Wochen danach erklärte er mir, er liebe mich nicht, es sei zu anstrengend mit mir, mein Äußeres sei zu ungepflegt und ich sei zu schlampig.«

Was ist denn wohl eine »zeitliche Unterbrechung«, wenn ein Paar sich schon zur Ehe entschlossen hatte? Was wollen sie ihren Bekannten sagen – »Ja, wir waren verlobt; aber im Augenblick nicht«? Oder: »Oh ja, wir wollen heiraten; aber wir sind jetzt nicht verlobt«? Und was das Übergewicht und die Schlampigkeit angeht – kam das alles plötzlich, hat man das früher nicht gesehen?

Der nächste Schritt des Mannes war, wie sie mir erzählte, dass er zurückkam und ihr erklärte, sie sei nun endgültig seine Kameradin; aber er wollte »ganz langsam in die Verbindung zurückkommen«. Wie aber sollte das geschehen? Hätte er nicht lieber den Mund halten sollen, bis er zu einer völligen Verbindlichkeit bereit war? Eine Verbindlichkeit eingehen, bedeutet, Vertrauen verbreiten und Fürsorge übernehmen. Das ist ein freiwilliger Akt, eine völlige Auslieferung, man gibt sich damit aus der Hand. Als der Mann sich endgültig vorgenommen hatte, das Mädchen zu heiraten, *war* er diese Verbindlichkeit eingegangen. Wie kann man »langsam in eine Stellung zurückkehren«, die man längst eingenommen hat? Ein Turmspringer mag eine lange Zeit das Wasser unter sich beobachtet und manchen versuchsweisen Hüpfer auf dem Sprungbrett gemacht haben; aber es kommt der Augenblick der Entscheidung. Dann bewegt er sich nicht langsam. Er ist entschlossen. Seine Muskeln straffen sich. Er springt in die Luft und bringt sich selbst in eine Verbindlichkeit, aus der es kein Zurück gibt. Er stürzt ins Wasser.

Eine weitere Geschichte zum Thema Unentschlossenheit, die nicht zum Handeln führte:

»Vom ersten Augenblick an war ich überzeugt, dass er der Mann war, den ich heiraten wollte. ›Das ist albern‹, sagte ich mir selbst, ›das wird nie etwas‹. Aber fünf Tage nacheinander liefen wir uns über den Weg und ich war von den Gefühlen beinahe überwältigt. Ich habe viel geheult. Er zog weg und rief mich drei Wochen lang täglich an. Dann tat er es nur noch jeden zweiten Tag, aber er schrieb mir täglich. ›Ich wusste im Augenblick als ich Dich sah, dass ich Dich heiraten wollte‹, sagte er und machte mir am Telefon einen Antrag. Ich willigte ein. Eine Freundin bestätigte unsere Entscheidung. Sie sagte: ›Der Herr hat mir gesagt, ihr würdet heiraten.‹ Unsere Eltern fanden die Sache gut, ebenso der Pastor. Drei Wochen später brach er alles ab, weil er nach seiner Aussage verwirrt war und Zeit zum Nachdenken brauchte usw. Nach zwei weiteren Tagen waren wir wieder zusammen, und drei Tage darauf brach er die Verbindung wieder ab und sagte mir sogar, er liebe mich nicht. Danach rief er jede Woche an. Meine Versuche, ihn zu trösten, verursachten weitere Schmerzen. Jetzt ruft er an und erkundigt sich, wie es mir geht. Ich sage immer ›Prima‹. Wenn er dann weiter nachfragt, sage ich ihm die Wahrheit. Dann legt er schnell auf.«

Was können wir all diesen Frauen sagen, die sich in solch einer ungeklärten Situation befinden? Wir beten um Weisheit, damit wir ihren verwundeten Seelen ein wenig Hilfe bieten können. Ich muss bekennen, dass ich den jungen Mann aus der letzten Geschichte kräftig durchschütteln möchte, leider werde ich dazu nicht die Möglichkeit bekommen.

Wohin sollte man sich wenden, wenn nicht zu Dem, der da »heilt, die zerbrochenen Herzens sind, (d)er verbindet ihre Wunden«? Zerbrochene Herzen sind nichts Neues für Ihn und Seine Macht ist grenzenlos; denn Er ist derjenige, der alle Sterne gezählt hat und sie mit Namen kennt. Hast du einmal darauf geachtet, wie in Psalm 147 Gottes Fürsorge an den zerbrochenen Herzen mit Seiner Zählung und Kenntnis aller Sterne verbunden wird? Sein Mitleid und Seine Macht werden zusammen erwähnt, damit wir verstehen möchten, dass der Herr des Universums nicht zu sehr mit den Galaxien beschäftigt ist, um sich

Kapitel 16 – Herzen können brechen

unserer Leiden annehmen zu können. Er selbst hat unser ganzes Sein fest im Griff und auch alles, was damit in Verbindung steht. Nichts kann den Schutzwall Seiner Liebe durchdringen.

Er hat eine herrliche Absicht dabei, wenn Er Kummer zulässt. Wir finden in der Bibel viele Gründe dafür, zum Beispiel:
damit wir in das Bild Christi umgestaltet werden (Römer 8,29),
damit wir vertrauen lernen (2. Korinther 1,8-9),
damit wir gehorchen lernen (Psalm 119,67.71),
damit wir Frucht bringen (Johannes 15,2),
damit wir geistlich erwachsen werden (Jakobus 1,4).

Unsere Leiden sind nicht sinnlos. Niemals. Wie klein sie auch sein mögen, so dürfen wir in ihnen Gottes Gnade sehen, die uns die Chance gibt, »seiner Leiden teilhaftig zu werden«. Christus litt für unsere Sünden und wir leiden unter den Sünden anderer (und sie unter den unseren). Hier liegt ein Geheimnis, das unser Verstand nicht ergründen kann; doch wir erfassen es im Glauben, weil Gottes untrügliches Wort es sagt und glauben, dass nichts vergeblich ist.

Dabei müssen wir uns davor hüten, anzunehmen, das Böse, was wir tun, sei nicht böse, weil Gott alles zum Besten dienen zu lassen weiß. Es waren *böse* Menschen, die dem Sohn Gottes auf Golgatha *Böses* antaten, ja, es war das Schlimmste, was je geschehen konnte. Doch Gott verwandelte es in das Beste: in unsere Errettung.

Ein zerbrochenes Herz ist ein Opfer, das Gott annehmen kann. Er wird es niemals abweisen. Wir wissen nicht, welch unvorstellbar Gutes Er durch unser schlichtes Opfer wirken kann. Christus war bereit, das zerbrochene Brot für das Leben der Welt zu werden. Er wurde ausgeschüttet wie Wein. Das bedeutet, Er nahm es auf sich, wie Weizen zermahlen und wie Trauben zerdrückt zu werden. Es waren die Hände der anderen, die Ihn zermahlten und zerdrückten. Unsere kleinen Verletzungen, die so unendlich viel unbedeutender als die Seinen sind, sollten wir vertrauensvoll Seinem verändernden Wirken überlassen. Die Trübsale des Glaubens sind viel wertvoller als Gold.

Gedanken zu »Herzen können brechen«:

- Ein zerbrochenes Herz bringt uns unsere einzige Kraftquelle in Erinnerung.
- Es offenbart unsere Schwachheit.
- Es ist der Aufruf Gottes – wozu?
- Es ist ein Gott wohlgefälliges Opfer.
- Welche Gründe gibt es, derentwegen Gott ein Herz brechen lässt?
- Suche weitere Gründe, außer den hier aufgeführten.

17 Angst vor der Verbindlichkeit

Befiehl dem HERRN deinen Weg
und vertraue auf ihn, so wird er handeln
und wird deine Gerechtigkeit aufgehen lassen wie das Licht
und dein Recht wie den Mittag.
  Psalm 37,5-6

Ein Lied von Rod Stewart drückt sehr genau eine heute verbreitete Haltung aus:

> Ich will nichts von dir fordern,
> nicht Ehe, noch Erinnerung,
> nur Liebe für den Augenblick.

Da steht es schwarz auf weiß. Liebe bedingt Verpflichtungen. Was diese Leute *Lieben* nennen, ist nur eine Art Vergnügen, ein Gefühl, das oft nur Minuten anhält, höchstens eine Stunde. Nichts weiter ist damit gemeint, wenn auch viel mehr davon erwartet werden mag. Es ist eine Möglichkeit der Selbstbefriedigung. Aber Verantwortung? Ehe? Oder Erinnerung? Solche Gedanken lassen diesen Leuten den kalten Schweiß ausbrechen.

Was sollen wir von solch einem Mann sagen, der bei der ersten Begegnung einer Frau etwas verspricht, dem sie nach ihren Worten nicht widerstehen konnte: Bedingungslose Liebe!? Ein Mann sollte seine Worte in Acht nehmen. »Bestelle, HERR, eine Wache für meinen Mund! Wache über die Tür meiner Lippen!« (Psalm 147,3).

Er versprach, sie nie zu verlassen, immer treu zu sein.

»Naja, wir haben uns dreimal getrennt und sind wieder zusammengekommen ...

Eines Tages wusste ich, dass Gott selbst zu mir sprach. Ich weinte und wollte gehorsam sein, aber ich war es nicht. Ich hielt an dieser Beziehung fest, die dem Herrn nicht gefiel. Ich redete mir ein, die Sache sei in Ordnung, weil er Christ sei, obwohl er überhaupt nicht im Gehorsam gegen den Herrn wandelte.«

Das hätte dem Mädchen zu denken geben müssen. War es nicht ein deutliches Zeichen vom Himmel? Ein wahrer Christ versucht, gehorsam zu sein. »Und hieran erkennen wir, dass wir ihn erkannt haben, wenn wir seine Gebote halten. Wer sagt: Ich habe ihn erkannt, und hält seine Gebote nicht, ist ein Lügner, und in dem ist nicht die Wahrheit« (1. Johannes 2,3-4).

»Wieder habe ich nachgegeben«, fährt sie fort, »und ich muss zugeben: *Der Preis ist zu hoch!*

Wir treffen uns nicht mehr, weil er sich so sehr vor der Verbindlichkeit fürchtet. Obwohl er beteuert, mich zu lieben, meint er ›keinen Frieden darüber zu haben‹, dass er mich heiratet. Er sagt, man sollte sich doch eigentlich nach solch einer Entscheidung glücklich fühlen; aber statt großer Freude empfindet er schreckliche Angst. Darum ist er jetzt zum fünftenmal weggelaufen (ja, zum fünftenmal, es widerstrebt mir, das zuzugeben), doch diesmal habe ich den Vorschlag gemacht, weil sich seine Ängste schon wieder zeigten und ich nicht mehr damit umzugehen weiß.« (Ich höre Sie schon sagen: »Bis zum nächstenmal!«).

Sich auf eine Ehe einzulassen, bedeutet, sich einem anderen anzuvertrauen und das eigene Leben einem anderen zur Verfügung zu stellen. Tatsächlich heißt das, auf Rechte zu verzichten und sich den Forderungen einer anderen Person auszuliefern. Wenn jemand sein Handeln dem Herrn übergibt, tut er genau das. Niemand wird das wagen, der Ihm nicht vertraut. Wem vertrauen wir? Auf wessen Integrität, Wahrhaftigkeit, Gerechtigkeit oder auch nur treue Freundschaft können wir setzen? Bin ich des Vertrauens eines anderen Menschen würdig? Bin ich ein Mensch, in den man Vertrauen investieren kann?

Zur Hingabe gehört es, Verantwortung zu übernehmen. Sie beinhaltet Verpflichtung und Zuverlässigkeit. Sie ist das Versprechen von etwas, ein Pfand darauf, einen bestimmten Kurs einzuhalten. Liebe bedeutet solche Hingabe. Nur »lieben« und die Verantwortung ablehnen, ist nichts als reine Selbstsucht, Verantwortungslosigkeit und letztlich zerstörerisch.

Einen weiteren Fall von »Angst vor der Verbindlichkeit« hörten wir von einer Frau, deren Freund sie jahrelang am Gängel-

Kapitel 17 – Angst vor der Verbindlichkeit

band hielt, ihr oberflächliche Freundschaft erwies, sich mit ihr traf, wenn es ihm Spaß machte und ihr immer wieder sagte, sie sei eine »wunderbare Freundin«, doch dabei blieb´s. Ihre biologische Uhr lief während dessen ab, ebenso zerrannen ihre Hoffnungen auf einen Ehemann, auf Heim und Familie.

»Ich will Dir kurz das Neueste erzählen. So sagte er vor einem Monat am Telefon (das erste Mal seit Monaten). Er wollte nur ›ein wenig schwatzen‹. Mir wurde schnell klar, dass mich das alles gar nicht interessierte. Er sprach von seinen Plänen für die Osterferien, die Arbeit usw. aber ich konnte nichts dazu sagen ...

Und was den anderen Mann, von dem ich sprach, angeht, weiß ich nichts zu sagen. Er macht einen Schritt nach vorn, dann wieder einen zurück. So versuche ich, um mich vor emotionalen Demütigungen zu schützen, beständig dranzubleiben, wenn er weitermacht, aber nicht auf seine Ängste und Zögerlichkeiten zu reagieren. Er hat mich noch nicht gefragt. Ich habe noch mit niemand eine so schwierige verbale Kommunikation gepflegt, so beschränke ich mich größtenteils aufs Zuhören! Warum sind die Männer so zögerlich und inaktiv? Das verwundert mich!

Eine Freundin fragte mich vorgestern: ›Musst du unbedingt solch einen Schlappschwanz retten?‹ Ich lachte, weil ich nicht den Eindruck habe, eine ›Tierschützernatur‹ zu sein. Ich bin nur frustriert, weil die Männer keine Männer sind. Elisabeth, ich glaube, der Satan hat sich in den Herzen dieser jungen Männer verschanzt und muss durch Gebet und Gehorsam daraus vertrieben werden. Wenn junge Männer nicht mehr heiraten, entstehen keine neuen Generationen, um das Evangelium zu verkündigen bis Jesus wiederkommt. Wenn Männer keine Männer und Frauen keine Frauen mehr sind, ist das Geheimnis des Unterschieds zwischen den Geschlechtern verloren gegangen. Ich meine, wir sollten das Bild Gottes in diesem Unterschied erkennen. Die christliche Gemeinde hat in Bezug auf die Familie eine Haltung anzunehmen begonnen (Brüder und Schwestern in Christus), die das Wunder verschleiert, unseres Schöpfers Werk zu sein. Gemeinsames Essen und andere Gemeindeveranstaltungen am Samstagabend erlauben es ›Beziehungen‹ zu knüpfen; aber dabei brauchen die Männer sich nie aus ihrer bequemen Sicherheit zu wagen. Frauen können dort andererseits in gewissem Maße ihrer Neigung zum Ernähren und Versorgen anderer Genüge tun. Das Ergebnis – keiner braucht zu heiraten.«

Es sind nicht nur die Männer, die die Verbindlichkeit scheuen. Eine Missionarin verlobte sich mit einem Einheimischen des Landes, in dem sie arbeitete. Sie brach die Verbindung ab, fuhr zum Urlaub nach Hause, traf einen anderen Mann, der auf dem Wege zu seiner Missionsarbeit war und verlobte sich mit dem. Als er ihr sagte, er wolle in ein anderes Land gehen, löste sie auch diese Verlobung wieder und schrieb mir, um mich zu fragen, ob ich der Meinung sei, sie solle zu dem ersten Mann zurückkehren. Was sollte ich ihr antworten?

Heutzutage spricht man der Verbindlichkeit zwei eigenartige Eigenschaften zu: Offenheit und Verletzlichkeit. Natürlich gehören sie dazu. Aber man sollte sehr vorsichtig damit umgehen. Ist es weise und lehrt uns die Schrift, offen gegeneinander zu sein in der Gruppe, anderen unser wahres Denken mitzuteilen, damit sie unser »wirkliches Sein« erkennen? Andere sollen – so meint man – um unsere Stärken und Schwächen wissen, damit sie uns in rechter Weise »annehmen« können. Zu anderen Zeiten war dies das Vorrecht geistlicher Leiter (und das war gut so), aber heute genießen nur wenige diesen wahrhaft geistlichen Luxus.

Eine öffentliche emotionale und geistliche Selbstentblößung wirkt nicht nur abstoßend (wenigstens auf die Betrachter), sondern ist, wie mir scheint, auch gefährlich und höchstwahrscheinlich falsch. Wenn wir unsere Gefühle und Nöte einfach am Fuß des Kreuzes niederlegen und mutig zu ihnen stehen, dann erkennen wir gewöhnlich, was wir zu erkennen haben. Gott kann uns dann gottesfürchtige Helfer geben – eine geistliche Mutter oder einen geistlichen Vater – die uns verstehen und uns beim Beten helfen. Lasst uns dafür dankbar sein und genau auf das hören, was sie zu sagen haben. Aber hüten wir uns davor, unsere Intimitäten in der Gruppe zu offenbaren!

John Mallon führt die Angst vor der Verbindlichkeit auf die gegenwärtige »Kultur der Pornografie« zurück.

Die meisten Menschen in unserer Gesellschaft sind mit der Meinung groß geworden, jede Form sexueller Aktivität, ein-

Kapitel 17 – Angst vor der Verbindlichkeit

schließlich Promiskuität und Masturbation, wie sie die »sanfte« Pornografie anregt, sei irgendwie gut oder gesund ...

Der Mann beginnt ein sexuelles Phantasieleben in seiner frühen Pubertät ... mit Hilfe der »sanften« Pornografie, wie sie am Kiosk zu beziehen ist. Dadurch gräbt sich tief in seine Seele eine falsche Vorstellung von weiblicher Vollkommenheit ein, dazu kommt die Vorstellung eines idealen Phantasieharems. Keine der Bewohnerinnen seines Phantasieharems macht sich irgendeinen Kummer um die Phantasien über eine andere Frau, sie scheinen das sogar zu schätzen; denn genau das scheinen die Augen all der Frauen in solchen Bildern zu vermitteln. Diese Frauen finden alles schön, verstehen alles und lieben es – für ihn – nackt zu sein. ... Keine fühlt sich verletzt oder ist eifersüchtig. Somit ist er jederzeit frei, sich die hübschere Frau auszusuchen – jeden Monat neu ...

Übertrage nun diese fest fixierten Vorstellungen und tief eingewurzelten Haltungen und Bedürfnisse der Männer auf die reale Welt realer Frauen und realer Liebesverhältnisse! Zuerst ist er Feuer und Flamme. Da gibt es Blumen, Pralinen, Karten, Geschenke, man geht essen und zum Tanzen, bis es anfängt, ihr zu gefallen und sie tatsächlich glaubt, es gehe ihm um sie – und das tut es auch. Aber kann er sich nur an eine binden? Nur an diese? Oder sucht er nicht dauernd den Horizont nach etwas Anderem, »Besserem« ab? Ist er in der Lage, wirklich eine Frau zu lieben, oder muss er seinen jugendlichen Phantasien gehorchen, die auf sexuelle Befriedigung aus sind, die er nun unwiderruflich bei nur einer Frau finden soll? Er wird schrecklich frustriert sein, dass sie sein Begehr nach mehr und anderen Frauen nicht tolerieren will. Er hat sich an die nie hinterfragte Zärtlichkeit und Hingabe seines Papierharems gewöhnt, dass er sich selbst nicht begreifen kann. Er empfindet keine Schuldgefühle, wenn er diese real existierende Frau in gleicher Weise behandelt. Sie hält es nicht aus. Er gerät in Panik, erfährt weitere Ablehnung, Scham und schreckliche Einsamkeit und weiß nicht, was eigentlich passiert ist und kann sich selbst nicht helfen. Das ist der Weg der Sünde. ...

Eine Phantasiewelt voller Konkubinen zerstört die Fähigkeit zur Liebe und bewirkt eine zynische Haltung gegenüber der Vertrauenswürdigkeit, die selbstverständlich ein unabdingbarer Bestandteil wahrer Verbindlichkeit ist. Die sogenannte sexuelle Revolution hat niemand befreit, sondern uns tiefer in die Isolation gestoßen, dazu in Einsamkeit und Zynismus. ... Die Frauen haben den höchsten und am deutlichsten sichtbaren Preis bezahlt, wie sie es immer tun, wenn sexuelle Sittenhaftigkeit über Bord geworfen wird.

Gedanken zu »Angst vor der Verbindlichkeit«:

- Nenne weitere Bindungen außer der Ehe, die wir eingehen können. Machen sie uns ebenfalls Angst? Warum oder warum nicht?
- Welche Ansprüche stellen die Bindungen an andere Personen an uns – z.B. an den Chef, den Professor, die Eltern? Würde das Wort *Bindung* in jedem dieser Fälle anders definiert werden müssen?
- Wenn niemand von uns unverwundbar ist, was meinen dann die Leute, wenn sie von der Bereitschaft zur Verwundbarkeit reden?
- Denke über Mallons Analyse der »Angst vor der Verbindlichkeit« nach. Vielleicht kannst du weitere Ursachen nennen.
- Fürchte Gott und sonst nichts!

18   Koste es, was es wolle

Andere ... wurden gesteinigt, zersägt, starben den Tod durch das Schwert ... Sie, deren die Welt nicht wert war, ... die durch den Glauben ein Zeugnis erhielten, haben die Verheißung nicht erlangt, da Gott für uns etwas Besseres vorgesehen hat, damit sie nicht ohne uns vollendet werden sollten.
Hebräer 11,37-40

Für Christen bedeutet Verbindlichkeit zuallererst die Unterwerfung unter die Herrschaft Jesu Christi. Nichts hat mir in jungen Jahren deutlicher illustriert, was diese Unterwerfung genau bedeutet, als die Geschichte von zwei jungen Leuten dieses zwanzigsten Jahrhunderts, die ihre Rechte über sich selbst aufgaben, das Kreuz auf sich nahmen und dem Herrn nachfolgten.

John Stam wurde Anfang dieses Jahrhunderts in Paterson, in New Jersey, geboren. Sein Vater stammte aus Holland und gründete ein Baugeschäft, doch war er in Gefängnissen, Kranken- und Armenhäusern und in den Elendsvierteln bekannt, weil er das Herz eines rechten Dieners hatte. Seine sechs Söhne und drei Töchter wuchsen in einem starken, christlichen Hause auf, wo die Bibel immer auf dem Tisch lag und dreimal des Tages jeweils von einem der Familienglieder ein Kapitel gelesen wurde, bevor das Essen auf den Tisch kam.

John saß an einem Tage des Jahres 1922 an seinem Platz in der Berufsschule, als er sein Leben endgültig dem Herrn übergab. Von diesem Augenblick an wusste er, dass er nicht sich selbst gehörte, sondern für alle Zeit ein Diener seines Herrn, Christus, sein würde. Er verlor die Lust am Geldverdienen, nur was ewigen Bestand hatte, interessierte ihn.

Elizabeth Alden Scott (direkte Nachfahrin von John und Priscilla Scott von der *Mayflower*) wurde in Amerika geboren und wuchs in China auf, wo ihre Eltern als Missionare wirkten. Ihre jüngere Schwester beschreibt Betty, wie man sie nannte, als zart und nachdenklich. Eine Dame, bei der sie als Lehramtskandidatin im Wilson College gearbeitet hatte, schrieb mir:

Kapitel 18 – Koste es, was es wolle

»Sie hat mich sehr beeindruckt und sie ist die Einzige, an die ich mich noch erinnern kann. Damals trug sie ihr Haar in Zöpfen, die sie adrett um den Kopf geflochten hatte. Sie hatte zwei weiße Blusen, die sie zusammen mit einem dunklen Rock trug. Ihr Betragen war freundlich und still und sie sprach sehr leise.«

Es war am Moody Bibelinstitut, wo John Stam an diesem Mädchen etwas bemerkte, was er bisher nicht gefunden hatte und was ihn eigentümlich anzog. Aber es ging ihm in erster Linie um seine Studien und an den Wochenenden predigte er in einer Kirche, die zweihundert Meilen entfernt lag. Seine Gefühle für diese wunderbare Frau hatte er so unter Kontrolle, dass seine Studienkollegen nichts davon wahrnahmen.

Betty hatte die Absicht, als Missionarin nach China zurückzukehren. Aber bei »Moody« wurde der Kontinent Afrika in ihr Blickfeld gerückt, besonders das Elend der Leprakranken. Konnte sie sich bereitfinden, alles, was China für sie bedeutete, dranzugeben und ihr Leben für einen Dienst irgendwo anders einzusetzen? Sie war auch auf die große Gestalt John Stams aufmerksam geworden, dessen Ruf nach China klar war. Der Zug in diese Richtung muss gewaltig gewesen sein. »Mein Testament« ist der Titel für die folgenden Zeilen. Sie offenbaren nicht nur ihre ganz menschlichen und natürlichen Befürchtungen, sondern auch die freundliche Vergewisserung, die sie empfing, als sie diese Befürchtungen dem Herrn brachte.

Ach, fürcht´ ich wohl,
Dass etwas, was mir teuer ist
Du vorenthältst
Und mir nichts and´res dafür gibst?

Das kann nicht sein,
Weil ich Dein Antlitz seh´
Und was Du sagst, versteh´:

»Mein Kind, Ich starb für dich,
Wenn du doch Lieb´ und Leben
Als Gabe nahmst von Mir,
Sollt´ Ich dir eine Kostbarkeit

An Seelenfried´ und Herzensfreud´,
Was irgend gut ist, nicht gewähren?
Mein Kind, das kann nicht sein!«

Sollte es Afrika oder China sein? Ehe oder Alleinsein? Die Prüfung musste noch tiefer gehen, so wie für alle, die »ihr Angesicht hart wie einen Kieselstein« machten, um dem Gekreuzigten zu folgen.

Während ihres zweiten Jahres bei »Moody« schickte sie ein zweites Gedicht an ihren Vater. »Dieses Gedicht«, schrieb sie, »spricht von der Mühsal der Seele und von der Furcht des Herzens, die in mir wohnten, bevor ich mein Alles – meine innersten Motive, soweit ich sie kenne – unter die Herrschaft Gottes gestellt hatte. Die vierte Strophe enthält Seine gnädige Annahme meines unwürdigen Selbst; die letzte spricht von der Freude, der Gewissheit und von dem Frieden durch die Versicherung Christi, meines Erretters, dass Er mich sicher führen wird, weil Er jetzt der Herr meines Lebens ist.«

Hier steh´ ich, Herr!
Alles nur Nebel, ich sehe nichts mehr,
Steilwilde Felsen nur rings um mich her
lauern wie Riesen, ich fürchte mich sehr.
Wo ist ein Weg?

Hier steh´ ich, Herr!
Schwarzes Gestein hat den Rückzug verlegt,
Über mein Haupt wilder Sturm heulend fegt,
Kälte und Druck auf das Herze sich legt.
Ich habe Angst!

Hier steh´ ich, Herr!
Hart sind die Felsen, ich kann kaum drauf geh´n,
Fast glitt ich aus auf den eisigen Höh´n,
Alles so mühsam, kein Ruhort zu seh´n.
Muss ich noch steh´n?

Und ich hörte Ihn reden und ich sah Sein Gesicht
Voll unendlicher Gnade auf mich jetzt gericht´t,

Kapitel 18 – Koste es, was es wolle

Mit vollkommener Liebe, die alles versteht;
Und mein Klagen verstummte und wurde Gebet:

Hier steh´ ich, Herr!
Seit Du gesprochen, oh Herr, sehe ich
In diesen Felsen rings um mich her nur Dich,
Und weil Dein Lieben so treu sorgt für mich,
Steh´ ich und sing´.

Als der Ruf nach China schließlich bestätigt wurde, war Betty Scott unter denen, die sich wöchentlich im Hause von Dr. und Mrs. Isaac Page trafen, die zu der von Hudson Taylor gegründeten China Inland Mission gehörten.

In der Gruppe war auch John Stam. Niemals hatte er ein Mädchen den anderen vorgezogen. Er hatte sein Herz vollkommen frei erhalten und war keinerlei Beziehungen eingegangen und wollte nicht nur unverheiratet nach China gehen, sondern auch wenigstens die nächsten fünf Jahre so bleiben, weil er hoffte, in eine evangelistische Pionierarbeit gestellt zu werden. Er war bereit, sich für die Bergstämme im Westen oder für die Moslems in Sinkiang aufzuopfern.

Doch nun kam eine neue Herausforderung auf ihn zu – dies ernste, und ihn ablenkende Mitglied der Gebetsgruppe. Die Entdeckung verwirrte ihn: Er liebte sie. Was nun?

Wir wissen nicht, was sie beide miteinander gesprochen haben, nur dass, nach ihrem Biografen, »Betty in ihrem reinen, lieben Wesen ihm nicht verbarg, er möge doch ihre Liebe erwidern«. Sie hatte in diesem jungen Mann geistliche Übereinstimmung, eine gleiche missionarische Vision und tiefsten Gleichklang des Herzens entdeckt, in allem, was ihr wirklich von Bedeutung war.

Jedoch war der Weg nicht so deutlich, wie es schien. Betty war ein Jahr früher als John mit der Ausbildung fertig. Sie hatte sich bei der China Inland Mission beworben und sollte in wenigen Monaten abreisen. John war noch nicht bei der C.I.M. angenommen. Er konnte Betty nicht bitten, sich auf eine Verbindung mit ihm einzulassen, wenn sein Weg, ihr nach China zu folgen, nicht offen war. Und was würde dann aus dem Leben eines Reiseevangelisten werden? War das mit einer Ehe vereinbar? Konnte er Betty bitten, jahrelang auf ihn zu warten?

Betty verfolgte mit aller Kraft ihre Pläne und überließ den Rest ruhig Gottes Händen. Sie sollte im Herbst 1931 ausreisen und auf ihrem Weg an die Westküste hatte sie einen Tag Aufenthalt in Chicago. Sie und John verbrachten viele Stunden unten am See mit Gesprächen und Gebet. Es war Montag und so besuchten sie beide das Gebetstreffen der C.I.M., das am Abend bei Familie Page stattfand. Sie mussten von einander scheiden, vielleicht für eine sehr lange Zeit. Ohne eine formale Verlobung war die Trennung hart. Aber das Motto beider lautete: »Gott zuerst!« Und nichts konnte wichtiger werden, als die Treue zum Herrn.

John schrieb an seinen Vater: »Betty weiß, dass ich sie nur aus Rücksicht und Liebe nicht bitten mag, sich mit mir zu verloben, um dann Jahre auf mich warten zu müssen. Aber wir sind völlig einer Meinung: Die Arbeit für den Herrn hat immer den Vorrang.

Die C.I.M. hat Männer, ledige Männer, aufgerufen, in Gebieten das Evangelium zu verkündigen, in denen es fast unmöglich ist, eine Frau zu haben. Erst, wenn etwas gefestigte Verhältnisse entstanden sind, wäre das möglich ... Vor einiger Zeit habe ich dem Herrn versprochen, wenn ich dazu fähig wäre, würde ich gern in diese Arbeit einsteigen. So kann ich jetzt nicht ohne ausreichende Gründe davon zurücktreten, persönliche Erwägungen dürfen da nicht zählen. Wenn wir nach einem oder zwei Jahren da draußen feststellen, dass das Werk des Herrn durch ein Ehepaar besser vorangetrieben werden kann, brauchen wir nicht länger zu warten.

Wenn ich das so geschrieben habe, mögen Du und Mutter denken, ich hätte über einen Haufen Unfug geredet, und nicht über etwas, was sich tief in unsere Herzen eingegraben hat. Betty und ich, wir haben viel um diese Sache gebetet, und ich bin sicher, dass wenn dies, unser Opfer, unnötig ist, der Herr es an keiner Seiner Segnungen an uns fehlen lassen wird. Unsere Herzen sind fest entschlossen, Seinen Willen zu tun ... Aber es stimmt doch, unsere Wünsche dürfen nicht an der ersten Stelle stehen, nicht wahr? Der Fortgang des göttlichen Werkes muss in allen Angelegenheiten die Hauptsache bleiben.«

Acht Monate nach Bettys Abreise, hatte auch John seine Ausbildung abgeschlossen. Immer noch wusste er nicht, ob er von

Kapitel 18 – Koste es, was es wolle

der C.I.M. angenommen würde. Er musste medizinische Tests und die Befragungen durch den Direktor und den Lehrkörper der Schule über sich ergehen lassen. Weil man ihn zum Sprecher bei der Schulentlassung bestimmt hatte, hielt er eine Ansprache über die Verantwortung für die geistlichen Bedürfnisse der Welt und über die Bereitschaft zum Gehorsam gegenüber dem Ruf Gottes, koste es, was es wolle:

> Wir dürfen uns aus keiner Arbeit stehlen, von der wir sicher sind, dass Gott sie getan haben will, und die zu Seiner Ehre ist. Wir wagen nicht, uns abzuwenden, weil der Weg dunkel vor uns liegt ... Dabei mögen wir uns an einem Platz befinden, an dem wir das bittere Wasser von Mara zu schmecken bekommen. Aber die Anwesenheit unseres Führers kann das Bitterste versüßen ... Der Herr der Heerscharen ist auf allen Schlachtfeldern dabei, um uns Mut zu machen und für uns zu kämpfen ... Wer wollte nicht die Herausforderung annehmen, und vorangehen und »heimkommen mit Jubel und seine Garben tragen«?

Im Juli 1932 fielen die letzten Hürden und John reiste dritter Klasse mit der *Empress of Japan* nach China. Er hatte Betty geschrieben und die lang hinausgezögerte Frage gestellt. Bis zuletzt hoffte er, vor seiner Abreise noch eine Antwort zu erhalten. Sie kam nicht. Zweifel quälten ihn. Er war sich seiner Liebe zu ihr sehr sicher – war sie sich ihrer Liebe zu ihm nicht so sicher? Hatte er ehrlich nichts als den Willen Gottes tun wollen? Konnte er einem Leben ohne diese geliebte Frau entgegensehen?

Betty war für die nördlichen Gegenden von Anhwei bestimmt. Aber aus verschiedenen Gründen verzögerte sich die Reise. Ihre Eltern waren aus dem Urlaub zurückgekehrt und baten sie, sie in Schanghai abzuholen. Während dieses Aufenthalts musste sie sich einer Mandeloperation unterziehen, die sie wochenlang an der Küste fest hielt. Das »Timing« dieser Ereignisse war, wie immer, in Gottes Händen. Die *Empress of Japan* kam rasch näher und an Bord war John Stam.

Der Rest braucht kaum berichtet zu werden. Was es für John bedeutete, Betty noch in Schanghai zu finden, kann sich jeder vorstellen. Ihrer beider Freude war grenzenlos. Nichts stand einer Verlobungsanzeige mehr im Wege und jedermann in der Missionszentrale schien von dieser Freude angesteckt worden zu sein.

Es war ein langes Jahr, das verging, seit sich John von Betty in Schanghai verabschiedet hatte, und als er zurückkehrte, war Hochzeit.

»Als der Morgen des 25. Oktober 1933 graute«, so schreibt Bettys Mutter, »waren wir alle mit Dank erfüllt, dass Gott unsere Gebete um gutes Wetter erhört hatte – es war ein vollkommen schöner Tag, kein Wölkchen am Himmel.

Die Braut, am Arm des Vaters, trug ein einfaches Kleid aus Kreppseide. ... Auf ihren Lippen war ein liebesglückliches Lächeln, während ihre Augen nur auf das Gesicht des Bräutigams gerichtet waren. Und er stand am Altar und hatte nur Augen für sie allein.«

Das Baby, Helen Priscilla, wurde am 11. September 1934 geboren. Im Dezember wurden John und Betty von den Kommunisten gefangen genommen. Man trieb sie halb nackt durch die Dorfstraßen und enthauptete sie danach. Das Kind wurde erst dreißig Stunden später von Pastor Lo entdeckt. Es lag sicher und warm in seinem Bettchen, einem Schlafsack mit Reißverschluss. Das lange Fasten hatte es offenbar gut überstanden. In dem Schlafsack lag noch Extrawäsche, dazu einige Windeln und zwei Fünf-Dollar-Noten, gerade genug für die Rettung des kleinen Wesens, wozu auch junge Mütter gehörten, die es auf der langen Reise ernähren konnten.

Betty Scott-Stams Gebet um unwiderrufliche Hingabe gewinnt ausnehmend an Gewicht, wenn wir es im Lichte ihres Todes betrachten:

> Herr, ich gebe alle eigenen Pläne und Absichten auf, auch alle meine Wünsche und Erwartungen und ich nehme Deinen Willen für mein Leben an. Ich gebe mich selbst, mein Leben, mein Alles, ganz und gar Dir. Dir soll es für ewig gehören. Fülle und versiegle mich mit Deinem Heiligen Geist. Brauche mich, wie Du willst, sende mich, wohin Du willst! Lass Deinen Willen sich in meinem Leben völlig entfalten, koste es, was es wolle, jetzt und immer!

Kapitel 18 – Koste es, was es wolle

Gedanken zu »Koste es, was es wolle«:

- Denke lange und angestrengt über Jesu eindeutige Forderungen nach, die Er an solche stellt, die Seine Jünger sein wollen (siehe Lukas 14,26-33). Widerstehe der Versuchung, alles aufzuzählen, von dem du meinst, es sei nicht oder könne nicht mit mit diesen Worten gemeint sein. Zähle stattdessen auf, was sie *heute und in deinem persönlichen* Leben bedeuten.
- Beachte Johns Selbstdisziplin und denke stets daran, wie sehr er Betty liebte.
- Beachte Bettys Bereitschaft, überall hinzugehen, selbst nach Afrika, anstatt nach China.
- Denke über Johns Bereitschaft nach, ledig zu bleiben, um den Bergbewohnern zu dienen.
- Beachte, dass John Betty nicht um ihre Hand bat, solange seine Annahme bei der Mission ungewiss war.
- Studiere die Lektionen über Hingabe, Verzicht, Opfer, Dienstbereitschaft!

19 Die Furcht vor Entbehrungen

Er, der doch seines eigenen Sohnes nicht verschont, sondern ihn für uns alle hingegeben hat: wie wird er uns mit ihm nicht auch alles schenken?
Römer 8,32

John und Betty Stam hatten, lange bevor sie sich kennen lernten, jeder für sich die Entscheidung für ihr ganzes Leben gefällt, Christus nachzufolgen. Denke an ihr Gebet: »Ich gebe mich selbst, mein Leben, mein Alles ganz und gar Dir. Dir soll es für ewig gehören.« Denke auch an den Augenblick, wo er sein Leben während des Unterrichts übergab. Beide waren nun das Eigentum eines Anderen.

Ihre Loyalität gegenüber Christus war unwiderruflich. Beide konnten mit dem Psalmisten sagen: »Gefestigt ist mein Herz, o Gott!« (Psalm 57,8). Ein gefestigtes Herz ist sicher, standhaft, hält etwas aus. Als sie ihre Liebe zueinander entdeckten, suchten sie nicht Hals über Kopf ihr Ziel zu erreichen, sondern stellten alles Gott zur Verfügung. Er sollte allezeit in ihrem Leben die erste Stelle einnehmen. Ein gefestigtes Herz fällt nicht dem Wankelmut zum Opfer.

Das Leben derer, die sich ihres Gottes nicht sicher sind, wird von Furcht regiert. Furcht ist das Gegenteil von Glauben. Die Aussicht auf Einsamkeit, Ablehnung, Entbehrungen, Zukurzgekommensein, auf die Zukunft und endlich den Tod, macht ihr Leben zur Hetzjagd. »Vielleicht meint es Gott nicht gut mit mir. Er hat etwas gegen mich. Mir wird´s immer schlecht gehen. Wenn ich auf Gott setze, lässt Er mich fallen. Da traue ich besser auf Menschen, riskiere, dass sie wankelmütig sind, immerhin kann ich sie dahin bringen, mir zu Willen zu sein.«

Georg MacDonalds Figur Sir Gibbie, merkte, dass eine Flutwelle seine Hütte bedrohte. Er »war nicht ängstlich. Einer wie er, der an die vollkommene Liebe und einen perfekten Plan des Vaters der Menschen als letzte Ursache für alles glaubt, ein solcher

Kapitel 19 – Die Furcht vor Entbehrungen

Mensch fürchtet nichts. Furcht ist Glaubenslosigkeit ... Ein vollkommener Glaube würde uns weit über alle Furcht erheben.«

Ein Mann, der oftmals abgelehnt wurde, fängt an, kopfscheu zu werden. Er fürchtet, aus etwas zu bestehen, was niemand heiraten kann. Wird er zu dauerndem Junggesellenleben verurteilt sein? Versucht er es noch einmal? Sicher wird er wieder abgewiesen. Er hat ein überwältigendes Bedürfnis, geliebt zu werden, sein Leben mit einem anderen Menschen zu teilen, Gott gemeinsam mit ihm zu dienen, ein Ehemann und Vater zu sein. Warum lässt Gott niemand in sein Leben kommen?, fragt er sich. Wann wird er endlich an der Reihe sein? Er fürchtet sich – hat Angst vor der Antwort: NIEMALS. Er fühlt sich zurückgesetzt.

»Die Furcht, zu kurz zu kommen, frisst mein Leben auf«, heißt es in einem Brief. Der Schreiber sieht die Ehe wie eine Mohrrübe, die ein sadistischer Gott vor ihm, dem Lastesel, baumeln lässt, ohne dass er sie je erreichen kann. »Ich sitze auf einem Berg, getrennt von jenem Leben, das mir gefallen würde. Hoffnungen besuchen mich, betrügen mein Herz und schlagen immer neue Wunden. Ich werde zornig auf Gott. Ich muss Ihn tadeln!«

Gott enthält Seinen Kindern nichts vor, was Seine Liebe und Weisheit *für gut befinden*. Rufe dir Gottes freundliche Antwort auf Betty Scotts Befürchtungen ins Gedächtnis.

> Sollt´ Ich dir eine Kostbarkeit
> An Seelenfried´ und Herzensfreud´,
> Was irgend gut ist, nicht gewähren?
> Mein Kind, das kann nicht sein!

Wenn Gott etwas verweigert, geschieht es immer aus Gnaden – manchmal sind es »schmerzliche Gnaden«, wie Augustinus bemerkt (Confessiones XI, 25), aber Gnaden sind sie allemal.

Ich begreife die Ängste, die so mancher beschreibt. Ich kenne sie wohl. Doch ein langes Leben hat mich gelehrt, dass das meiste, vor dem wir Angst haben, nie eintrifft. Es ist zwar sehr wahr, dass einige meiner schrecklichsten Befürchtungen eingetreten sind, doch erkenne ich sie heute als einen Abgrund und ein Übermaß an Gnaden, die mir mein liebender und gnädiger Vater zugeteilt und bestimmt hat, der schon am Anfang das Ende kannte. Er will nur, dass wir Ihm vertrauen.

Vertraue Ihm! Tu, was Er sagt!

Je mehr wir von der Gottesfurcht kennen lernen, um so weniger fürchten wir alles Andere. Die Furcht des Herrn ist auch das Heilmittel gegen alle Langeweile, weil wir mit ihr in der Gegenwart des Herrn leben. Sie ist ein Licht an jedem dunklen Ort, das den Groll verzehrt und in dem alle falschen Gedanken verbrennen. Sie ist nach den Sprüchen *Leben*. Sie ist die Frucht der *Demut* und der erste Schritt zur Weisheit (Sprüche 19,23; 22,4; 9,10).

Besser wenig in der Furcht des HERRN, als ein großer Schatz und Unruhe dabei.
  Sprüche 15,16

Fürchte Gott und halte seine Gebote! Denn das soll jeder Mensch tun. Denn Gott wird jedes Werk, es sei gut oder böse, in ein Gericht über alles Verborgene bringen.
  Prediger 12,13-14

Außerdem besteht die Verheißung: »Er erfüllt das Verlangen derer, die ihn fürchten« (Psalm 145,19). Wenn wir es lernen, Gott zu fürchten und zu ehren und Ihm untertan zu sein, werden unsere Wünsche von selbst allmählich korrigiert. Dinge, nach denen wir uns gierig ausgestreckt hatten, verlieren ihren Reiz. Wir lernen – mit den Worten eines Gebets aus dem Jahre 492 n. Chr. – Seine Gebote zu lieben und nichts zu begehren, was Er nicht verheißen hat. »Ird´scher Ruhm« wird nie unsere Herzen ausfüllen, wie schon Bernhard von Clairvaux (1090-1153) wusste:

  Jesus, der liebende Herzen erhellt,
  Du, Quell des Lebens, Du, Licht der Welt!
  Von allem ird´schen Ruhm und Glück
  Kehr´n hungrig wir zu Dir zurück.

Eine gut dreißigjährige Frau erklärte ihre Bereitschaft, immer wieder zu riskieren, sitzen gelassen zu werden, mit dem Gefühl, etwas zu entbehren: »Ich bin mir immer ›verlassen‹ vorgekommen, niemandem habe ich je etwas bedeutet, so zog ich mich auf meine eigenen Schmerzen zurück. Heute las ich in 1. Petrus 4,10, wir hätten jeder eine Gnadengabe empfangen, mit der wir anderen als gute Verwalter der *verschiedenartigen* Gnade Gottes dienen sollen. Das Wort ›verschiedenartig‹ hat mich getroffen. Ich lernte daraus, dass Gottes Gnade in all den unterschiedlichen Gaben zu sehen ist, die Er jedem von uns gibt, und wir alle haben Teil daran. Das hört sich nicht so an, als hätte ich gar nichts. Selbst in dem, dass mich kürzlich erst wieder einer hat sitzen lassen, erkenne ich als *Seine Gabe* an mich.

Ich begreife, dass all meine falschen Wege nur die Frucht meiner verkehrten Selbsteinschätzung waren. Ich hielt mich für verlassen und zukurzgekommen, anstatt zu sehen, welch ein reich gesegnetes Kind Gottes ich bin! Ich stamme aus einer Alkoholikerfamilie. Als ich mit neunzehn zum Herrn kam, wollte ich meinen Freund heiraten, mit dem ich schon fünf Jahre befreundet war. Ich war ihm gänzlich verfallen; aber er wollte mit Jesus nichts zu tun haben. Ich hatte zu wählen, und es war das Schwerste, was ich je tun musste.

Beten Sie bitte für mich, damit ich dem Herrn in dieser Angelegenheit folgen, und darauf vertrauen kann, dass Er einen guten Plan für mich hat und Er mich wirklich befähigt, meinen Wunsch nach einer Ehe in Gottes Hände zu legen.

Ich freue mich sehr, heute die Ermahnung zu hören, dass es nicht immer einfach ist, Gottes Willen zu tun. Jetzt im Augenblick fühle ich mich durchaus nicht gut, und ich habe die Neigung, nur dann zu gehorchen, wenn es nicht allzu weh tut – und wenn´s zu schlimm wird, ungehorsam zu werden! Ich lerne immer mehr, Ihm zu vertrauen, einerlei, wie es läuft, oder wie lange es dauert, um zum Ziel zu kommen, und nicht Gott an den Situationen zu beurteilen, sondern die Situationen an dem, was Gott ist.«

Allerdings eine harte Lektion, und zwar eine, die Gott den meisten von uns immer wieder zu lernen aufgeben muss, so sehr neigen wir dazu, nach Dingen zu greifen, die nicht »so ganz« nach Gottes Willen sind. Unsere Kurzsichtigkeit lässt uns leicht auf den Gedanken kommen, Gott enthalte uns gerade die Sache vor, von der wir meinen, sie sei zu unserem Glück unbedingt notwendig. Ist das eine moderne Versuchung? Denke an Eva! In ihrem Herzen begann die Tyrannei der Selbstsucht und wir alle sind dieser gleichen bösartigen Tyrannei zum Opfer gefallen. Es ist der Stolz, der sich über Gott erhebt – *wir* wissen es besser, wir fürchten, *Er* wolle uns betrügen. *Mein* Wille ist der Beste. *Sein* Wille bedeutet mein Unglück. Solche Vorstellungen kommen direkt von dem Teufel, dessen List und Macht gewaltig ist.

Im heutigen gesellschaftlichen Klima muss sich jeder, der nicht »in einer Beziehung ist«, für unbrauchbar, ausgeschlossen und verlassen vorkommen. Wenn jemand seinen sexuellen Bedürfnissen nicht nachgibt, die man für ein Grundbedürfnis erachtet, wird ihm schnell gesagt, er verneine seine Sexualität, womit er *sich selbst*, ja seine ganze Identität verneine. Dies wird nicht nur als Verdrängung der Persönlichkeitsrechte jedes Einzelnen betrachtet, um ein volles, ganzheitliches Leben zu führen, nein, man hält es für krankhaft und empfiehlt eine professionelle Beratung. Wollen wir doch dabei die Verheißung der Schrift nicht vergessen: »Mein Gott aber wird alles, wessen ihr bedürft, erfüllen« (Philipper 4,19). Wir sind Seine Kinder. Wir können unserem Vater zutrauen, am Besten beurteilen zu können, was wir brauchen.

Dr. Diane Poythress, ledig, führte 1976 folgenden Dialog mit Gott:
»Aber Gott, so wie ich bin, bin ich nicht glücklich.«
»In welchem Zustand wärest du denn glücklich? Würdest du keinen Grund, gegen Mich zu murren finden, wenn du verheiratet wärst? Was bedeutet Glück für dich? Meinst du, Ich wüsste nicht, wie es dir geht und du wärst Mir einerlei – wo Ich doch das Blut und Leben Meines eingeborenen Sohnes für dich dahingegeben habe?«
»Du hast versprochen, für alle meine Bedürfnisse zu sorgen. Du hast gesagt, dass allen, die Dich suchen, nie irgendetwas Gutes fehlen wird. Wo ist denn nun mein Partner?«
»In Meiner souveränen Weisheit und in Kenntnis des Maßes deiner gegenwärtigen Heiligung und der Erfüllung des Lebens, das ich jetzt für dich bereit habe, ist Ledigsein meine beste und

Kapitel 19 – Die Furcht vor Entbehrungen

kostbarste Gabe. Verwende nicht Meine Verheißungen gegen Mich, du willst doch nicht mit deiner Liebe zu Mir nur deine eigenen Ziele durchsetzen?!«

»Warum hast Du mich übergangen und meine Freundin nicht?«

»Ich habe andere Dinge für dich, nur für dich. Sie geht einen anderen Weg mit anderen Schwierigkeiten, die dir nur viel Unglück brächten. Sei nicht eifersüchtig, sondern freu dich über sie und mit ihr.«

»Werde ich immer ledig sein?«

»Du weißt es nicht klarer, als du es vor deiner Bekehrung wusstest. Diese Dinge offenbaren sich erst im Laufe der Zeit und bleiben bis dahin das Geheimnis Meines Willens. Selbst die Ehe ist nicht jederzeit möglich, sondern kommt als Meine Gabe zu ihrer Zeit. Und jetzt will Ich dich einiges fragen: Wem gehört der nächste Tag?«

»Dir, Gott, habe ich mein Leben, alle meine Pläne, Hoffnungen, Bedürfnisse, mich selbst übergeben. Darum habe ich nicht mehr das Recht, zu fordern, was ich will. Ich weiß nicht einmal, ob Du es morgen für gut hältst, dass ich noch lebe.«

»Kann sich die Zukunft von der Vergangenheit unterscheiden?«

»Nein, Herr, Deine allgenügsame Gnade hat mich schon durch raue Tage getragen, und wenn ich dem morgigen Tag mit Deiner Gnade als Ledige entgegentreten kann, ja, dann werde ich es auch jeden Morgen können – und seien es vierzig Jahre.«

»Warum willst du heiraten?«

»Nun, Gesellschaft und die Erfüllung meiner Herzenswünsche. Das wird nichts werden, nicht wahr? Nur Du kannst das schaffen, einerlei, ob ich verheiratet oder ledig bin. Herr hilf mir, nur nach dem zu trachten, womit ich Dich am meisten ehre, dass ich Dich liebe mit dem Gehorsam meines ganzen Lebens.«

»Ich antworte nicht auf all das ›Warum?‹ und ›Wozu?‹ Ich rufe dich auf, Mir zu vertrauen, an Mich, in allem, was Ich bin, zu glauben.«

Es folgt eine weiteres Zeugnis von einer, die zu vertrauen gelernt hatte, anstatt sich zu fürchten.

»Sowohl christliche als auch weltliche Maßstäbe hatten mich gelehrt, dass wenn ich einen Jungen leiden mochte, ich zusehen sollte, wie ich ihn bekam. Nicht dass ich etwas Ungebührliches tat, ich telefonierte bloß, und manchmal hielt ich es für meine Pflicht, dem Jungen meine Gefühle zu offenbaren. Als ich Ihr Buch las, hielt ich es für ausgeschlossen, diesen Bereich meines Lebens unter die Art der Kontrolle zu bringen, von der Sie schreiben. Ich dachte: ›Diese Frau sollte ihre Vorstellungen von 1940 auf den Stand von 1990 bringen.‹ Als ich einer Freundin davon erzählte, lachte sie mich aus.

Seitdem – es ist kaum ein Jahr vergangen – hat Gott tatsächlich mein Herz verändert. Zuerst machte ich eine Missionsreise. Das war eine Lektion, mich dem Willen Gottes zu unterwerfen: Zuerst sagte ich, ich ginge nicht mit. Dann wollte ich gehen, wenn der Mann, den ich mochte, auch mitfuhr. Schließlich wollte ich gehen, wenn der Herr es wollte. Es war nicht leicht, dahin zu kommen; aber ich bin froh, dahin gekommen zu sein.

Dann, als ich mich für einen Mann interessierte, fragte ich Gott zuerst um *Seine* Erlaubnis. Wenn ich das Leuten erzähle, verstehen sie mich nicht. So las ich *Leidenschaft und Reinheit* noch einmal. Nun meinte ich nicht mehr, Sie sollten Ihre Einstellung ändern. Ich sah Sie als junge Frau mit den gleichen Schwierigkeiten kämpfen, die ich habe. Mein Freund lachte mich aus.

Ich musste dann zu dem Punkt gelangen, an dem ich jetzt bin – ich warte auf den Herrn in Bezug auf diesen Mann. Ich rufe nicht an. Ich mache keine Umwege, um mich mit ihm zu unterhalten – darüber bin ich selbst erstaunt! Ich mache weiter als eine Frau, die für den Herrn da ist.

Mir wird klar, es ist nicht das Schlechteste, als Jungfrau in den Himmel zu kommen!«

Eine andere schrieb: »Gott unterworfen zu sein gibt mir viel mehr Freude, als all mein Jagen hinter den eigenen Wünschen her.«

Und dies schreibt ein Mann:

»Der Herr lehrte mich, dass die Vorbereitung auf die Ehe nicht in erster Linie darin besteht, die richtige Person zu finden, sondern selbst die richtige Person zu werden. Ich begann mich auf meine Beziehung zu Christus zu konzentrieren.«

Was könnte eine bessere Vorbereitung auf eine Christus-zen-

Kapitel 19 – Die Furcht vor Entbehrungen

trierte Ehe sein? »Ihr Männer, liebt eure Frauen! Wie auch der Christus die Gemeinde geliebt und sich selbst für sie hingegeben hat, um sie zu heiligen« (Epheser 5,25-26).

Gedanken zu »Die Furcht vor Entbehrungen«:

- Betrachte vor Gottes Angesicht deine eigenen Befürchtungen! Was hast du vor, mit ihnen zu tun?
- Könntest du anderen von einer Furcht berichten, die eingetroffen ist? Hat dir diese Erfahrung etwas zu sagen gehabt?
- Überlege, was es bedeutet, wenn man Gott nach den Situationen beurteilt, oder wenn man die Situationen danach beurteilt, wie Gott ist.
- Wie *wird* man eine »richtige Person«?
- Die Bibel sagt uns, was die Furcht austreibt. Was ist es? Und wem muss sie gelten?

20 Führung, Glaube, Gewissheit

*Vertraue dem HERRN mit deinem ganzen Herzen
und stütze dich nicht auf deinen Verstand!
Auf all deinen Wegen erkenne nur ihn,
dann ebnet er selbst deine Pfade!*
  Sprüche 3,5-6

Wie finde ich Weisheit für gefürchtete Entscheidungen, die ich treffen muss? Und woher bekomme ich die Kraft, diesen Entscheidungen gemäß zu *handeln*?

Diese Fragen quälen manchen von uns, und für keinen sind sie beängstigender als für solche, die rechte Führung bei der Wahl des Ehepartners suchen. Wie soll man unterscheiden zwischen dem, was Gott gewirkt und was man selbst in Gang gebracht hat?

»Mir wurde plötzlich klar, dass dieser superkompetente, aufreizend logische, typische Ingenieur ein Herz von reinem Gold hatte. Zehn Monate lang wartete und betete ich und verfasste meine Briefe, während Gott Sein Bestes tat, meine Einbildungen zu reinigen, um meine Hoffnungen und Wünsche distanzierter zu betrachten. Ich hatte absolut keinen realen Grund zu der Annahme, meine Gefühle würden erwidert, so war alles, was ich Gott anbieten konnte, die Bereitschaft, nicht zu schmollen, wenn sich meine Wünsche nicht erfüllten.« So steht es in dem Brief eines Mädchens, das von sich sagt, sie wolle *nur im Glauben* leben.

Gott erhört gewiss dies Gebet, wenn es von Gehorsam in allem begleitet ist, was ganz klar auf der Hand liegt. Beides, Weisheit und Kraft, wird immer und in ausreichendem Maße gegeben, wenn die Zeit dafür da ist, falls wir still und treu die Pflichten von heute erfüllen. Lasst uns nicht den Fehler machen, unsere Kräfte auf etwas zu richten, was nicht das Werk von heute ist. Die beste Vorbereitung auf morgen ist immer die gewissenhafte Ausführung dessen, was uns heute aufgetragen ist.

> Seid nicht besorgt, wie oder was ihr reden sollt, denn es wird euch in jener Stunde gegeben werden. Denn nicht ihr seid die Redenden, sondern der Geist eures Vaters, der in euch redet (Matthäus 10,19-20).

Mehr als ein Mann hat mich gefragt, wie Jim Elliot wusste, dass er niemanden treffen würde, die er mehr lieben werde als mich. »Ich wünschte, diese Art von Zuversicht zu besitzen«, sagte einer von ihnen, »aber das scheint mir zu idealistisch und zu wirklichkeitsfremd zu sein.«

Ich meine, Jims Antwort wäre sehr einfach: »Gott hat ihn zu dieser Frau geführt.« Die Suche war damit vorbei. Ein Mann kann sein ganzes Leben damit zubringen (und viele machen das auch), immer nach einer besseren als der gerade letzten Ausschau zu halten. Hier kommen Glauben und Treue ins Spiel. Gottvertrauen. Hat Er versprochen, mich zu führen? Ist Er ein treuer Hirte? Wird Er es seinen geliebten Schafen unmöglich machen, Seinen Willen zu erkennen, oder wird Er Sein Versprechen halten und den rechten Weg weisen?

»Wann sagt mir einer: ›OK, OK – *diese* ist es‹?«, fragen sie.

Erwachsensein heißt, Einschränkungen zu akzeptieren. Jede im Leben getroffene Entscheidung schließt alle die Tausende anderer Möglichkeiten aus. Liebe ist in der letzten Konsequenz eine getroffene Wahl. Du heiratest sie, weil du sie liebst. Danach, vom Hochzeitstag an, lernst du sie zu lieben, weil du sie geheiratet hast. Es gibt keine Umstände, die dich von der Verpflichtung befreien, dein feierliches Versprechen zu erfüllen.

Ich bin sicher, Jim hat nicht annähernd so viel »Theater« darum gemacht, eine Frau zu finden, wie viele Männer von heute. Muss man an jeder Rose gerochen haben, ehe man entdeckt, dass die beste im eigenen Garten steht? Ein starkes geistliches Prinzip lautet: Bete dich durch die Dinge hindurch, durchdenke sie vor Gottes Angesicht, und *bleibe dann bei der getroffenen Entscheidung*! Hat Gott dein Gebet erhört? Glaubst du, dass Er seinen Willen durch dich getan haben will? Dann »grabe im Zweifel nicht aus, was du im Glauben gesät hast«.

Glaubendes Gebet muss das ganze Leben eines Christen beherrschen.

Kapitel 20 – Führung, Glaube, Gewissheit

Rosalind Bell-Smith, 1864 in London geboren, war zwölf Jahre alt, als sie bei einer Erweckungsversammlung eine Predigt über Johannes 3,16 hörte. Die Liebe Gottes wurde mit einer solchen Hingabe und Intensität dargestellt, dass sie sich völlig Christus auslieferte, aufstand und mit vielen anderen nach vorn ging, um Jesus Christus öffentlich als ihren Herrn und Meister zu bezeugen.

Ihr Vater war Künstler und sie wuchs mit einer großen Liebe zur Kunst auf. Sie studierte dann auch Kunst in Toronto. Aber da entwickelte sich ein starker Zug in zwei entgegengesetzte Richtungen: Sollte sie ihr Leben der Malerei widmen oder sollte sie dem Meister dienen, dem sie gehörte? Nach ihrem Verständnis schloss eins das andere aus.

Als sie zwanzig war, begann sie zu beten, dass wenn Gottes Wille für sie die Ehe war, Er ihr einen Mann geben möge, der »Ihm und dem Dienst für Ihn völlig ergeben ist. Ich wollte keinen anderen.«

An einem Junitag des Jahres 1885 machte sie mit einer Gruppe von Kunststudenten einen Picknickausflug zu den Niagarafällen. Auf dem gleichen Boot, mit dem sie übersetzten, saß auch eine andere Gruppe, die auf dem Weg zu einer Bibeltagung war. Sie beneidete diese Leute – ihr Herz war mehr mit ihnen als mit ihren eigenen Leuten verbunden. Auf dem Heimweg trafen sich beide Gruppen wieder auf dem Boot, außerdem noch weitere Besucher der Bibeltagung. Der Bibellehrer erkannte Rosalind als die Organistin der Kirche, in der er am letzten Sonntag gepredigt hatte und lud sie für den nächsten Sonnabend ein, in einer missionarischen Gruppe mitzuarbeiten.

»Wir wollen ein Mitarbeitertreffen durchführen, und ich hätte es gern, wenn Sie alle dort treffen würden.«

Sie war drauf und dran zu sagen, das sei unmöglich, nachdem ihr Bruder ihr zugeflüstert hatte: »Du hast keine Zeit. Du willst doch nach England.«

Teils um ihrem Bruder zu beweisen, dass sie tun konnte, was sie wollte (»Welche Bagatellen können doch den Lebensweg völlig verändern!«, sagte sie später), nahm sie die Einladung auf der Stelle an.

Als sich der Bibellehrer zum Gehen wendete, rief er einen

Freund, dessen Äußeres Rosalind »ziemlich schäbig« vorkam. Er wurde als Jonathan Goforth vorgestellt, »unser Stadtmissionar«.

»Ich vergaß seine abgetragene Kleidung, als ich den beneidenswerten Glanz in seinen Augen gewahrte!«, schrieb sie.

Am nächsten Sonnabend fand ich mich in einem großen, quadratischen Raum der Toronto Mission Union wieder. Die Stühle waren an den Wänden aufgereiht, sonst war der Raum leer. Gerade, als das Treffen beginnen sollte, wurde Jonathan Goforth nach draußen gerufen. Er hatte seinen Sitzplatz in der mir gegenüberliegenden Ecke und zwischen uns saßen eine Reihe von Leuten. Als er nach draußen ging, hatte er seine Bibel auf den Stuhl gelegt.

Dann geschah etwas, was ich nicht erklären kann, auch nicht zu entschuldigen suche. Plötzlich fühlte ich mich buchstäblich gezwungen, hinüberzugehen, an vier oder fünf Leuten vorbei, die Bibel aufzunehmen und an meinen Platz zurückzukehren. Eilig blätterte ich, wobei ich merkte, dass das Buch völlig zerlesen und von vorn bis hinten mit Anmerkungen voll geschrieben war. Ich schloss das Buch, brachte es schnell wieder an seinen Platz und versuchte so gleichmütig wie möglich auszusehen. Alles war in wenigen Augenblicken passiert; doch als ich wieder auf meinem Platz war, sagte ich mir: ›Das ist der Mann, den ich heiraten möchte!‹

»Noch am selben Tag wurde ich in ein Team berufen, das in den östlichen Stadtteilen von Toronto eine neue Missionsstation errichten sollte, auch Jonathan Goforth gehörte dazu. In den folgenden Wochen hatte ich so manche Gelegenheit, etwas von der Größe dieses Mannes zu erfahren, die durch sein schäbiges Äußeres nicht verborgen werden konnte. Als er daher im Herbst fragte: ›Willst du dein Leben mit dem meinen im Dienst für China vereinen?‹, sagte ich ohne Zögern ›Ja!‹

Doch als er einige Tage darauf sagte: ›Wirst du mir versprechen, mir immer zu erlauben, den Herrn und Sein Werk an die erste Stelle zu setzen, auch vor dich?‹, hielt ich doch den Atem an, bevor ich antwortete: ›Ja, ich will, immer‹, denn war das nicht gerade der Mann, um den ich gebetet hatte? (O, barmherziger Meister, dass Du Deiner Dienerin verborgen hast, was dies Versprechen alles kosten würde!)

Einige Tage nach diesem Versprechen kam schon die erste Probe darauf. Ich hatte mir (eben wie eine Frau) gestattet, von dem hübschen Verlobungsring zu träumen, der nun bald mir gehören würde. Dann kam Jonathan und sagte: ›Das macht dir doch nichts, nicht wahr, wenn es keinen Verlobungsring gibt?‹ Darauf begann er mit größtem Enthusiasmus von den Büchern und Traktaten für China zu erzählen, die in seiner Stube in Knox lagen. Jeder Cent wurde für dies wichtige Werk gebraucht. Als ich ihm so zuhörte und sein glühendes Gesicht sah, begannen die selbstsüchtigen Träume von dem Verlobungsring sich in nichts aufzulösen. Dies war meine erste Lektion über *wahre Werte*.«[1]

Dr. Goforth und seine Frau reisten im Februar 1888 nach China und arbeiteten dort bis 1935. Er feierte seinen sechsundsiebzigsten Geburtstag auf dem Schiff, das ihn nach Kanada brachte, wo er im folgenden Jahr starb.

---

[1] Rosalind Goforth: *Goforth of China* (Minneapolis: Bethany), S. 47-49.

Gedanken zu »Führung, Glaube, Gewissheit«:

- Hat es einen Zweck, um Leitung für die Zukunft zu beten, wenn wir in der Sache, die heute vor uns liegt, ungehorsam sind? Wie viele ungeheuer weit reichende Ereignisse in der Bibel beruhen auf scheinbar kleinen Gehorsamsschritten! Sei versichert: Tu, was Gott dir sagt und lass es auf sich beruhen, dir *wird* dann auch der nächste Schritt gezeigt werden.
- Denke über die Aussage nach: »Welch eine Bagatelle kann ein ganzes Leben verändern!« Gott hat die Hand auch bei den Bagatellen im Spiel. Ohne Ihn ist nichts weder groß noch klein.
- Welche Qualität zog Rosalind zu Jonathan?
- Beachte, dass sie seinen Wunsch akzeptierte, Gott den ersten Platz einzuräumen. Bei der ersten Probe ihrer Aufrichtigkeit wurde dieser Grundsatz angewendet. Hat sie ihn in Frage gestellt? Ihre Meinung geändert?
- Den Mann zu akzeptieren, heißt, seine Führerrolle anzunehmen, besonders wenn es um das Opfer unseres Ichs geht.

21   Die Schule des Wartens

Sei still dem HERRN und harre auf ihn! Entrüste dich nicht!
  Psalm 37,7

Gibt es eine härtere Schule als die des Wartens, vor allem wenn die eigenen Wünsche so wild und unkontrollierbar wie ein Präriebrand sind? Eine bitter gewordene junge Frau schrieb: »Ich bin krank vom Warten auf Gott, dass Er endlich etwas unternimmt. Ich fühle mich völlig hohl, leer, leer, leer und von Ihm enttäuscht!«

  Ohne Vertrauen in das wirkliche Wesen Gottes – ohne Vertrauen in Seine nie versagende Liebe und Weisheit – fangen wir an, uns enttäuscht zu fühlen. Ist Er ein guter Gott? Wird Er geben, was für mich das Beste ist? Wenn wir beides mit »Ja« beantworten, folgt daraus, dass Er uns manches vorenthält, was uns attraktiv erscheint. Es ist Seine Gnade, die so mit uns handelt. Sollten wir ihn anklagen, Er unternähme nichts, oder sollten wir nicht viel lieber einstimmen in die Worte des Psalmisten: »Ach, wenn ich mir nicht sicher wäre, das Gute des HERRN zu schauen im Lande der Lebendigen …! Harre auf den HERRN! Sei mutig und dein Herz sei stark, und harre auf den HERRN!« (Psalm 27,13-14).

Ein Mann, der das Vertrauen erwählt hatte, schrieb: »Es war mir eine Erleichterung, als ich begriff, dass ich nicht mit allen Christinnen an meiner Uni ausgehen musste, um die richtige Frau herauszufinden! Nicht lange, nachdem ich meine Wünsche auf den Altar gelegt hatte, brachte Gott eine wunderbare Frau in mein Leben. Wir wollen im August heiraten und werden dann als Missionare in den Urwald ziehen.«

  Wenn wir meinen, das Glück sei zu finden, wenn wir es mit allem Eifer zu erjagen trachten, werden wir schließlich mit unbefriedigenden Ergebnissen und mit Zorn im Herzen aufgeben. Wenn wir uns andererseits vornehmen, uns dem weisen, liebenden und heiligen Willen unseres himmlischen Vaters auszuliefern, werden wir erleben, dass das Glück kommt – leise, auf unvermutete Weise, oftmals überraschend, als Nebenprodukt der Selbstaufgabe.

Der Wunsch zu heiraten ist eine ernste Probe auf unser Verständnis des Kreuzes. Das Kreuz Christi bedeutet Selbstaufgabe. Er gab Sich selbst hin. Jetzt erwartet Er von seinen Jüngern, dass diese zuerst das Recht auf sich selbst aufgeben, dann das Kreuz auf sich nehmen und Ihm nachfolgen (Lukas 9,23). Das Kreuz war zu römischen Zeiten ein Marterwerkzeug. Jesus nahm es ohne zu zögern auf sich – im Gehorsam gegen Seinen Vater und aus Liebe zu dir und mir. Wenn Er uns aufträgt, täglich unser Kreuz auf uns zu nehmen, fordert Er von uns Leidensbereitschaft. Was sonst könnte das Kreuz bedeuten?

Außer denen, die uns in der Heiligung weit voraus sind, bedeutet Warten eine Form des Leidens – die Schwierigkeit des Sich-selbst-Zurücknehmens, die Furcht vor unerfüllten Sehnsüchten, die Verwirrung wegen unerhörter Gebete. Mein Fleisch und meine Seele straucheln, mein Herz bricht. Das sind in der Tat Trübsale, und Trübsale müssen wir durchmachen, sollen wir je Geduld lernen. Wir wollen *jetzt, gleich und sofort* Antworten; aber es gehört dazu, dass wir zeitweise im Dunklen wandern.

Trotzdem: Gott ist in der Dunkelheit.

»Er kennt den Weg, der bei mir ist. Prüfe mich, wie Gold ginge ich hervor!« (Hiob 23,10). Ich brauche den Weg nicht zu kennen. Ich brauche nur dem Führer zu vertrauen.

Ein verlobtes Mädchen in Griechenland schrieb: »Auf die Heirat werden wir warten müssen, bis ich die Universität abgeschlossen habe und mein Verlobter promoviert hat. Das wird in drei Jahren soweit sein. Wir wohnen in verschiedenen Orten, und er besucht mich alle zwanzig Tage für nur einen oder zwei Tage, dann fährt er wieder weg. Wir beide finden das Warten hart; aber wir erfahren, dass Gottes Gnade für jeden Tag ausreicht, und dass das Warten in der Geduld übt – und die brauchen wir in der Ehe. Wir haben uns entschieden, immer im Willen Gottes zu bleiben. Im Augenblick lernen wir, täglich mit Danksagung in Gottes Hand zu ruhen. ›In deiner Hand sind meine Zeiten‹ (Psalm 31,16). Das ist mein Trost.

Kapitel 21 – Die Schule des Wartens

Ich lerne jetzt ein wenig, mein Anrecht auf mich selbst aufzugeben. Dabei ist es sehr hilfreich zu wissen, dass andere das auch hinter sich haben, die aus dem gleichen Ton geformt sind wie ich. Der Gedanke, um einen hohen Preis erkauft zu sein, macht mich frei. Dann wird alles leichter, wenn die Frage an mich herantritt: ›Was muss ich jetzt tun? Wie reagiere ich darauf?‹ Ich *weiß*, was ich zu tun habe – der Grundsatz, zu dem ich immer zurückkehre ist dieser: ›Ich bin um einen hohen Preis erkauft worden. Ich gehöre nicht mir selbst. Ich darf nicht auf das Klagen meiner Gefühle, meines beleidigten Ichs hören. Ich kann nicht verhindern, dass mein Ich verletzt wird; aber ich kann es überhören und Christus folgen.‹«

Diese Frau berichtet von zwei überaus wichtigen Lektionen, die der Österreichische Psychiater Victor Frankl in einer völlig anderen Situation gelernt hat, im Konzentrationslager: jede Freiheit kann einem genommen werden, außer der Freiheit, wie man darauf reagiert, und dass Leiden kein Hindernis zur Freude sein müssen, sondern sehr oft das notwendige Mittel dazu. Einen Mann zu lieben und lange Zeit von ihm getrennt zu sein, ist eine harte Sache. Meine griechische Freundin streitet das nicht ab; aber sie ist frei genug, die Haltung eines Gotteskindes einzunehmen; und in dieser Entscheidung findet sie Freude.

»Bleib zu Hause, meine Tochter, bis du erkennst, wie die Sache ausfällt!« (Ruth 3,18).

Isaac Pennington, ein Schreiber aus dem siebzehnten Jahrhundert, sagt:

Was macht es, wenn die böse Natur, wie ein Meer Schmutz und Unrat aufwühlt und gegen dich wütet? Es gibt einen Strom, einen wunderbar still dahinfließenden Strom, dessen Wasser dein Herz fröhlich machen werden. Lerne nur, in Stille und Ruhe dich auf den Herrn zu verlassen und auf Ihn zu warten. In Ihm wirst du Frieden und Freude finden, mitten in dem Kummer, den der grausame und tyrannische Geist dieser Welt verursacht.

Oft fallen Christen und Christinnen auf diesen grausamen und tyrannischen Geist herein und fragen dauernd, wen, wann, wie und wo sie heiraten werden. Gott ist es, auf den wir warten sollten, so wie ein Kellner wartet – nicht, ob der Gast kommt, sondern was er bestellen möchte – wach, aufmerksam, höflich. Er tut nichts aus eigenem Interesse, sondern ist bereit für alles, was man von ihm will. »Nur auf Gott vertraue still meine Seele; denn von ihm kommt meine Hoffnung« (Psalm 62,6). In Ihm allein liegen unsere Sicherheit, unsere Zuversicht, unser Vertrauen. Ein ruheloser und aufbegehrender Geist kann nie warten; doch einer, der glaubt, dass er mit ewiger Liebe geliebt wird, und der unter sich die »ewigen Arme« weiß, wird Kraft und Frieden finden.

Gott wartet. »Gott umgürtet mich mit Kraft, und untadelig macht er meinen Weg« (Psalm 18,33).

Gedanken zu »Die Schule des Wartens«:

- Vereinfache deinen »Lebensfahrplan«. Hast du ihn zu gestalten oder Gott?
- Würdest du zustimmen, dass eines der Probleme der Männer, eine Frau zu finden, darin besteht, dass sie zu viele Wahlmöglichkeiten haben? Wie hat es der Mann in unserem Beispiel gemacht?
- Wenn wir unsere Hoffnung tatsächlich auf Ihn setzen, wie reagieren wir dann, wenn Er etwas Unerwartetes tut?
- Sprecht über die Behauptung, Glück könne ein Nebenprodukt der Selbsthingabe sein. Wenn du in der Diskussion unterliegst, nimm deine Zuflucht zu Hebräer 12,2.
- Warten: Zeitvergeudung oder notwendige Schule?

22 Die Liebe hat einen langen Atem

Die Frucht des Geistes aber ist Liebe, ... Langmut. Die aber dem Christus Jesus angehören, haben das Fleisch samt den Leidenschaften und Begierden gekreuzigt. Wenn wir durch den Geist leben, so lasst uns durch den Geist wandeln!
Galater 5,22.24-25

Liebe bringt immer Leiden mit sich. Einer, der Gott liebt, ist zum Warten bereit.

Mein Freund Frank Murray, am Anfang des zwanzigsten Jahrhunderts geboren, ist ein Mann von Gottesfurcht, Kraft, Freundlichkeit, Einfühlsamkeit und köstlichem Humor. Er wartete lange Zeit auf Lois.

Als er zehn Jahre alt war, löste sich die Missionsgemeinde in Maine auf, in der er aufgewachsen war. Seine verwitwete Mutter zog mit ihren fünf Kindern nach Auburn in Maine, wo das Leben in der »weiten Welt« etwas völlig Neues und Verwunderliches für den für alle Eindrücke hoch empfindsamen Jungen war. Nicht zuletzt schockte ihn die oberflächliche Haltung in Bezug auf Liebe und Ehe, die sich in der Gesellschaft der zwanziger Jahre breitmachte. Verhaltensweisen, die nach heutigen Maßstäben als puritanisch gelten müssen, erschreckten ihn. Unter der wachsamen Hilfe seiner Mutter hielt er (meistens) Augen und Ohren geschlossen vor all der schrecklichen Unmoral, von der er auf dem Schulhof hörte und in den Blättern las, die er austragen musste.

»Mit Eintritt der Pubertät«, schreibt er, »vervielfältigten sich die Probleme; aber ich bin dankbar, sagen zu können, dass sich mein Bruder und ich von den Versuchungen fernhielten und die Highschool mit einem durchweg guten Zeugnis abschlossen. Aber das ging nicht ohne Angriffe auf unsere Herzen ab. Wegen der menschlichen Natur, wie sie nun einmal ist, und bei all dem Flirten und Schlimmerem rings um uns her, hatten wir die ›jugendlichen Lüste‹ zu fliehen, wie jeder, der ein gutes Gewissen behalten will.«

Kapitel 22 – Die Liebe hat einen langen Atem

Im Kollege waren wir von weiblichen Attraktionen umgeben, aber irgendwie hatte der gute Herr mein Herz so effektiv versiegelt, dass mich keine interessierte, höchstens einmal eine Stunde lang. Ich wusste: Nach den Maßstäben meiner Erziehung war an der ganzen Universität keine Einzige, von der ich auch nur denken konnte, ich dürfte um sie werben. So schloss ich die Tür meines Herzens fest ab.«

Im Sommer 1932 traf er Frank Sandford, von dem er schreibt, er sei »der großartigste und freundlichste Mensch, den ich je kennen gelernt hatte – sein Angesicht leuchtete, seine Stimme faszinierte mich, seine Freundlichkeit war beispiellos. Man konnte bei ihm das Bild Jesu Christi erstaunlich vollkommen erkennen. Ich liebte ihn vom ersten Augenblick an, gleichzeitig fürchtete ich ihn irgendwie, weil ich mir in seiner Gegenwart so schmutzig und unwürdig vorkam. Ich hatte immer das Gefühl, dass wenn er wüsste, wie ich wirklich bin, er mich wegschicken würde. Immerhin, aus welchen Gründen auch immer, ich durfte bleiben, und ich entdeckte, dass meine Armut die unerwartete Eintrittskarte zu großem Segen wurde.« Mr. Sandford war es, der Frank Murray Jesus als den wahren Retter erfahren ließ. Dies war der wichtigste Augenblick in seinem Leben und weckte in ihm das tiefe Verlangen, dass auch andere Studenten diesen Retter kennen lernen möchten. Während er an einem Gebetsfeldzug für die Universitäten in Maine teilnahm, bat er unter anderen eine junge Frau aus Ottawa in Kansas, namens Lois Abram, um Mitarbeit. Er kannte sie kaum. Sie lehnte zunächst ab, weil sie kein spezielles Talent habe und sich fragte, wie sie denn überhaupt von Nutzen sein könne. Trotzdem willigte sie ein zu beten.

Als er um die Weihnachtszeit 1933 zu einer christlichen Konferenz nach Boston kam, traf Frank in der Vorhalle eine große, schlanke, dunkeläugige junge Frau, die er nicht zu kennen meinte. Sie stellte sich selbst als Lois Abram vor.

»Wir gaben uns die Hand und plötzlich geschah etwas mit mir«, schreibt Frank.

»Dazu muss ich sagen, dass meine Mutter und meine drei Schwestern von ziemlich kräftiger Statur mit einem festen Händedruck ausgestattet sind, und ich war völlig unvorbereitet auf diese zarte Hand, die sich ganz in der meinen verlor. Ich versuchte, das zu vergessen, oder mich sogar über diesen zerbrechlichen Ersatz für praktische und brauchbare Hände zu amüsieren. Aber die Erinnerung an dies Gefühl blieb, obwohl, wie sie mir später sagte, sie nichts im Sinn gehabt hatte, als nur der Höflichkeit zu genügen.«

Lois, »diese zerbrechliche, blasse, unterernährt wirkende Frau«, die ihren Modell A Ford den ganzen Weg von Kansas her gesteuert hatte, saß Frank gegenüber an der großen Abendbrotstafel. »Und während ich sie in der schlecht erleuchteten Eingangshalle kaum erkennen konnte, sah ich nun, dass sie hübsche braune Augen hatte und verblüffend attraktiv aussah. Außerdem verriet ihre Kleidung einen selten guten Geschmack. Ich war hingerissen von ihr.«

Während der Konferenz ergab sich keine Gelegenheit, sich besser kennen zu lernen. Frank glaubte, es sei die Gnade Gottes gewesen, dass er sich dort nicht total verliebt hatte. Tatsächlich vergaß er Lois beinahe wieder wegen des turbulenten Unilebens. Außer dem Lernstress arbeitete er noch an einer Monatsschrift und bereitete eine Diskussionsreise quer durch Kanada vor. Er schloss seine Examen im Juni 1934 völlig erschöpft an Leib und Seele, ab. Ehe war das Letzte, an das er dachte. Zuerst ging es darum, eine Arbeit zu finden, was während der Rezessionsjahre nicht einfach war.

Er hatte zwei Angebote; aber sein Freund, Mr. Sandford, regte an, den Sommer im Gebet über die künftige Lebensarbeit zu verbringen. Der Gedanke, zwei Lehrangebote auszuschlagen, machte die Sache furchtbar schwer, doch nahm er den Rat an. Dadurch wurde sein Lebensweg ganz und gar verändert. Er fing an zu evangelisieren und Bibelschulungen für Studenten in New Hampshire und Maine durchzuführen, dann ging er auf eine Missionsreise in den Westen mit seinen Schwestern und drei Männern. Mr. Sandford forderte sehr streng, keine »romantischen Seitenpfade zu beschreiten«. »Wir hatten uns strikt auf das Werk des Herrn zu beschränken und dies nicht durch Liebesgeschichten, seien sie öffentlich oder privat, zu verdunkeln. Das sagte er so deutlich, dass es jeder begriff, weil er aus langer Erfahrung wusste, dass nichts das Seelengewinnen so nachhaltig stören kann, wie Liebesgeschichten. Das war also klar.«

Kapitel 22 – Die Liebe hat einen langen Atem

Mr. Sandford hatte das Team zu einer Witwe nach Kansas geschickt, die gern ihr Haus für die Evangeliumsarbeiter öffnete. Sie wurden herzlich von ihr empfangen – und von ihrer Tochter, Lois.

»Ich entdeckte einen strahlenden Menschen, den ich kaum mit der traurigen Person in Zusammenhang bringen konnte, die vor zwei Jahren Boston verlassen hatte. Weil ich fest entschlossen war, dem Befehl nachzukommen, nahm ich mich in Acht und vermied jeglichen Umgang, der nicht völlig allgemeiner oder sachlicher Natur war. Ich redete mir sogar ein, sie sei überhaupt nicht mein Typ. (Wie wenig wissen wir doch im Voraus, was unser Typ ist!) Doch konnte ich nie den hübchen weißen Hut und das wunderschöne rot-weiße Kleid vergessen, das sie trug, als wir ankamen. Welch ein guter Geschmack!

Diese und ähnliche Gedanken vertraute ich niemand an – ich sage: *niemand*. Ich erlaubte mir nicht einmal selbst daran zu denken, wenn ich allein war. Aber ich bemerkte Lois´ völlige Selbstlosigkeit, und hörte, wie sie ihre Seele in unseren Gebetstreffen ausschüttete. Selbst wenn wir so eingestellt gewesen wären, die ganze Expedition als eine Art Spaß zu betrachten, hätte uns ihre Ernsthaftigkeit zur Vernunft gerufen.

Ich dachte bei mir: »Hier liegt ein unentdeckter Aktivposten für das Reich Gottes verborgen. Ihr praktischer Sinn, verbunden mit ihrer Selbsthingabe stand im krassen Widerspruch zu ihrer Selbsteinschätzung, ganz unbrauchbar zu sein.«

Als es ans Abschiednehmen ging, merkte Frank, dass er das nicht gern tat. Seine Schwester umarmte Lois und weinte dabei. Dann »wandte sich Lois zu mir mit strahlenden Augen und ergriff meine Hand, als wolle sie diese nicht wieder loslassen. Oder war es meine, die so fest hielt? Mein Herz schlug heftig; aber ich versuchte dies mit sachlichen Bemerkungen zu überspielen. So tuckerten wir los und ließen Kansas hinter uns.

Ich konnte sie nicht vergessen. Ich war fünfundzwanzig Jahre alt, mein Bruder war verlobt. War ich für ein Leben im Zölibat bestimmt? Hatte Gott für mich keine Frau vorgesehen? Ich kann mich nicht erinnern, unzufrieden oder gar in Auflehnung gewesen zu sein; doch dieser wunderbare Mensch in Kansas war nicht aus meinen Gedanken zu vertreiben. Was machte sie jetzt? Würde sie einen anderen heiraten?«

Er beschloss einen Brief zu schreiben und seine Gefühle seinem geistlichen Vater, Mr. Sandford, anzuvertrauen. Der kannte die Abrams gut und seinem Urteil vertraute er restlos. Es folgten acht Wochen Bibelstudium und er fragte sich, ob der Brief überhaupt gelesen worden war. Schließlich wurde er in Mr. Sandfords Zimmer bestellt und nach Lois gefragt. Ja, Mr. Sandford kannte sie sehr gut und hielt viel von ihr; aber sie war zart – wusste Frank, wie zart sie war? Konnte sie immer auf der Straße liegen, wenn Frank von einer Uni zur anderen sauste? Vielleicht gab es irgendwo eine stabilere, gesundere Frau, die ihm beistehen könnte. Außerdem war Frank »erst« fünfundzwanzig. Warum dann solche Eile?

»Irgendwie akzeptierte ich seine Worte und murrte nicht einmal einen einzigen Tag. Gottes Geist kam mir zur Hilfe und bewahrte mich vor Traurigkeit und Selbstmitleid.«

Einige Zeit später trat Lois als vollzeitliche Mitarbeiterin in die »College Company« ein, wie sich die kleine Missionsgruppe nannte. Da gab es auch nicht den Schatten irgendeiner Intimität oder gegenseitigen Verstehens zwischen ihr und Frank, obwohl beide – das merkte Frank ganz deutlich – das Beieinandersein genossen.

»Dieser Zustand hielt, ohne dass sich etwas änderte, beinahe fünf Jahre an. Dabei hatte Gott uns ganz nahe aneinander gerückt.« Sie arbeiteten jeden Monat zusammen an dem kleinen Blättchen und saßen stundenlang kaum einen Schritt voneinander entfernt und tippten ihre Beiträge.

»Welche Gefühle durchtobten zu Zeiten meine Brust! Doch, soweit ich sehen konnte, gab es nichts – absolut nichts – in ihren Blicken oder Handlungen, was man hätte als Erwiderung auffassen können. Später sagte sie mir, sie habe von mir das Gleiche gedacht. Sie habe in meinem Reden oder Verhalten nicht die kleinste Ermutigung entdecken können. ...

Wenn ich das sage, so ist es ein Sieg der Gnade über die Natur und zeugte nur von dem reinen Dienst des Mannes Gottes, dem wir beide vertrauten. Ohne seinen Einhalt gebietenden Geist hätten wir – weder sie noch ich – jemals so viel Selbstbeherrschung aufgebracht, nehme ich an.«

Irgendwann im Jahre 1939 erzählte Lois Mr. Sandford schlicht und in einigen Worten, was sie für Frank empfand. Er nahm die

Kapitel 22 – Die Liebe hat einen langen Atem

Sache ernst, indem er an die Wahrhaftigkeit der Hingabe dieser Frau an Christus dachte, und dass sie ganz frei davon war, ihren eigenen Wünschen Vorschub zu leisten. Viel später erklärte sie Frank, sie sei fast wahnsinnig vor Angst gewesen, er werde sich anderweitig umsehen. Wenn das so war, wollte sie es wissen, und nicht falschen Hoffnungen nachhängen.

Mr. Sandford ging dann zu Frank und fragte ihn, ob er noch immer an Lois interessiert sei. Natürlich sprach er kein Wort über das, was Lois ihm gesagt hatte. Franks Antwort war ein entschiedenes »Ja«. Dann solle er gehen und tun, wie er sich geführt wisse. »Nie habe ich mich mehr geführt gefühlt!«

Es war Zeit für Frank, seine monatliche Reise zur Druckerei zu unternehmen. Weil er keine Möglichkeit sah, mit Lois allein zu sprechen, hinterließ er einen Zettel, auf dem er mitteilte, was sein Herz empfand und auf dem er sie fragte, was sie fühlte.

»Man muss dabei bedenken, dass ich bis dahin keine Ermutigung irgendwelcher Art erfahren hatte. Und so wusste ich nicht, ob diese stille, in sich gesammelte Frau sich heimlich einem anderen Mann verpflichtet fühlte. Wir hatten niemals allein miteinander gesprochen und uns niemals, außer in Missionsangelegenheiten, geschrieben. Auch hatte ich nicht die leisesten Zeichen gegenseitigen Interesses wahrgenommen. All das hätte ich leicht mit Hilfe meiner Schwester herausbekommen; aber es hätte ganz und gar nicht dem entsprochen, was wir gelernt hatten.

Ich möchte betonen, dass unser Verhältnis zueinander als Maßstab für das Kennenlernen unter Christen gelten sollte. Heute gibt es so viele unerlaubte Liebelei, so vieles Flirten und ausgelassenes Scherzen, selbst über die erlaubte Liebe, dass deren Heiligkeit den jungen Leuten völlig aus den Augen gerät, selbst wenn sie noch lange nicht zwanzig sind. Die lange Spannung zwischen Lois und mir war nichts Schlechtes; sie zwang uns, ernsthaft die Kosten zu überschlagen und wirkliche Liebe von aller fleischlichen Gefühlsduselei wie Weizen von der Spreu zu trennen, durch die alles verdorben wäre, was wir erfahren haben.

So legte ich den Zettel an eine Stelle, wo sie ihn am Freitagabend finden würde, und ich würde vor Sonnabendabend keine Antwort erhalten können. Den ganzen Tag quälte mich die Vorstellung, sie könne meinen Antrag ablehnen; doch als wir uns an jenem Abend im Schreibzimmer trafen, überreichte sie mir einen Zettel, ebenso kurz wie der meine, der auf ein ›Ja‹ hinauslief. Aber auch jetzt fühlten wir uns nicht frei, unser Einverständnis zu veröffentlichen, bevor wir es beide unserem geistlichen Leiter mitgeteilt hatten. Wir wollten, dass er die Abkündigung vornähme. Trotzdem erfüllte mich die Freude wie ein tiefer Strom und wir schrieben noch viele weitere Zettel.«

Es dauerte noch Wochen, bis Mr. Sandford Frank vorschlug, einen stillen Morgen zu benutzen, um mit Lois spazieren zu gehen. Er würde später am Tag den anderen Bescheid sagen (»ein herrlicher Vorschlag«!, dachte Frank). Niemand außer den Dreien wusste in dieser engen Gemeinschaft, was vor sich ging.

Gegen neun Uhr gingen die beiden an diesem schönen Augustmorgen nebeneinander her, wenn auch nicht Hand in Hand. Frank hatte einen hübschen Platz ausgesucht, ein Ahorngehölz auf einem Hügel. Dorthin wanderten sie.

»Sie fürchtete sich, und ich auch. Alles schien wie ein Traum, der jeden Augenblick platzen konnte. So lange hatten wir gewartet, sollte es tatsächlich soweit sein, dass diese, unsere Freude jetzt Erfüllung findet? Wir fanden einen Platz, wo wir nebeneinander sitzen konnten. Ich sah sie an, sie sah mich an, zum erstenmal nicht nur flüchtig, sondern lange.

Eigentlich wusste ich nicht, was ich machen sollte. Ich hatte sie nie berührt und fühlte mich auch jetzt nicht frei dazu. Sie war so rein und geheiligt. Doch wir wussten beide, dass dies der Anfang eines neuen Kapitels war, das vielleicht in alle Ewigkeit reichte. So zog ich mich auf die Schrift zurück. Ich öffnete meine Bibel bei Jesaja 62, diesem wunderbaren Kapitel über die Stadt Zion und das Land mit dem Namen ›Verheiratete‹, verheiratet mit dem Volk Israel und mit dem Gott Israels. Ich las es ihr vor, obwohl ich wusste, dass sie es gut kannte und sagte ihr, ich glaube, unsere Ehe werde von der gleichen Qualität sein.

Im Rückblick fürchte ich, zu anspruchsvoll gewesen zu sein; doch damals war es mir todernst damit und es mag sein, dass Gott es uns vergolten hat, unsere Ehe durch dieses goldene Kapitel zu adeln. Wie auch immer, ich betete, bevor ich es wagte, sie zu berühren (sie tat es sicher auch, obwohl ich mich nicht daran erinnern kann). Dann nahmen wir uns in die Arme, ziem-

Kapitel 22 – Die Liebe hat einen langen Atem

lich ungeschickt allerdings. Aber die Liebe war auf diese Weise besiegelt. Dort im August 1940 begann ein Leben, das einem großen Lobgesang glich und achtundvierzig Jahre anhielt.«

Gedanken zu »Die Liebe hat einen langen Atem«:

- Die folgenden Tatsachen aus Murrays Geschichte sind des Nachdenkens wert:
- Das Herz eines Mannes war »versiegelt«.
- Er unterwarf sich geistlicher Autorität.
- Seine Lippen blieben in Sachen »Lois« verschlossen.
- Er erlaubte seinen Gedanken nicht, sich mit ihr zu beschäftigen.
- Er wurde durch ihre Selbstlosigkeit, ihr Gebetsleben, ihre Ausstrahlung und ihre Schweigsamkeit angezogen.
- Er zog einen Dritten hinzu, seinen geistlichen Mentor.
- Er gestattete sich kein Selbstmitleid.
- Die beiden hatten Zeit, die Kosten zu überschlagen und fleischliche Gefühle auszusortieren.
- Männer, achtgeben! Lois hatte keinerlei offensichtliche Ermutigung gegeben. Der erste Schritt hatte von Frank auszugehen.

23   Ist Keuschheit möglich?

Ihr wisst, welche Weisungen wir euch gegeben haben durch den Herrn Jesus. Denn dies ist Gottes Wille: eure Heiligung, dass ihr euch von der Unzucht fernhaltet, dass jeder von euch sein Gefäß in Heiligkeit und Ehrbarkeit zu gewinnen wisse, nicht in Leidenschaften der Begierde wie die Nationen, die Gott nicht kennen.
1. Thessalonicher 4,1-5

Ist Keuschheit möglich?

Ja.

Es ist immer möglich, Gottes Willen zu tun. Sex ist keine unwiderstehliche Macht und die Hormone sind nicht autonom.

Nachdem ich über Keuschheit einen Vortrag gehalten hatte, kam ein strammer Sportsmann auf mich zu und sagte: »Heiliger Strohsack, Mädchen – man *muss* einfach Sex machen!«

»Wirklich?«, sagte ich. »Wie kommen Sie darauf? Hunderttausende sind völlig ohne Sex ausgekommen.«

»Persönlichkeit« und »Ich« sind die Worte, die heutzutage das moralische Universum der Mehrheit definieren. Wenn ein berühmter Basketballspieler keinen Hehl daraus macht, dass seine HIV-Infizierung das Ergebnis seiner Beziehungen zu zahllosen Frauen ist und ein anderer in die Welt hinausposaunt, er habe mit zwanzigtausend Frauen geschlafen, guckt kaum noch jemand hoch. Wenn aber ein Athlet wie A.C. Greene, die zölibatäre Lebensweise selbst während seiner neun Handballerjahre beibehält und Heerscharen attraktiver Groupies von sich fernhält, füllt sein Bericht die erste Seite einer Sonntagszeitung. Er darf sogar vor Hochschulversammlungen über Abstinenz sprechen. Da gucken eine Menge Leute hoch!

Ein Kolumnist sagte, dass sich eine Frau, die nicht mit Männern ins Bett gehe, mit einem leuchtend roten A für *Abstinenz* gebrandmarkt sähe.

Die heute gehätschelte Tugend ist die Eigenliebe. Wo wir gewohnt waren, es für selbstverständlich zu halten, dass man Selbstverleugnung lernt, werden wir seit Jahrzehnten mit der Ideologie des Ichs bombardiert: Selbsterfüllung, Selbstverwirklichung, Selbstwertschätzung, Selbstbewusstsein, Selbstwahrnehmung werden ohne Ende in Schulen, Universitäten, in Medien und selbst von vielen Kanzeln verkündet, seien sie liberal oder konservativ. Es ist ein Zeichen der »schweren Zeiten in den letzten Tagen« nach 2. Timotheus 3,2: »Die Menschen werden selbstsüchtig sein«, ohne Liebe, ohne Selbstbeherrschung.

Ironischerweise entdecke ich, während ich dies schreibe, dass einige weltliche Denker zu Verstand kommen und diese Zwangsvorstellung kritisieren, derweilen die Psycho-Abteilungen mancher christlicher Buchläden immer noch mehr Regale füllen. Die altmodischen Konzepte der Selbstbeherrschung, der Selbstverleugnung, der Selbstaufopferung und Selbsthingabe haben dort kaum noch Platz. Was sind die schlichten Pflichten eines jeden? Was heißt eigentlich Pflicht? Das wissen Millionen nicht mehr zu sagen.

Der Geschlechtstrieb hebt nicht die Möglichkeit der Entscheidung auf.

Sich für die Keuschheit zu entscheiden, war immer möglich, auch heute, wie ein Paar uns beweist:

»Früher eher neblige Grundsätze sind jetzt sehr deutlich geworden. Zwei Aussagen habe ich fest behalten: (1) ›Das dem Willen des Vaters unterworfene Herz braucht nie zu verzagen‹ und: (2) ›Wenn man seine Jungfräulichkeit bewahren will, müssen Grenzen gezogen werden.‹ Warum sollte man sich in eine Situation begeben, wo diese Linien verschwimmen oder verdunkelt werden? Warum solch ein Risiko eingehen?

Ich bin so froh über die Schönheit des Sex in der Ehe, dass ich mich sehr freue, gewartet zu haben!

1990 trafen wir uns, Jerry und ich, bei einem Seminar, in dem der Redner darüber sprach, dass auch ein Lediger als Christ zufrieden sein kann. Wir beide beschlossen damals, uns auf den Herrn zu verlassen und geduldig auf Ihn zu warten. Wir waren zufrieden, ledig zu sein. Es ist wunderbar, wie Christus Frieden geben kann, der alles Begreifen übersteigt!

Naja, eine Woche nach diesem Seminar lud mich Jerry ein. Wir haben schön zusammen gegessen und uns über das Seminar unterhalten. Es war unglaublich für mich, einem Mann zu

begegnen, der Christus völlig hingegeben war und nun schon neunundzwanzig Jahre ein Leben in Reinheit führte und die gleichen gottesfürchtigen Maßstäbe hatte wie ich. Am 30. November 1991 sagte er mir zum erstenmal, dass er mich liebt und diese Liebe lebenslang verbindlich machen wolle. Wir heirateten sechs Monate später am 23. Mai 1992. Das war der glücklichste Tag meines Lebens! Wir führen eine großartige Ehe und ich führe das auf mehrere Faktoren zurück:
Auf den Herrn Jesus, der uns errettet hat und uns zu neuen Menschen machte;
auf gottesfürchtige Eltern, die uns belehrten;
auf fromme Lehrer, die uns Gottes Wort beibrachten, und
auf eine feste Grundlage, die während der Zeit des Kennenlernens gelegt wurde.

Wir begannen als Freunde und bauten eine Beziehung auf. Mit der Zeit entwickelte sich daraus wahre Liebe. Der körperliche Teil unserer Beziehung kam zuletzt dran. Wir sprachen weder über Ehe noch über Liebe, bevor er seinen Heiratsantrag gestellt hatte. Ich bin so froh, dass wir es so gemacht haben, wie Gott es will!«

Keuschheit ist selten; aber sie ist immer möglich. »Der, welcher in euch ist, (ist) größer als der, welcher in der Welt ist« (1. Johannes 4,4).
Die »traditionelle« Anschauung wurde uns von niemand Geringerem als Gott selbst übermittelt, doch ist es erschütternd zu sehen, dass heute Abstinenz, Keuschheit, Jungfräulichkeit und sexuelle Reinheit in den wenigsten Kirchen, wenn überhaupt noch, Predigtthemen sind. Es wird oft für selbstverständlich gehalten, dass wir als moralisch unabhängig Agierende alles tun dürfen, was uns passt und von dem wir annehmen, es sei »das Richtige« für uns. Sex wird als Grundbedürfnis betrachtet und erhält dadurch den Status eines *Rechts*, das uns niemand vorenthalten darf.
Aber Gottes Wort ist klar: »Gott hat uns nicht zur Unreinigkeit berufen, sondern in Heiligung« (1. Thessalonicher 4,7).
Heiligung umfasst das *gesamte* Leben. Der Ausdruck »Leidenschaften der Begierden« umfasst ein weites Feld sexuellen Miteinanders.

Der eigentliche Kampf, in dem wir uns befinden, wenn sexuelles Verlangen unerfüllt bleibt, liegt in dem Gehorsam gegenüber Gottes Ruf: »Komm zu Mir! Ich will dir Ruhe geben.« Aber wir müssen *Sein* Joch auf uns nehmen – eine Last zwar, aber eine leichte, wie Er verheißen hat. Sie ist viel leichter als das Joch, das uns unser Eigenwille aufzwingt.

Korinth war in den Tagen des Paulus eine Stadt voller Korruption, offenbarer sexueller Sünden und pornografischer Verirrungen. Er ermahnte die Christen dort, sich von jedem fernzuhalten, der sich selbst einen christlichen Bruder nannte, aber sexuell unmoralisch lebte. Er verbot nicht den Umgang mit Nichtchristen, ungeachtet ihrer Sünden; denn es war nicht seine Sache, diejenigen zu beurteilen, die außerhalb der Gemeinde standen. Immerhin war es wichtig, daran zu erinnern, dass es in der Gemeinde Christen gab, die zuvor Hurer, Götzendiener, Ehebrecher, männliche Prostituierte und Homosexuelle waren, dazu Diebe, Gierige, Trinker, Verleumder und Betrüger.

Aber ihr seid abgewaschen, aber ihr seid geheiligt, aber ihr seid gerechtfertigt worden durch den Namen des Herrn Jesus Christus und durch den Geist unseres Gottes. ...
Der Leib aber ist nicht für die Hurerei, sondern für den Herrn und der Herr für den Leib. ...
Wisst ihr nicht, dass eure Leiber Glieder Christi sind? Soll ich denn die Glieder Christi nehmen und zu Gliedern einer Hure machen? Das sei ferne! Oder wisst ihr nicht, dass, wer der Hure anhängt, ein Leib mit ihr ist? ...
Flieht die Unzucht! Jede Sünde, die ein Mensch begehen mag, ist außerhalb des Leibes; wer aber Unzucht treibt, sündigt gegen den eigenen Leib. Oder wisst ihr nicht, dass euer Leib ein Tempel des Heiligen Geistes in euch ist, den ihr von Gott habt, und dass ihr nicht euch selbst gehört? Denn ihr seid um einen Preis erkauft. Verherrlicht nun Gott mit eurem Leibe!
1. Korinther 6,9-20

C.S. Lewis gibt drei Gründe, warum es so besonders schwer für uns ist, völlige Keuschheit zu wünschen, geschweige denn zu praktizieren:

Kapitel 23 – Ist Keuschheit möglich?

An erster Stelle will unsere verbogene Natur, vereint mit den Teufeln, die uns versuchen, und der zeitgenössischen Propaganda, uns glauben machen, die Begierden, denen wir widerstehen wollen, seien so »natürlich«, so »gesund« und so vernünftig, dass es beinahe pervers und unnormal ist, ihnen Widerstand zu leisten. ...

Zweitens werden viele Menschen davon abgehalten, ernsthaft christliche Keuschheit zu wagen, weil sie das (ohne es versucht zu haben) für unmöglich halten. Aber wenn etwas von uns gefordert wird, darf man niemals über dessen Ausführbarkeit oder Unausführbarkeit nachdenken. ...

Drittens missverstehen wir oft, was die Psychologie über »Verdrängung« lehrt. Sie sagt, »verdrängter« Sex sei gefährlich. Aber »Verdrängung« ist ein Terminus technicus; er spricht nicht von »Unterdrückung« im Sinne von »verleugnen« oder »bekämpfen«.[1]

Hier liegt das Schlachtfeld, und es gibt kein entscheidenderes im Leben junger Menschen, die sich zur Heiligkeit entschlossen haben. Es gibt den, von dem Luther singt: »Der altböse Feind, mit Ernst er´s jetzt meint, groß´ Macht und viel List sein grausam Rüstung ist, auf Erd´ ist nicht sein´sgleichen.« Solange Jesus Christus nicht der Herr unseres Geschlechtslebens ist, ist Er überhaupt nicht Herr über unser Leben. Da geht es nicht nur um jede Handlung, die Seinem heiligen Willen unterworfen werden muss, sondern jeder Gedanke ist unter die Herrschaft Christi »gefangen« zu geben. Und diese »Gefangenschaft« erweist sich nicht als Fessel, nicht als Unterdrückung, nicht als Elend, sondern als *Freude*!

Eine Studentin an der Indiana University beschreibt in einem Brief einiges von dem, was Gott in ihrem Leben bewirkt hat:

»Gott ist so treu in Seinem Handeln an meinem Herzen und Willen, so geduldig und sanft; beständig öffnet er seine Arme und immer sagt Er: ›Komm!‹ Er ist liebreich! ... Der Gedanke schmerzte mich, dass Sie so viel Bedrückendes in der amerikanischen Jugend und in Bezug auf die Gegenwartskultur sehen und hören müssen. Ich wünschte, ich könnte Ihnen deutlich machen, dass Gott immer noch tatsächlich an der Arbeit ist, in meinem Leben, im Leben meiner Familie und auch im Leben vieler meiner Freunde.

Der Vers (aus einem Gedicht von Amy Carmichael) war neulich auch der Schrei meines Herzens:

> Mein Wille kam in Dir zur Ruh´;
> Doch wenn mein Ich sich wieder wehrt
> Und etwas anderes begehrt,
> Dann, Heiliger, nimm Spieß und Schwert
> Und schlage zu!

Zur Zeit scheint meine Sicherheit darin zu liegen, dass ich einfach *nicht weiß*, was die Zukunft bringt. Ich habe keinen Freund und ich muss sagen, dass mir das manchmal zu schaffen macht, zumal ich manche sehe, die glücklich mit den ihren sind (meine Schwester zum Beispiel hat einen gottesfürchtigen, wunderbaren Freund, wie ich zugeben muss). Außerdem gelte ich ein wenig als Sonderling, gemessen an dem, was hier so üblich ist, weil Gott mich davon überzeugt hat, ich dürfe vor der Ehe nicht küssen. Ich hatte letztes Jahr damit zu kämpfen, weil ein netter Junge mit mir ausgegangen war. Ich wusste aber, dass dies ›Kussverbot‹ Gottes Wille für mich ist, einerlei, was andere denken. Meine Eltern unterstützen das von ganzem Herzen und selbst die jüngeren Geschwister betrachten das mit neugierigem Respekt – und folgen in diesem Punkt meinem Vorbild. Danke, Herr!

So bin ich Gott wirklich dankbar, dass Er mich körperlich rein erhalten und mich verschont hat, einen Teil meines Herzens durch das Küssen weggegeben zu haben. Ich *will* Seinen Weg gehen. Dazu bedarf es des Glaubens, wenn die Zweifel mich überfluten, solche wie: ›Werde ich jemals heiraten?‹ oder: ›Ich fühle mich so unbeachtet.‹ Gott zeigt mir immer wieder, dass ich mich an die Wahrheit seines Wortes klammern und mich jedesmal sofort demütig an Ihn um Schutz und Hilfe wenden soll. Der Vers, den Er mir heute gab, steht in Psalm 119,165: ›Großen Frieden haben die, die dein Gesetz lieben. Sie trifft kein Straucheln.‹«

---

[1] *Mere Christianity*, Kapitel 5 des Abschnitts über christliches Verhalten.

Kapitel 10 – Toleranz und Christenheit

Gedanken zu »Ist Keuschheit möglich?«:

- Sich in der heutigen Welt der Keuschheit zu verschreiben, bedeutet Schmach zu tragen. Man wird möglicherweise für sonderbar oder gar für verrückt gehalten. Kannst du den rohen Herausforderungen standhalten?
- Die Ich-Bewegung fördert viele Spielarten der Zügellosigkeit. Wo hat sie dich beeinflusst?
- Kämpfe entspringen der göttlichen Berufung.
- Beachte Lewis' drei Gründe, warum es sogar schwer fällt, Keuschheit auch nur zu wollen. Was sagt er über die Unmöglichkeit?
- Sich der Keuschheit zu verschreiben, erfordert Glauben und Geduld. Es erfordert auch eine klare Entscheidung, wo man die Grenzen ziehen will. »Reiße keinen Zaun nieder, ehe du weißt, wozu er gesetzt wurde!«
Lerne Jesaja 50,7 auswendig: »Der Herr, HERR, hilft mir. Darum bin ich nicht zuschanden geworden, darum habe ich mein Gesicht (hart) wie Kieselstein gemacht. Ich habe erkannt, dass ich nicht beschämt werde.«
- Da es so große Widerstände gegen die Keuschheit gibt, lohnen sich da die Anstrengungen?

24 Mit Tränen säen

Die mit Tränen säen, werden mit Jubel ernten.
  Psalm 126,5

Nur einmal lesen wir, dass Jesus Tränen vergoss, und zwar bei Maria und Martha, deren Bruder Lazarus gestorben war. Sein Todeskampf in Gethsemane trieb Ihm Schweiß wie große Blutstropfen auf die Stirn. Niemand von uns wird jemals das Ausmaß dieses Kampfes erfassen, in dem die schrecklichen Fluten der Angst der ganzen Welt über dem Sohn des Menschen zusammenschlugen. Aber was Tränen sind, wissen wir auch. Die Auslieferung unserer Herzenssehnsüchte bringt uns vielleicht dem Verständnis des Kreuzes näher als irgendetwas sonst. Unsere eigene Erfahrung des Gekreuzigtseins, obwohl sie der unseres Erlösers in keiner Weise vergleichbar ist, gibt uns nichtsdestoweniger die Chance, damit zu beginnen, die Gemeinschaft Seiner Leiden zu erkennen. Durch jede Form unserer eigenen (unverschuldeten) Leiden ruft Er uns in diese Gemeinschaft. Sollten wir dann nicht dankbar dafür sein?

»Haben Sie wirklich mit Gott gerungen?«, schrieb mir ein Mädchen. »Ich meine, so richtig einen Ringkampf in dieser Angelegenheit geführt zu haben? Ich wünschte ganz verzweifelt, dass Gott einen gottesfürchtigen Mann auf mich aufmerksam macht und dass ich dies nicht selbst übernehme. Mein Kummer ist, dass ich nicht gegen meine Gefühle ankomme. Ich habe gebetet und gebetet, damit Gott mich erhört. Selbst nachdem ich einen ganzen Tag gefastet hatte, bekam ich als Antwort nur: *Warte weiter!*«

Ja, ich kenne das. Ich habe gerungen. Mit Schrecken denke ich noch an jenen Morgen 1952 in Ecuador – es war noch kaum dämmrig geworden – als Jim Elliot von Quito abreiste, um in den Urwald zu ziehen. Wir liebten uns seit vier Jahren und waren noch immer nicht verlobt, weil wir uns nichts anderem als dem Willen Gottes ausgeliefert hatten. Und Er gab uns keine

Kapitel 24 – Mit Tränen säen

andere Antwort als die: *Wartet weiter!* Würde ich ihn je wiedersehen? Würden wir jemals heiraten? Ich weinte so bitterlich, dass meine Vermieterin es hörte und zu mir ins Zimmer kam.

Janet Erskin hat geschrieben:

> Es ist gut uns unterzuordnen, wenn wir etwas nicht begreifen können. Dabei lernen wir die Gesetze des Glaubens und des Vertrauens.
>
> Es ist gut, wenn wir uns verpflichtet fühlen, etwas zu tun, was wir lieber nicht täten, weil wir es uns nicht aussuchen können.
>
> Es ist gut, wenn immer etwas da ist, was uns schmerzt, etwas, was uns daran erinnert, im Feindesland zu sein und zu einer marschierenden Truppe zu gehören.
>
> Es ist gut, wenn wir geprüft werden und bei unserem Tun versagen. Das hält uns demütig und spornt zum Beten an.
>
> Alle diese Dinge gehören zum »Säen mit Tränen«.
>
> Gott scheint die Dinge in Seiner Kirche so geordnet zu haben, dass sie nicht zum allgemeinen Triumph, sondern zur verborgenen Heiligung der einzelnen Seelen führen, aus denen sie besteht.[1]

Ein Mann beschreibt das Mädchen, das er liebt und fragt: »Kann ich auf Gott vertrauen und gleichzeitig nach diesem wunderbaren Mädchen schmachten?«

Ganz gewiss. Wenn wir Christus unsere Begehren ausgeliefert haben, müssen sie nicht notwendigerweise verschwinden; aber sie beherrschen uns nicht mehr. Sich ausliefern heißt, freiwillig einem anderen die Kontrolle über dies Begehren zu übertragen. Wir haben das in den Geschichten von Tom Griffith, Fred Malir, Dick Hillis, Hudson Taylor, Frank Murray und anderen gesehen.

»Ist es möglich, Gott so sehr zu vertrauen, dass ich mich nicht mehr einsam fühle?«

Vielleicht nicht, wenigstens gilt das für die meisten von uns, weil wir die Lektionen aus der Einsamkeit zu lernen haben. Das ist *gut* für uns, wegen jener verborgenen Heiligung.

»Was ist mit all der Ungeduld, die ich empfinde und gern los wäre?«

Die Antwort ist die gleiche. Kämpfe, Einsamkeit, Ungeduld – alles dient zu unserer verborgenen Heiligung. Die Erprobung unseres Glaubens ist kostbarer als Gold. Müssen wir auf dies Gold aussein? Allerdings!

Die Sehnsucht nach menschlicher Liebe ist mächtig; aber es gibt noch eine mächtigere. Es ist die Liebe zu Gott, obwohl nur wenige das richtig sehen, bevor sie viele andere Quellen probiert haben.

> Denn zwiefach Böses hat mein Volk begangen:
> Mich, die Quelle lebendigen Wassers, haben sie verlassen,
> um sich Zisternen auszuhauen, rissige Zisternen,
> die kein Wasser halten (Jeremia 2,13).

Die Frau am Jakobsbrunnen wusste um ihre innere Leere. Sie begegnete dem Einen, der allein ihr Herz füllen konnte. Gott will auch unseres füllen und Er ist wunderbar geduldig, wenn wir dabei versagen, Ihm alles auszuliefern: Herz, Willen, Bewusstsein, Intelligenz, Leidenschaften, Emotionen und alles, was uns lieb ist. Wenn es auch noch so schmerzt, es tut jeweils nur heute weh, und für heute haben wir die Hilfe unseres himmlischen Vaters versprochen bekommen, der mehr Mitgefühl als jeder irdische Vater für uns empfindet.

Es hat lange gedauert, bis ich begriff, dass es gerade diese Kämpfe sind, die Gott *schickt*. Ja, ich sage: schickt. Er lässt sie nicht »nur geschehen«. In dem Kapitel, in dem Paulus über seine eigenen Kämpfe schreibt (bedrückt, keinen Ausweg sehend, verfolgt, niedergeworfen), sagt er: »Denn alles (geschieht) um euretwillen, damit die Gnade zunehme und durch eine immer größere Zahl die Danksagung zur Ehre Gottes überreich mache« (2. Korinther 4,15). Sie sind gut für uns und für alle, die sie wahrnehmen.

Eine zukünftige Missionarin, die einen Mann liebte, der auch Missionar werden wollte, erzählte mir, sie habe gelernt, was eine wahrhaft christuszentrierte Beziehung ist. Manchmal fühlt sie sich einsam, »doch ich lerne es, Gott zu loben. Er hat mir so viel ›Leben in Überfluss‹ gegeben. Für gar nichts wollte ich diese Freude, diese Erfahrung und das seither Erlebte eintauschen. Das

Bewusstsein, mit Seinem Willen übereinzustimmen ist weit besser, als was mir die Erfüllung meines Eigenwillens jemals geben könnte.«

Weil wir Sünder sind und in einer zerbrochenen Welt leben, müssen wir Trübsale leiden. Das hat uns der Herr verheißen; aber – so fährt Er fort – »seid guten Mutes, ich habe die Welt überwunden!«

Daher gelangen wir zu der Erkenntnis, dass Er allein die lebendige Quelle ist, wenn wir die Wahrheit über uns realistisch sehen und beim Namen nennen. Er allein kann uns vor uns selbst bewahren.

Eine Freundin, die mir häufig schreibt, offenbarte mir, was sie die Übergabe ihrer Sehnsüchte gekostet hat.

»Es sollte uns nicht überraschen, dass Er alles in uns haben will. Wir sind ganz und gar Sein Werk. Nichts existiert, atmet, kann irgendetwas ohne IHN; daraus folgt, dass unsere kleinen Tode und großen Freuden mit Ihm anfangen und enden sollten. Daher kommen unsere täglichen Kämpfe.

Meine kleinen Kämpfe kommen und gehen. Besonders ängstlich wache ich über mein Liebesleben und kämpfe an den Fronten der Wünsche und Sehnsüchte … Ich nehme mich selbst entschieden zurück, oft mit hängendem Kopf und schmerzendem Herzen, um in dem Glauben stark zu sein, dass wenn ich all dies Treiben drangebe, ich nichts verliere (weil Er mir nichts Gutes vorenthält).

Ich höre immer noch, wie der Feind ruft und mich zu überzeugen sucht, dass meine Selbstrücknahme nichts bringt; doch ich habe mich entschieden (nur Gott weiß, dass dies manchmal der Bezwingung eines sich aufbäumenden Wildpferdes gleicht), irgendwie Ruhe in meine Gefühls- und Traumwelten, in meine Wünsche und Sehnsüchte zu bringen. Ich will sie auf den Altar Gottes legen und dann weggehen, indem ich weiß: Hier geht es um mehr als nur um Wünsche.

Wir beide wissen, dass wenn wir unser Leben retten wollen, wir gerade das tun, wovor Jesus uns warnt. Christus hat nie gesagt, wir sollten das suchen, was uns gefällt. Er lehrte uns, nur Ihn zu suchen! Ich habe den Verdacht, dass dieser Krieg bis zum Tage meines Todes anhalten wird; aber ich habe die Hoffnung, dass Er mir dadurch näher, wertvoller und vertrauter wird.«

Dies ist das Zeugnis eines Menschen, der unbedingt heiraten *möchte*, der aber noch unbedingter Gottes Willen tun *will*, einerlei ob mit oder ohne die Ehe. Hier offenbart sich die Gnade in diesem Leben; denn niemand brächte das ohne die staunenswerte, unendliche und beispiellose Gnade fertig. Hier zieht der Herr selbst in das Herz hinein, das Ihn aufnehmen *will*, das für Ihn offensteht.

Eine unbekannte Freundin aus Osteuropa schreibt: »Ich bin erst seit dem Sommer 1987 Christin, damals bin ich zum erstenmal dem lebendigen Gott begegnet, der jetzt mein Herr ist. Dies war aber auch das erste Mal, dass ich dem Problem des Gehorchens gegenüberstand. Zu einem wirklichen, lebendigen Gott, der Macht hat, mich von meinem alten Leben zu befreien, gehört auch, dass Er Seine Absichten in meinem neuen Leben durchsetzen will. Nach langem Kampf entschied ich mich, Sein Angebot anzunehmen und sagte: Ja. Wie nicht anders zu erwarten, war er treu und hat mir ein wirklich neues Bewusstsein, ein neues Herz, ein neues Leben geschenkt. Seither sehe ich den Gehorsam für eines der wichtigsten Dinge im Wandel mit Gott an. Vielleicht kommt es daher, dass ich Ihre Bücher so schätze. Gehorsam zu sein ist schwierig, und die Hingabe muss immer und immer wieder erneuert werden.

Als ich die Lebensgeschichte von Jim Elliot *Shadow of the Almighty* las, begriff ich, dass ich *in allem*, was ich tue, treu zu sein habe. Jetzt können Sie sicher erraten, was passierte. Ich verliebte mich.«

Sie berichtet dann von der Begegnung mit einem Mann, »der am Wort Gottes hängt und in allem, was er als Gottes Willen erkannt hat, keine Kompromisse kennt«. Er war freundlich, zeigte aber keinerlei Zuneigung.

»Ich war wohl in seinen Augen nichts als eine dumme Göre; aber ich hätte gern einen Mann wie ihn gehabt. Ich weiß, es war reichlich hoffnungslos. Was könnte ich ihm bieten? So frage ich mich selbst. Ich kam mir so kindisch vor und ich behielt es für mich.

Ich bat Gott, mir diesen Menschen zum Mann zu geben. Seine Antwort: ›Der HERR hat Gefallen an denen, die ihn fürchten, an denen, die auf seine Gnade harren‹ (Psalm 147,11). Ich verstand das nicht als endgültige Antwort, aber dass Gott von mir will, ich solle Ihm auch dann vertrauen, wenn ich weder verstehe noch erkenne, wie Er mich führt. Jesus ist der Gute Hirte. Ich muss nur daran fest halten, dass Er weiß, was Er tut und wohin Er mich bringt. Ich habe nur zu folgen.«

Gott gab dem Mädchen eine Arbeit, die es ihr unmöglich machte, den Mann zu sehen, wenn sie diese Arbeit nicht verlieren wollte.

»Gottes Absicht war klar. Kein grünes Licht, alle Straßen blockiert. Seither bleibe ich dort, obwohl ich gelegentlich gute Gründe hätte, irgendwo hinzufahren, wo ich ihn sehen könnte. Seit sieben Monaten habe ich ihn nicht gesehen. Manchmal habe ich das Gefühl, dies nicht mehr aushalten zu können. Dann möchte ich auf der Stelle in einen Bus steigen und hinfahren; aber Gottes Wort kommt dann leise und überzeugt mich, lieber nicht zu fahren. Ich weiß, Gott hat Recht. Träfe ich ihn, wäre es nur um so härter, still zu bleiben und das von Gott gegebene Werk zu tun. Der Herr hat mich bis jetzt bewahrt; aber wenn ich auch meine Füße abhalten kann, zu ihm zu laufen, so kann ich doch meine Gedanken und Träume nicht aufhalten ... Dieser Kampf scheint aussichtslos zu sein. Ich kann nicht einmal die Kraft aufbringen, zu *wollen*, was Gott will. Ich bin in dem Zustand, den Paulus in Römer 7 beschrieb. Mit meinem Verstand weiß ich, dass mich Jesus aus diesem Zustand retten kann, aber wie? Wie kann ich es abgeben, ohne es wieder zurückzunehmen? Ich weiß nicht mehr weiter. Geben Sie mir bitte einen Rat!«

Mein Rat: Erledigen Sie Ihre täglichen Aufgaben. Fassen Sie Mut. Vertrauen Sie, dass Gott Ihr Opfer ernst genommen hat und ruhen Sie in folgender Erkenntnis: Von mir wird im Augenblick nichts weiter verlangt als Vertrauen.

---

[1] Aus: *Prayer in Faith*.

Gedanken zu »Mit Tränen säen«:

- Prüfe ob du angesichts deiner Lebensziele bereit bist, mit Tränen zu säen.
- Anerkennst du, dass Gott die Situationen zubereitet, die dir so viel Mühe machen? Oder siehst du das anders? (siehe Römer 8,28-29; Psalm 119,9; Psalm 16,5; Sprüche 16,33).
- Haben unsere menschlichen Leiden in dieser gefallenen Welt etwas mit den Leiden Christi zu tun? (siehe Philipper 1,29 und Kolosser 1,24).
- Kannst du in Liebessehnsucht einen Teil der »Gemeinschaft Seiner Leiden« erkennen?
- Liebe setzt völlig neue Prioritäten! Wahr oder falsch?
- Beachte: Der Wille widersteht dem Begehren – meine Freundin in Europa stieg nicht in den Bus. Sie entschied sich gegen sich und für Gott. Obwohl ihre Gefühle aktiv und lebendig blieben, konnte sie nicht mehr darüber verfügen. Sie hatte sie Gott übergeben.
- Man hat seine Gefühle nicht immer unter Kontrolle; aber man kann sich dafür entscheiden, der Versuchung auszuweichen.

25 Versuchung

Glückselig der Mann, der die Versuchung erduldet! Denn nachdem er bewährt ist, wird er den Siegeskranz des Lebens empfangen, den er denen verheißen hat, die ihn lieben.
  Jakobus 1,12

Ich halte nichts davon, wenn man betet: »Führe mich nicht in Versuchung!« und läuft dann freiwillig geradeswegs hinein. Junge Leute berichten mir, sie hätten das Auto geparkt oder seien in ihr oder sein Schlafzimmer gegangen, »wir wollten da weiter nichts« und dann, irgendwie, »passierte es einfach«. Das überrascht dich?

Einer der in allem Ernst seine Reinheit bewahren will, meidet, koste es was es wolle, gefährliche Leute, Gesellschaften und Örtlichkeiten. Uns körperlich von etwas fernzuhalten ist gar nicht so schwer. Man braucht nur die Schlafzimmertür geschlossen zu lassen; aber die Tür unseres Denkens abzuschließen, ist etwas ganz anderes.

Der Kampfplatz ist unser Herz. Wenn wir beten: »Erlöse uns von dem Bösen« heißt das, den Kampf mit dem Bösen in unseren Herzen aufzunehmen; denn dort liegt die Ursache des Elends und dort muss es besiegt werden. Gott erwartet von uns, dass wir unseren Teil dazu tun. In unseren Willen, den Er uns gegeben hat, greift Er nicht ein; denn es gehört zu der Bestimmung unserer Natur, dass Er uns einen freien Willen gegeben hat. Wir können wählen – nachgeben oder nicht nachgeben, zu einer Feier gehen, oder es lassen, sich einer Versuchung aussetzen, oder fliehen.

Denn obwohl wir im Fleisch wandeln, kämpfen wir nicht nach dem Fleisch; denn die Waffen unseres Kampfes sind nicht fleischlich, sondern mächtig für Gott zur Zerstörung von Festungen; so zerstören wir Vernünfteleien und jede Höhe, die sich gegen die Erkenntnis Gottes erhebt, und nehmen jeden Gedanken gefangen unter den Gehorsam Christi.
  2. Korinther 10,3-5

Gott hat uns einen Geist der Kraft, der Liebe und der Zucht gegeben (2. Timotheus 1,7). Wir können unser Herz vor sündigen Vorstellungen verschließen. Amy Carmichael sagt:

> Wir können diese Kraft durch Missbrauch schwächen und durch rechten Gebrauch stärken, indem wir auch in den kleinen Dingen des Alltags den inneren Menschen disziplinieren und uns auf das Wort des Geistes der Wahrheit vertrauen ... Bekämpfe nicht die Dinge im Detail: wende dich von ihnen insgesamt weg. Blicke *nur* auf den Herrn. Singe. Lies. Arbeite.[1]

Wer von uns spürt nicht seine Schwachheit, seine Angst, von Versuchungen, die uns zu stark sind, überwunden zu werden? Umso mehr haben wir Ursache, ihnen aus dem Wege zu gehen. Jesus lehrte Seine Jünger zu *wachen* und zu *beten*, damit sie nicht in Versuchung kämen. Wachsamsein heißt: Auf der Hut sein. Die eigene Schwäche eingestehen. Sich von versuchungsvollen Dingen fernhalten. *Fliehe!* Als Potiphars Frau dessen treuen Diener verführen wollte, blieb Joseph nicht gemütlich sitzen. Er lief um sein Leben. Paulus sagte dem Timotheus, er solle die jugendlichen Begierden *fliehen*. Mach es genauso – jetzt!

»Die jugendlichen Begierden aber fliehe, strebe aber nach Gerechtigkeit, Glauben, Liebe, Frieden mit denen, die den Herrn aus reinem Herzen anrufen« (2. Timotheus 2,22).

Odysseus war hart gegen sich selbst. Er prahlte nicht damit, er könne mit dem Gesang der Sirenen gefahrlos umgehen. Er brauchte Hilfe und ließ sich deshalb am Mast fest binden und verstopfte die Ohren mit Wachs. Wir müssen uns stark wappnen und uns manchmal auch erlaubte Dinge versagen, um nicht auf den Bösen hereinzufallen, der an jeder Ecke lauert. Wir können niemals zu wachsam sein. Besser zu streng als zu lasch! Strenge ist sicherer.

»Und dann auf allen Spaß verzichten?« Auf manchen wohl – aber dafür entdeckt man die Freude an der Selbstdisziplin.

»Keine Macht der Erde«, schreibt Dietrich von Hildebrand, keine Versuchung oder Attraktion, wie stark sie auch sei, kann uns zwingen, ihr zuzustimmen; kein Druck oder Einfluss kann unwiderstehlich unsere Entscheidung beeinflussen. Man kann viel Gewalt gegen den Körper des Menschen anwenden ... man kann ihn zwingen, manches zu tun, was ihm zuwider ist, man kann ihn von manchem abhalten, was ihm gefällt; aber einerlei, wie weit man seine äußeren Aktionen auch beschränkt, nichts, außer ihm selbst, hat Einfluss auf seine innere Entscheidung, über sein letztendliches und unwiderrufliches *Ja* oder *Nein*.²

Einer, der die Torheit des Nachgebens erfahren hat, erzählt diese Geschichte:

»Man fühlt sich so eng verbunden. Man ›verschmilzt‹ beinahe zu einem Wesen, wenn man körperlich intim wird. Alles scheint so richtig zu sein – fast alles. Tief unten geht doch eine rote Warnlampe an; aber man weigert sich, darauf zu achten. Beide sind so berauscht, dass alles andere aus dem Gewissen ausgeblendet bleibt. Dann passiert´s. Man ist zu weit gegangen. Man hat Hurerei betrieben. Die Gewissensbisse sind viel, viel tiefer, als das Erlebnis jemals hoch war.

Ich weiß das. Ich habe es mitgemacht. O, man mag nicht schwanger geworden sein, trotzdem lebt man einige Zeit in der Furcht davor. Man mag auch kein AIDS bekommen haben. Dein Freund verlässt dich nicht und vielleicht heiratet ihr später auch. Aber von nun an hängt immer diese quälende, diese dunkle, große, schwere Wolke über deiner Ehe. Sie wird nie weichen, auch wenn man es Gott bekannt und Er vergeben hat. Ich weiß das. Ich habe meinen Herrn betrübt. Ich habe Ihm die Treue gebrochen, nur um einen Augenblick ein selbstsüchtiges Vergnügen zu genießen. Seit der Zeit ging es mit meinem Leben für Jahre immer weiter bergab in die Verzweiflung. Ja, Gott hat mich wieder hergestellt. Ja, mir ist vergeben worden. Darum preise ich Ihn für Seine unermessliche Liebe, Gnade und Treue! – Aber die Wolke ist immer noch da.«

Eines Abends, als die Eltern nicht zu Hause waren, lud ein Mädchen ihren Freund zu sich ein. Es dauerte nicht lange und sie waren im Schlafzimmer und begannen, sich auszuziehen. Plötzlich zog sich der Freund seine Sachen wieder über und ging nach unten. Als sie auch nach unten kam, sagte sie zu ihm: »Ich bin noch nie so stolz auf dich gewesen!«

Häufiger als wir denken, zögert der andere, etwas Falsches zu machen. Wenn beide meinen, der andere suche Intimität, so genügt oft nur ein wenig Widerstand bei dem einen, um die Stimmung umschlagen zu lassen, zur Erleichterung des anderen. Wir wissen nicht, wie viele Bedenken die andere Person hat und wie froh sie ist, wenn sie »noch mal davonkommt«. Wird ein Abschiedskuss wirklich erwünscht oder meint man das bloß? Vielleicht besteht sie im Augenblick darauf und kämpft dabei selbst mit dem schlechten Gewissen und hat eine schwache Hoffnung, der Mann möge so viel moralische Kraft besitzen, ihr diesen zu verweigern.

Bei der Familienandacht zu Hause sangen wir manchmal ein kleines Evangeliumslied, das mich mein ganzes Leben begleitet und mir in Zeiten schwerer Versuchung großen Trost verliehen hat:

Gib nicht der Versuchung nach, denn das wären Sünden.
Jeder Sieg stärkt unsere Kraft, stets zu überwinden.
Kämpfe tapfer immerfort, böse Lust bezwinge.
Blicke auf Jesus, Er hilft dir, dass es dir gelinge.
    H.R. Palmer

---

[1] *Gold by Moonlight* (Christian Literature Crusade).
[2] *Transformation in Christ* (Manchester, N.H.: Sophia Institute Press 1990), S. 215.

Kapitel 25 – Versuchung

Gedanken zu »Versuchung«:

- Studiere Epheser 4,22.24. Beachte die beiden, den neuen und den alten Menschen. Wer hat bei dir das Sagen?
- Nenne Möglichkeiten, Versuchungen zu vermeiden.
- Nenne Möglichkeiten, Versuchungen zu widerstehen. Der Vers aus dem 2. Timotheusbrief ist eine sehr effektive.
- Erinnere dich der Waffen, die wir bekommen haben.
- Würdest du sagen, dass es Ausnahmen gibt, im Bezug auf das, was von Hildebrand gesagt hat? Erkläre!

26 Feuer in den Adern

Die Frucht des Geistes ist ... Enthaltsamkeit.
Galater 5,22

Der schreckliche Kampf zwischen Geist und Fleisch wird am Besten von denen verstanden, die da glauben, dass der Unterschied zwischen beiden von aller größter Wichtigkeit ist. Mr. Rochesters qualvoller Hilferuf an Jane Eyre gibt diesen Konflikt richtig wieder:

> »Nur einmal, Jane, wirf noch einen Blick auf mein furchtbares Leben, wenn du weggegangen bist. Alles Glück ist mit dir ausgezogen. Was bleibt übrig? Für meine Frau nur der Verrückte da oben ... Was soll ich bloß machen, Jane? ...«
>
> »Mach es wie ich: Vertraue auf Gott und dich selbst. Glaube an den Himmel ...«
>
> »Ist es besser, ein Mitgeschöpf in Verzweiflung zu treiben, als ein Gesetz zu übertreten, was nur Menschen gemacht haben? ...«
>
> Das war wahr, und während er sprach, wurden mir mein eigenes Gewissen und meine Vernunft zu Verrätern und klagten mich eines Verbrechens an, weil ich ihm widerstand. Beide sprachen fast so laut wie das Gefühl und das tobte wild. »Ach, komm doch seiner Bitte nach!«, sagte es. »Überleg einmal, wie elend er dran ist; denk an die Gefahr – sieh, wie es ihm geht, wenn du ihn allein lässt, denk an sein sprunghaftes Wesen, an alles, was passieren kann, wenn er in Verzweiflung versinkt – besänftige ihn; rette ihn; sag ihm, dass du ihn liebst und bei ihm bleiben willst. Wer in aller Welt fragt danach oder würde durch dein Handeln Schaden nehmen?«
>
> Doch unbezwingbar war die Antwort: »Pass auf dich selber auf!« Je einsamer, je verlassener, je ungeschützter ich bin, umso mehr muss ich meine Interessen wahrnehmen. Ich will darum das von Gott gegebene und von Menschen anerkannte

Kapitel 26 – Feuer in den Adern

Gebot halten. Ich will die Grundsätze fest halten, die ich von Menschen übermittelt bekam, als ich noch klar im Kopf war, und nicht verrückt – wie jetzt. Gesetze und Grundsätze sind nicht für versuchungsfreie Zeiten, sie sind für Augenblicke wie diese, wenn sich Leib und Seele gegen ihre Rigorosität aufbäumen. Vernünftig sind sie und unbeschädigt sollen sie bleiben. Wenn ich sie beiseite schieben könnte, wenn es mir persönlich gerade passt, was wären sie dann wert? Sie sind aber wertvoll – das habe ich stets geglaubt und wenn ich jetzt nicht daran glauben kann, dann deshalb, weil ich verrückt bin – völlig durchgedreht; in meinen Adern rast ein Feuer, mein Herz schlägt schneller, als dass ich die Pulsschläge zählen könnte. Vorher anerkannte Ansichten, »zuvor getroffene Entscheidungen«, das ist alles, was ich in diesem Augenblick habe, um mich daran fest zu halten, und ich will mich jetzt zu ihnen bekennen.

Grenzen müssen gezogen werden – im Voraus. »Zuvor gefasste Entscheidungen« nannte sie das. Grundsätze. Diese im Voraus aufgestellten Wächter sind dazu bestimmt, uns vor dem Fall zu bewahren, wenn unsere Standfestigkeit tatsächlich auf die Probe gestellt wird.

Gibt es einen Mann, der nicht am liebsten eine Jungfrau heiraten möchte? Oder eine Frau, die nicht am liebsten möchte, ihr zukünftiger Mann habe zuvor mit keiner anderen geschlafen? Wo sind solche Menschen aber zu finden?

Wer sollte in einer möglicherweise explosiven Situation die Führung übernehmen? Auf jeden Fall, der, den Gott zuerst geschaffen hat. Er sollte nicht auf Intimität, sondern auf Zurückhaltung drängen. Allzu oft aber, wie in dem Fall von Mr. Rochester und Jane, drängt der Mann auf Intimität und die Frau übt Zurückhaltung.

Bei Christen beginnt heute die Intimität dort, wo man es am wenigsten vermutet – bei Gesprächen über geistliche Dinge. Man müsste dort ein Warnzeichen setzen: Gefährliche Wegstrecke! Ein Mann und eine Frau treffen sich im Gottesdienst. Sie beginnen eine Unterhaltung und führen stundenlange Diskussionen; dabei entdecken sie gegenseitig viel Anziehendes. Sie lesen zusammen die Bibel. Sie beten. Dann folgt, dass man »sein Herz ausschüttet«, und schnell wird aus geistlicher Intimität ein emotionaler »Striptease«. Er lässt Versuchsballons steigen; sie plaudert aus ihrem Leben und er aus dem seinen. Sie erzählen einander, wie jeder über alles denkt.

Zu sexueller Sünde ist es nur noch ein kleiner Schritt.

Über »zuvor getroffene Entscheidungen« wird gar nicht nachgedacht. Alles scheint so sicher. Man ist sich nur wohlgesonnen.

Die Zurückhaltung, für die Jane Eyre kämpfte, wird von den meisten als veraltet, lächerlich, ja sogar unmöglich gehalten; aber es sind nicht nur Frauen, die nach Reinheit trachten, wie diese herzerwärmende Geschichte zeigt:

Irgendwo in Australien hörte ein Junge von zwölf, dreizehn Jahren mit Namen Malcolm von einem Missionar, der bei dem Versuch, einem Indianerstamm das Evangelium zu bringen, ermordet worden war. Der Tod dieses Mannes erschreckte den Jungen nicht, sondern brachte ihn vielmehr dazu, mit ganzer Entschiedenheit Jesus Christus nachzufolgen.

Sein Religionslehrer war sein einziger Kontakt, den er zu Christen hatte. Seine Eltern wollten überhaupt nichts davon wissen. Aber Gott hatte ihn von früher Jugend auf seinen Dienst vorbereitet. Er hatte zu Hause ein Bibellexikon, in dem er las, so oft er konnte. Er lebte auf einer Farm in der Nähe eines hübschen, kleinen Landstädtchens. Immer wieder stieg er auf einen Hügel, nur um stundenlang mit dem Herrn allein zu sein.

In seinem Lexikon fand er ein Bild von einem Jungen, der zum Abendgebet vor seinem Bett kniete. Von nun an wartete er immer, bis niemand mehr zusah und ihn ärgern konnte, dann betete er vor seinem Bett. Als er die Geschichte von dem Missionar hörte und erfuhr, dass dieser es genauso machte, war es ihm schon zur Gewohnheit geworden. So vor seinem Bett kniend sagte er: »Sie haben einige Deiner Kinder umgebracht. Du kannst jetzt mein Leben haben. Ich möchte für Dich leben.«

So einfach war das für ihn.

Eines Tages kam sein ältester Bruder als ein veränderter Mensch nach Hause. Irgendjemand hatte ihn bei der Arbeit zu Christus geführt. Er wollte wieder zu Hause sein, um seiner Familie davon Zeugnis abzulegen. Hoch erfreut war er, in seinem

Kapitel 26 – Feuer in den Adern

introvertierten Bruder einen Glaubensgenossen zu haben. Innerhalb eines halben Jahres hatten sie die Freude, dass sich alle übrigen Familienglieder ebenfalls zum Herrn bekehrt hatten!

Weit weg von Australien ermutigte zur gleichen Zeit eine Mutter mit bäuerlichem Hintergrund ihre Tochter Amanda, dafür zu beten, sie möge bereit sein, auf den Herrn zu warten. Er möge sie samt Händen und Lippen für den Mann bewahren, den Er für sie bereithielt. Und wenn die Ehe nicht Gottes Bestes für sie sei, so möge Er ihren Körper in Ehrfurcht vor Ihm rein erhalten.

»Eines Tages sagte eine von mir geschätzte Frau, mein Denken lohne sich nicht«, schrieb Amanda. »Warum willst du dich bewahren, wenn der Junge, den du abkriegst, gewiss schon ein halbes Dutzend Freundinnen gehabt hat, bevor er sich entschließt, dich zu heiraten.« Ihr Rat lautete: »Höre auf, jeden Antrag auszuschlagen. Du darfst all das wohl genießen.«

Ich sagte zu Mutter: »Wir wollen darüber gar nicht nachdenken.« Und sie antwortete einfach: »Also wollen wir den Herrn bitten, dich eben für Ihn zu bewahren.« So haben wir es auch gemacht.

Als ich schon erwachsen war, segnete mich der Herr mit einer Reihe guter Freunde – Jungen, die Gott an die erste Stelle setzten und niemals unsere Bekanntschaft auszunutzen versuchten und Mädchen, von denen ich lernen konnte, und die mir geistlich voranhalfen.

Ein Jahr, nachdem wir nach Australien ausgewandert waren, fragte mich ein stiller, ansehnlicher Junge vom Lande, ob ich ihn heiraten wolle. Ich war zweiundzwanzig, Malcolm war zweiunddreißig. Seine Hingabe an Christus war makellos, sowohl was den Körper, als was die Seele betraf. Ich bezeuge von ganzem Herzen, dass unser Gott ein treuer und liebender Gott ist. Es waren nicht Mutters oder meine Gebete, die das bewirkt hatten, sondern die Gnade Gottes. Mal war mein erster Freund und ich war seine erste Freundin.

Als einige Oberschülerinnen diese Geschichte hörten, staunten sie, dass eine solche Zurückhaltung überhaupt möglich ist. Und von ganzem Herzen kam es aus ihnen heraus: »Eine wirklich unglaubliche Geschichte – hätten wir nur schon früher davon gehört!«

»Ich möchte meinen Kindern dies beibringen«, schrieb eine

von ihnen. »Denkt an die ungeheure Freude, niemand geküsst zu haben, als nur den Mann, den ihr heiratet – welch eine Hochzeitsnacht!«

Was ist ein Kuss? Ein Mädchen definiert ihn so: »Ein Kuss ist für mich ein Vertrag, beinahe ein Bündnis. Freundinnen, die sich entschlossen hatten, vor der Trauung nicht zu küssen, gaben zu bedenken, dass Küsse und Händchenhalten während ihrer Verlobungszeit ihren ›Appetit unbezwingbar‹ gemacht hätten. Ich halte diese Ratschläge nicht für ein Gesetz; aber ich bin froh, dass wenn die Zeit kommt, dass ich völlig von der Liebe überwältigt werde, ich einen sicheren und festen Halt darin habe.«

Eine Geschichte in der Seattle Times vom Mai 1992 trug die Überschrift: »Kein Kuss vor der Hochzeit! Ein Paar hat durchgehalten.« Natalie de Busschere hatte die Zeitung angerufen und eine ungewöhnliche Geschichte erzählt:

»Mein Mann und ich warteten mit dem Küssen, bis wir verheiratet waren. Verrückt ist, dass die Leute meinten, wir seien verrückt, weil wir so lange warteten. Sie meinen, es sei verrückter, mit dem Küssen so lange gewartet zu haben, als auszugehen und mit der zufälligen Abendbekanntschaft Sex zu haben. Sie meinen, da müsse irgendetwas nicht in Ordnung sein, vielleicht passten wir sexuell nicht zueinander. Vielleicht waren wir überhaupt nicht ein bisschen verliebt.«

Natalie war einundzwanzig, Paul vierundzwanzig und Medizinstudent. Die Religion, so sagte sie, nahm den wichtigsten Platz in ihrem Leben ein. Der Reporter, der den Artikel schrieb meinte zu Paul, es würden viele Männer diesen Artikel lesen und sich über seine Geduld wundern. »Ob ergebener Christ oder nicht, das hätte kaum einer mitgemacht.«

Sie hatten sich während seiner Ausbildung getroffen und gemeinsam an sozialen Arbeiten teilgenommen, bevor sie mit einander ausgingen. Das taten sie ein halbes Jahr, danach waren sie zehn Monate verlobt. Natalie sagte Paul, sie halte nichts von Sex vor der Ehe, und damit sie sicher sei, sich immer unter Kontrolle zu haben, wolle sie auch nicht küssen, sondern an die biblische Warnung denken: »Kann man Feuer wohl tragen in sei-

Kapitel 26 – Feuer in den Adern

nem Gewandbausch, ohne dass einem die Kleider verbrennen?« (Sprüche 6,27).

Für Natalie war das Küssen das Feuer, aber Paul meinte, es sei doch ein Unterschied zwischen einem »Gute-Nacht-Kuss« und wenn man´s »so richtig macht«. Natalie aber blieb dabei, das Kussverbot sei die Grenze, hinter der sie sich am Besten fühle. Sie hatte gesehen, wie es den jungen Frauen in ihrem College-Wohnheim ergangen war, wenn sie Männern erlaubt hatten, bei ihnen über Nacht zu bleiben.

Paul und Natalie sprachen miteinander. Man neigt zu vielem Reden, wenn man jung und verliebt ist und sich nicht einmal küsst ... Paul sagte: »Es war einfach ... schlicht ... schwer!«

Sie heirateten am 20. Juli 1991. Der erste Kuss am Altar dauerte eine ganze Weile. Alles klatschte.

»Wenn ich einmal beschlossen habe, wo ich bei körperlichen Beziehungen die Grenze ziehen will«, schreibt eine Frau, die einen akademischen Grad und das starke Bedürfnis nach einer Ehe hat, »wie soll ich bei einem Rendezvous dem Mann zeigen, wo diese verläuft? Soll ich warten, bis er etwas unternimmt?«

Worte sollten nicht nötig sein. Die Würde einer Frau und ihre Haltung sind ein gewisses Geheimnis, das jedem wahren Gentleman verrät, dass er es mit einer Dame zu tun hat. Er wird sie respektvoll und höflich behandeln, das heißt, die Hände von ihr lassen. Aber leider haben zu wenige Frauen gelernt, wie sich eine Dame beträgt, und noch weniger Männer haben, wie mir scheint, Beispiele für männlichen Anstand erlebt, denen sie nacheifern könnten. Ein kleines Buch, *Etiquette*, das 1860 veröffentlicht wurde, zeigt, wie undenkbar es für einen Gentleman wäre, irgendwie eine Frau ohne deren Einverständnis zu berühren.

Es ist allgemeine Gepflogenheit in diesem Lande, die Hände zu schütteln, wenn man vorgestellt wird. Dies allerdings sollte von der Person abhängen, der Sie (als Mann) vorgestellt werden, oder die man Ihnen vorstellt, wenn Sie in der Stellung des Höheren sind. Wenn eine Dame oder ein Ranghöherer, sei es wegen des Alters oder der sozialen Stellung, Ihnen die Hand bietet, nehmen Sie diese selbstverständlich herzlich an. Es würde aber von zu großer Selbsteinschätzung zeugen, wenn Sie in solchem Falle als Erster die Hand ausstreckten.

Wenn Sie mit einer Dame tanzen, hüten Sie sich davor, ihre Taille zu drücken; sie dürfen diese nur ganz sacht mit der offenen Handfläche berühren, sonst hinterlassen Sie nicht nur hässliche Eindrücke auf ihrer Kleidung, sondern auch in ihrem Gedächtnis.

Man kann von diesen einfühlsamen alten Regeln viel lernen. Weil heute so ernsthafte Bemühungen unternommen werden, die Unterschiede zwischen den Geschlechtern zu vernebeln (ganz zu schweigen von der sorglosen Freiheit, zu der selbst Kirchengemeinden ermuntern, indem sie jeden bitten, zu seinem Nebenmann oder seiner Nebenfrau zu sagen: »Gott liebt Sie und ich auch«), werden die Grenzen verletzt und höchst unangebrachte Intimitäten legalisiert. Ich bin in Gemeinden gewesen, in denen die Versammelten geradezu gezwungen wurden, den Nachbarn nicht nur anzulächeln und in den Arm zu nehmen, sondern auch seinen Hals zu massieren und ihm den Rücken zu kratzen. Wer sich weigert, vor derlei Torheiten zu kapitulieren, dem rät man, »nicht so verklemmt« zu sein. Wenn physischer Kontakt mit jedem für möglich gehalten wird, ist es kein Wunder, wenn auch eine Frau mit akademischem Grad nicht weiß, was und wann sie etwas sagen soll.

Gott sei Dank gibt es noch starke christliche Männer, die die Reinheit ihres Körpers genauso wertschätzen wie den der Frauen. Sie ergreifen die Initiative in der Zurückhaltung und befreien so die Frauen vor Ängsten. Aber weil zu wenige Männer gottesfürchtige Grundsätze kennen gelernt haben, bitten mich Frauen, sehr deutlich zu werden in Angelegenheiten, die an sich ganz klar und einfach sind. Ich möchte nicht dogmatisch werden, sondern nur einige Anregungen geben, die mir selbst geholfen haben.

Die erste Botschaft, die du aussendest, ist deine eigene Reserviertheit. »Lass sie im Unklaren«, sagte meine Mutter. »Gib keinerlei Anlässe«, sagte mein Mann. Halte einen kleinen Abstand (»auf Armeslänge« ist nicht immer möglich) zwischen ihm und dir. Wenn er anfängt, näher zu kommen, weiche in die andere

Kapitel 26 – Feuer in den Adern

Richtung aus. Besitzt er die Dreistigkeit (oder den schlechten Geschmack) nach deiner Hand zu greifen, ziehe sie freundlich weg. Falls er dich plötzlich in den Arm nimmt, ist es für die zweite Botschaft Zeit, weil die erste nicht angekommen ist. Diese ist jetzt verbal: »Bitte« oder: »Das wollen wir lieber lassen«, und dabei rückst du etwas weiter von ihm ab. Seine Reaktion auf jede dieser Botschaften wird dir eine Menge Wichtiges über den Charakter dieses Mannes verraten und er wird begriffen haben, was für eine Frau du bist. Diskussionen sind überflüssig, und das Thema Küssen oder anderer Intimitäten kommt gar nicht erst auf.

Wollen wir nun alle Küsse abschaffen, einschließlich des freundschaftlichen Wangenkusses und der Umarmung bei der Begrüßung? Ich meine nicht; aber Abstandhalten ist nötig. Lieber zu genau als zu freizügig. Selbst wo alle jeden küssen und umarmen, findet sich schnell einer, der in solcher Begrüßung eine besondere Bedeutung wahrnimmt. Also: aufgepasst!

Der Apostel Paulus sagt, es sei ein guter Grundsatz für einen Mann, keinerlei körperlichen Kontakt zu einer Frau zu haben (siehe 1. Korinther 7,1). Das hier gebrauchte Wort heißt tatsächlich nur: berühren. Paulus sprach aber auch davon, einander mit *heiligem* Kuss zu begrüßen. Eine aufrichtige Betrachtung dessen, was vor Gottes Angesicht richtig ist, wird uns zeigen, was angebracht erscheint. Wenn Gelegenheitsbeziehungen in den Tagen des Paulus häufig und gefährlich waren, sollte das heute anders sein? Sind wir aus anderem Holz geschnitzt? Ja, ich glaube das sogar: Wir sind viel schwächer und brauchen strengere Regeln.

Der Ratgeber in einer *christlichen* Zeitschrift meinte, dass ein Kuss von über fünf Minuten »möglicherweise« zu lang sei. »Ich wäre fast gestorben, als ich das las«, schrieb daraufhin ein Mädchen. »Das ist doch keinesfalls ein Ratschlag, der von einem ein solches Opfer verlangt!«

Flieht die Unzucht! Jede Sünde, die ein Mensch begehen mag, ist außerhalb des Leibes; wer aber Unzucht treibt, sündigt gegen den eigenen Leib. Oder wisst ihr nicht, dass euer Leib ein Tempel des Heiligen Geistes in euch ist, den ihr von Gott habt, und dass ihr nicht

euch selbst gehört? Denn ihr seid um einen Preis erkauft worden. Verherrlicht nun Gott mit eurem Leibe!
  1. Korinther 6,18-20

Wenn mich jemand fragt: »Warum sollten wir uns nicht berühren, nicht Händchen halten oder küssen?« So frage ich: »Warum solltet ihr das?« Die ehrliche Antwort wäre natürlich: »Weil ich Spaß dran habe.« Je größer das Vergnügen, umso größer das Risiko. Sollte man dann körperliche Berührungen suchen? Die folgenden Fragen werden bei einer Antwort behilflich sein:

> Genieße ich es auf gleiche Weise, wenn ich dem Pastor an der Kirchentür die Hand schüttle, wie wenn ich einem Menschen des anderen Geschlechts, der mir sehr attraktiv erscheint, bei den Händen halte?

Wenn ich meiner Großmutter einen Kuss gebe, erzeugt das die gleiche Wirkung, als wenn ich ein hübsches Mädchen küsse?

Eine Berührung, die mich erregt, ist der Anfang sexuellen Vorspiels. So hat Gott die Sachen arrangiert. Jede dieser Handlungen kann machen, dass das Feuer in meinen Adern zu lodern beginnt. Göttliche Weisheit hat es so eingerichtet, dass eins zum anderen führt. Alles fängt im Kopf an. Bei der ersten Berührung kommt die Maschine in Fahrt.

Ich habe gemerkt, dass ein Mann gewöhnlich so viel Gentleman ist, wie die Dame von ihm erwartet, und vielleicht nicht mehr.

Beide, Männer und Frauen, sollten mit der Frage zu Gott gehen und jeder für sich herausfinden, was *richtig* ist und welche »zuvor getroffenen Entscheidungen« gemacht werden müssen. Wer zuvor entschieden hat, so zu leben, wie es Gott gefällt, wird Seine Anordnungen annehmen:

Übrigens nun, Brüder, bitten und ermahnen wir euch in dem Herrn Jesus, da ihr ja von uns (Weisung) empfangen habt, wie ihr wandeln und Gott gefallen sollt – wie ihr auch wandelt – dass ihr (darin noch) reichlicher zunehmt. Denn ihr wisst, welche Weisungen wir euch gegeben haben durch den Herrn Jesus. Denn dies ist Gottes Wille: eure

Heiligung, dass ihr euch von der Unzucht fernhaltet, dass jeder von euch sein eigenes Gefäß in Heiligkeit und Ehrbarkeit zu gewinnen wisse, nicht in Leidenschaft der Begierde wie die Nationen, die Gott nicht kennen; ... Denn Gott hat uns nicht zur Unreinheit berufen, sondern in Heiligung. Deshalb nun, wer (dies) verwirft, verwirft nicht einen Menschen, sondern Gott, der auch seinen Heiligen Geist in euch gibt
1. Thessalonicher 4,1-8

Gedanken zu »Feuer in den Adern«:

- Hast du einige »zuvor getroffenen Entscheidungen« gefällt?
- Kennst du einen jungen Menschen, dem du dazu verhelfen könntest?
- Ist sexuelle Reinheit vor allem eine Sache der Frauen? Erkläre deine Antwort.
- Es ist eine Freude, einen jungen Mann zu erleben, der die moralische Kraft hat, allein zu stehen. Was gehört dazu?
- Meinst du, Menschen gingen respektvoller miteinander um, wenn sie von »Männern und Frauen« sprechen, als wenn sie sich »Typen und Tussis« nennen? Oder macht das nichts aus?
- Wie wird sich die erste Begegnung zwischen einem Mann und einer Frau im Garten Eden deiner Meinung nach entwickelt haben? Was verloren sie, nachdem sie ihre Unabhängigkeit von Gott erklärt hatten?

27 Die Gnade ist größer ...

Wenn wir sagen, dass wir keine Sünde haben, betrügen wir uns selbst, und die Wahrheit ist nicht in uns. Wenn wir unsere Sünden bekennen, ist er treu und gerecht, dass er uns die Sünden vergibt und reinigt uns von jeder Ungerechtigkeit. Wenn wir sagen, dass wir nicht gesündigt haben, machen wir ihn zum Lügner, und sein Wort ist nicht in uns.
1. Johannes 1,8-10

Bills Freundin ging ans College und ließ sich auf einen Mitstudenten ein, der sie überredete, er habe »ein Wort der Erkenntnis« – sie sollte ihn heiraten. Daher, so argumentierte er, habe er die Rechte eines Ehemannes an sie, einschließlich ehelichen Verkehrs. Nach wenigen Monaten war er ihrer müde und sie sah ihn nicht mehr. Bill war entsetzt als er die Geschichte hörte und fühlte sich selbstgerecht und verurteilte sie. Hatte er nicht eine Jungfrau verdient? Wider besseres Wissen hatte Bill sie geküsst, dann hatte er »mehr als Küssen« haben wollen, was sie aber abgelehnt hatte. Jetzt trug er ihr das nach und war bitter.

»Mir fällt das vergeben so schwer«, schrieb er.

Eine Fünfzehnjährige nahm sich vor, Gott und ihrer Mutter ungehorsam zu sein und ihre Jungfräulichkeit wegzugeben. Sie entschuldigte sich so: »Papa hat mich kaum geliebt« und: »Jeder macht das.«

Jetzt schreibt sie: »Ich war damals keine Christin, aber ich kannte Gott und wusste in meinem Herzen, dass ich Unrecht tat, wie es in Römer 1,20 steht, dass sie ›ohne Entschuldigung sind‹. Die Wahrheit in Gottes Augen war, dass ich den Ungehorsam gewählt hatte. Es folgten noch mehrere bedeutungslose Beziehungen, bis ich meinen Mann traf. Wir wurden durch Gottes Gnade Christen und heirateten.

Ich bin jetzt dreißig und mit einem liebenden und gottesfürchtigen Mann verheiratet und habe drei hübsche, gesunde Kinder. Ich kann zu Hause bleiben in meinem kleinen Heim und es scheint, als liefe alles nach Wunsch. Und doch liegt diese Sünde wie ein schreckliches Gewicht auf meinem Herzen. Ich habe einen Fehler gemacht, der nie wieder gutzumachen ist.

Je mehr ich in Gottes Wort lese und je mehr ich Seine Gegenwart in meinem Leben begehre, um so mehr schmerzt mich diese Sünde. Erst im vergangenen Jahr habe ich zu begreifen begonnen, dass des Vaters Berufung zur Reinheit und Heiligung mir gilt. Der Herr sprach zu mir durch Hebräer 10,22.23: ›So lasst uns hinzutreten mit wahrhaftigem Herzen in voller Gewissheit des Glaubens, die Herzen besprengt (und damit gereinigt) vom bösen Gewissen und den Leib gewaschen mit reinem Wasser. Lasst uns das Bekenntnis der Hoffnung unwandelbar fest halten – denn treu ist er, der die Verheißung gegeben hat.‹

Ist das möglich? Fragte ich mich. Könnte der Herr mir nicht nur vergeben, sondern mein Gewissen und meinen Leib reinigen?

Mein Mann, der wusste, was in mir vorging, beschloss, sich für eine Zeit körperlich von mir fernzuhalten, damit ich Zeit hätte, den Herrn zu suchen, und dass Er sich mir mitteilte. So zog er ins Gästezimmer und war geduldig und unterstützte mich sehr; immer bereit, mich liebevoll anzuhören.

Mein Gebet wurde diesmal durch Sprüche 20,27 geleitet: ›Der Geist des Menschen ist eine Leuchte des HERRN, durchforscht alle Kammern des Leibes.‹ Ich bat Gott, er möge mein Innerstes durchforschen und mir offenbaren, wie ich die in Hebräer 10,10 angebotene Reinigung bekommen könnte: ›Wir sind geheiligt durch das ein für allemal geschehene Opfer des Leibes Jesu Christi.‹ Ich wünschte sagen zu können, es sei eine plötzliche Reinigung gewesen (was ich tatsächlich auch erwartet hatte); aber stattdessen war es ein langsamer, schmerzlicher Prozess. Der Herr offenbarte vergangene Sünden und Verletzungen, die längst vergessen waren, eine nach der anderen. Die Abneigung gegen meinen Vater, die Scham wegen dieser abgebrochenen Beziehung, und für jedes Einzelne tat ich Buße. Oft kamen die Erinnerungen im Traum, dann wachte ich tränenüberströmt und niedergeschlagen auf. Von vielen Sünden wusste ich, dass ich sie meinem Mann zu bekennen hatte; denn ich hätte mich niemals völlig von ihm geliebt gefühlt, wenn er nicht auch die hässlichen Seiten an mir kannte. Welch ein wunderbarer Mann – er war immer eher bereit, mir zu vergeben, als ich mir selbst.

Kapitel 26 – Die Gnade ist größer als all unsere Sünden

Nach wochenlanger Reinigung erreichte ich einen Zustand körperlicher und seelischer Erschöpfung. Ich war ganz unten angekommen und ich bat den Herrn, mir meine Wunden zu verbinden, bevor ich gänzlich verblutete. Ich erinnere mich, einer sehr guten Freundin gesagt zu haben, ich fühlte mich wie eine große offene Wunde. Sie öffnete die Bibel und begann, mir aus Jesaja 61 vorzulesen:

> Er hat mich gesandt, den Elenden frohe Botschaft zu bringen,
> zu verbinden, die zerbrochenen Herzens sind,
> Freilassung auszurufen den Gefangenen
> und Öffnung des Kerkers den Gebundenen ...
> Den Trauernden Zions Kopfschmuck statt Asche zu geben,
> Freudenöl statt Trauer,
> ein Ruhmesgewand statt eines verzagten Geistes ...
> Sie werden ... die verwüsteten Städte erneuern ...
> Weil ihre Schande doppelt war und sie Schmach besaßen als ihr Erbteil,
> darum werden sie in ihrem Land das Doppelte besitzen; ewige Freude wird ihnen zuteil.

Als sie mir das vorlas, begann ich wieder zu weinen, aber nicht vor Traurigkeit, ich weinte vor Freude! Dies war das heilende Öl, das meine Seele brauchte. Wie liebevoll und treu ist doch unser Herr. Nur Er konnte diese schmutzige, hässliche Frau in Schönheit und Jubel verwandeln. Es war mehr, als ich je zu erbeten gewagt hatte.

Es ist erst einen Monat her, seit ich dies aufgeschrieben habe; aber meine Last habe ich am Fuß des Kreuzes abgeladen und ich lerne den aufrechten Gang ohne den krummen Rücken, den diese Last hervorrief. Tut es noch weh? Ja. Ich kann Jesaja 61 noch nicht ohne Weinen lesen. Aber ich habe ein ›besprengtes Herz‹ und bin in reinem Wasser gewaschen, und Der, der mir das versprochen hat, hat sich als treu erwiesen.

Warum habe Dir das alles mitgeteilt? Weil ich Dir von Herzen vertraue, Elisabeth, will ich Dir noch sagen:

Sexuelle Unmoral kann vergeben werden; aber sie bereitet mehr Schmerzen als irgendeine andere Sünde es je kann (1. Korinther 6,18). Ich habe sie fünfzehn Jahre mit mir herumgeschleppt und alle Anstrengungen, sie loszuwerden, halfen nichts. Der Körper und die Jungfräulichkeit eines Mädchens sind kostbare Schätze, und wenn sie vor der Ehe weggegeben wurden, so ist das ein schmerzlicher Fehler, der nicht wieder gutgemacht werden kann. Jeder, der etwas anderes sagt, ist ein *Lügner*. Bitte hör nicht auf, junge Menschen darauf hinzuweisen, sie sollten sorgfältig bewahren, was Gott ihnen anvertraut hat.«

Ein anderes noch sehr junges Mädchen, das freizügig die einmalige Gabe der Jungfräulichkeit preisgegeben hatte, begann, als sie zwanzig wurde, ernsthaft, mit Gott durchs Leben zu gehen.
»Mich schauerts immer noch, wenn ich mir klarmache, wie dramatisch Gottes Macht ein Leben verändern kann. Ich ging einige Male mit einem richtig frommen Jungen aus. Er machte mir mehrmals einen Heiratsantrag und immer wieder lehnte ich ab, weil ich die Verlobung und Heirat fürchtete; denn ich hatte Angst, meinem zukünftigen Ehemann von meiner Vergangenheit zu berichten, andererseits war mir bewusst, dass ich darüber zu reden hatte. Ich brauchte unbedingt seine Vergebung; aber ich mochte der Möglichkeit, dass er sie verweigerte, nicht ins Auge sehen, was bedeutet hätte, dass er mich ablehnte. Viele Nächte hindurch weinte ich über diesen nicht zu ändernden Tatbestand. Eines Tages, auf der Bibelschule, sprach ich mit der Hausmutter, mit der ich mich ausgezeichnet verstand. Sie freute sich sehr, dass ich mich intensiv für ihre neunjährige Tochter interessierte, weil sie diese gern in Gesellschaft frommer junger Leute sah. Ich konnte nur weinen. Noch vor einigen Jahren hatten Eltern ihren Kindern geraten, sich von mir fernzuhalten, und hier war nun eine, die ich verehrte und die froh darüber war, dass ihre Tochter die Möglichkeit hatte, bei mir zu sein. Meine Tränen verwunderten sie natürlich und zitternd schüttete ich ihr mein Herz aus. Ich erzählte ihr von meiner Furcht, meinem zukünftigen Mann davon zu berichten. Sie ermutigte mich, vor ihm keine Geheimnisse zu haben, weil Geheimnisse Schranken in der Ehe aufbauen. Sie versicherte mir, dass wenn Gott einen jungen Menschen in mein Leben brächte, Er mir den Mut zum Reden und ihm die Gnade schenken würde, zu herzlicher Verge-

Kapitel 26 – Die Gnade ist größer als all unsere Sünden

bung bereit zu sein. Der Gedanke erschien mir nicht nur unmöglich, sondern geradezu lächerlich zu sein.

Im letzten Sommer habe ich mich ein paarmal mit einem jungen Mann in den Dreißigern getroffen. Ich bin seine erste Freundin. Wir beschlossen, in Kontakt zu bleiben. Nach und nach offenbarte ich etwas aus meiner Vergangenheit, doch hielt ich alles vage. Ich war hin und hergerissen, einerseits sollte er meine Hinweise richtig auffassen, andererseits wünschte ich, er möge sie allesamt missverstehen. Er offenbarte mir seine Vergangenheit auch – er war immer ein braves Kind!

Wir verlobten uns im März und wollten im Juni heiraten. Im April ›kam die rechte Zeit‹. Es fiel mir gar nicht schwer, meine Vergangenheit offen zu legen. Es war schon spät am Abend, und er saß geduldig am Küchentisch, bis ich mein ganzes Herz ausgeschüttet hatte. Dann sagte er, er habe das im letzten Sommer schon begriffen; aber er wollte solange bleiben, bis ich alles gesagt hätte, was ich ihm sagen wollte. Ich gestand ihm schließlich, dass es mir sehr zu schaffen macht, nicht zu wissen, ob er mir vergibt, dass seine Arme nicht die ersten sind, die mich fest halten, seine Küsse nicht die ersten sind, und Dinge, die ich ihm als Erstes geben sollte, nicht mehr vorhanden sind.

Er sagte mir: ›Ich verstehe es selbst nicht; aber das macht auch nichts; denn ich sehe, was du jetzt bist, und ich weiß, was Gott in deinem Leben getan hat. Du bist nicht, wie du früher warst. Ich liebe dich.‹ Ich nahm endlich allen Mut zusammen und fragte ihn, ob es nichts ausmacht, dass die erste Nacht nicht das erste Mal war. Er sagte: ›Ich glaube, du meinst, ich sollte das bedauern; aber nicht einmal das stimmt. Gott hat dich verändert. Ich liebe dich immer noch von ganzem Herzen und ich will dich heiraten.‹

Die Gnade Gottes ist etwas Wunderbares, nicht wahr?

Etwas hat sich in unserer Beziehung verändert. Wenn er sagt: ›Ich liebe dich‹, bedeutet es mehr als früher, und dass ich ihm mein Herz ausgeschüttet habe, machte ihn überglücklich; denn er weiß jetzt, dass ich entschlossen bin, alles mir Mögliche zu tun, damit die Ehe so gut wie möglich wird.

Er sagte, er freue sich immer noch auf unsere erste Nacht als etwas Besonderem, und wunderte sich, dass ich meinte, sie habe ihre Besonderheit verloren. Ich antwortete, sie habe nicht alle besondere Bedeutung verloren, weil er mich liebt und die anderen in Wirklichkeit nicht. ›So‹, sagte er, ›dann bin ich trotz allem der Erste!‹

Ist er nicht lieb?«

Eine Vierundzwanzigjährige, die von sich meinte, die einzige Jungfräuliche unter ihren Kolleginnen zu sein, gab sich einem Mann hin, den sie für »ziemlich anständig« hielt.

»Ach wie wenig ahnte ich, zu welcher jahrelangen, elenden Verbindung mit diesem Mann diese sexuelle Vereinigung führen würde. Manchmal dachte ich, nur der Tod könne mich von ihm befreien. Ich befriedigte meine fleischlichen Gelüste mit anderen Männern, indem ich mir selbst vormachte, es sei richtig, allein auszugehen, mit Christen und Nichtchristen. Ich lud sie in meine Wohnung ein und erlaubte ihnen, mich in den Arm zu nehmen und zu küssen. ›Ich kenne meine Grenzen‹, sagte ich mir, ›ich weiß, wie weit ich gehen darf.‹ Ich hatte meine Leidenschaften nicht Christus unterworfen. Und ich bestimmte selber noch, und meine Torheit führte zu weiteren sexuellen Begegnungen und viel Kummer.

Gott gab mir in Seiner Gnade Raum zur Buße und ich begann zu beten, Er möge mich rein machen. Dabei hatte ich meine Zweifel. Wir neigen zu der Ansicht, Gott gebe uns, was wir verdient haben und vergessen seine Gnade.

Mehrere Monate später ließ Gott einen ledigen Mann in unserer Gemeinde den Kopf nach mir umdrehen. Vorsichtig begann er eine Unterhaltung mit mir und stellte mich seinen Eltern vor, blieb aber in einer gewissen Distanz. Ich, nun klüger geworden, folgte seinem Vorbild, doch fühlte ich mich unglücklich über den langsamen Fortschritt unserer Beziehung – würde er jemals meine Hand halten? Seine Gefühle offenbaren? Gott gab mir gnädigerweise Geduld.

Der Tag kam, an dem er mir seine Liebe bekannte und mich fragte, ob ich seine Frau werden wollte. Wir hatten uns vorher nie an den Händen gehalten oder umarmt; aber wir hatten uns gegenseitig kennen gelernt und wussten, dass wir den Rest des Lebens zusammen verbringen wollten, nicht weil wir sexuell so gut

Kapitel 26 – Die Gnade ist größer als all unsere Sünden

zusammenpassten oder wegen äußerlicher Schönheit, sondern aus Liebe und Respekt, und weil wir Gottes Werk in unserem Leben wahrnahmen, und dass Er uns zusammengebracht hat.

Gott hat nicht nur mein Gefühl für Reinheit wieder hergestellt. Er segnete mich auch mit einem Mann, den ich mir nicht erträumen, geschweige denn erhoffen konnte. Mein Mann war nicht nur jungfräulich, er hatte noch nie eine Frau geküsst! Es ist zu gut, um wahr zu sein, sollte man denken.

Gott hat erlaubt, dass so viel Heilung in mein Leben gekommen ist durch die Liebe eines Mannes, der sich in seinem Herzen vorgenommen hatte, rein zu bleiben. Obwohl ich leider promiskuativ und ›gebraucht‹ war, hat Gottes Gnade alles hinweg genommen. Ich habe nicht bekommen, was ich verdiente, sondern erhielt ein wunderbares Geschenk. Aber warum hat Gott meinen Mann nicht mit einer Jungfrau gesegnet? Ich glaube, dass Er ihm stattdessen eine prächtige Möglichkeit gab, seine Frau so zu lieben, wie Christus die Gemeinde liebt – indem Er ihr nicht ihre Sünden vorrechnet, sondern sie annimmt und bedingungslos liebt.«

Nichts scheint uns, die wir alles ergründen wollen, wundersamer und schwieriger als die Sache mit der Gnade. Logik hat damit nichts zu tun. Es ist der Unbegreifbare und Unerforschliche, der Hohe und Mächtige, der sich selbst in Liebe für hilflose, sündige Kreaturen dahin gab. Indem Er sich selbst opferte, bietet Er uns, wenn wir Ihn darum bitten, absolute Vergebung an.

Aber Er vergibt nicht nur. Er heiligt uns und schafft für alle Zeit in der gereinigten Seele eine neue Lebensqualität, indem Er uns Sein Leben und Seine Liebe mitteilt, und das völlig unabhängig von irgendwelchen Verdiensten unsererseits.

Kapitel 26 – Die Gnade ist größer als all unsere Sünden

Gedanken zu »Die Gnade ist größer als all unsere Sünden«:

- Betrachte die Früchte der Auflehnung: verlorene Jungfräulichkeit, Angst, Scham, Konflikte.
- Vergangene Erfahrungen beeinflussen unser Leben positiv oder negativ. Wie viele unserer Fehler und Sünden dürften wir wegen negativer Erfahrungen entschuldigen? Diskutiert den Unterschied zwischen Entschuldigungen und Erklärungen, danach studiert Philipper 3,13-14.
- Wählen wir die Sünde absichtlich?
- Die Bibel stellt fest: »Wo aber die Sünde zugenommen hat, ist die Gnade überreich geworden« (Römer 5,20). Sollen wir dann zu sündigen fortfahren, damit die Gnade größer wird? (siehe Römer 6,2). Beachte die Gnade, die sich in dem Verhalten des Mannes in der zweiten Geschichte zeigt: Geduld, Verständnis, Liebe, Vergebung (siehe Epheser 5,25-27). Welche Anzeichen für die wahre Buße der Frau kann man finden?
- Die Hausmutter gab der Studentin den Rat, keine Geheimnisse vor dem zukünftigen Ehemann zu haben. Weißt du Ausnahmen? Wenn ja, wann und warum?
- Kann man Gottes klarer Führung vertrauen und ihr gehorchen, wenn sie eintritt? Er führt Seine lieben Kinder auf unterschiedlichen Wegen, aber alle sind Wege der Gerechtigkeit.
- Denkt darüber nach: Gott gibt die Jungfräulichkeit nicht zurück; aber Er wird Reinheit und Keuschheit jedem geben, der Buße tut und Ihn darum bittet.

28 Die Ehe: Anrecht oder Gabe?

Denn Gott der HERR ist Sonne und Schild.
Gnade und Herrlichkeit wird der HERR geben,
kein Gutes vorenthalten denen,
die in Lauterkeit wandeln.
   Psalm 84,12

Der HERR ist das Teil meines Erbes und mein Becher;
du bist es, der mein Los festlegt.
   Psalm 16,5

Wenn du heute ledig bist, ist das dir *heute* bestimmte Los die Ledigkeit. Es ist Gottes Gabe. Ledigsein sollte nicht als Problem betrachtet werden, genauso wenig wie die Ehe als ein Recht. Gott gewährt in Seiner Weisheit und Liebe beides als eine Gabe. Eine unverheiratete Person hat die Gabe des Ledigseins, was nicht mit der Gabe des Zölibats verwechselt werden darf. Wenn wir von der »Gabe des Zölibats« reden, meinen wir gewöhnlich einen, der sich durch Eide verpflichtet hat, nicht zu heiraten. Wenn du nicht auf diese Weise gebunden bist, ist es heute nicht deine Aufgabe, darüber nachzudenken, was morgen sein wird. Die Aufgabe für heute lautet: Vertraue auf den lebendigen Gott, der dir Tag für Tag genau dein Teil zumisst. Bist du darauf bedacht, dich der Sicherheit der »ewigen Arme« auszuliefern, oder machst du dich wie ein widerspenstiges Kind steif und schreist, weil du überzeugt bist, Gott halte dir ein legitimes Recht zurück? Betrachtest du die Ehe als dein Geburtsrecht, oder als eine Gabe, die dir gewährt werden kann, oder auch nicht?

Als Ledige war es für mich keine Frage, dass die Werbung Sache des Mannes ist. Das bedeutete, ich hatte meine natürliche Aggressivität zurückzuhalten und darauf zu vertrauen, Gott werde an dem Herzen des Mannes arbeiten – wenn die Ehe in Seinem Plan für mich war. Ein Mann andererseits steht in einer anderen Position. Er muss auch seinen »Jagdinstinkt« zurückhalten und beten und wachen und auf Gott vertrauen, Er werde ihm zeigen, wann und wo er handeln soll. Wenn es ihm gezeigt wird, hat er zu handeln, indem er die Anforderungen an sein Hauptsein annimmt und die damit verbundenen Opfer ebenfalls.

Die Geschichte von Charles M. Alexander sollte jeden gottesfürchtigen Mann ermutigen, der zu empfinden beginnt, dass er nie die Frau finden wird, die seiner Liste erwünschter Qualifikationen entspricht.

Alexander war ein junger Solosänger und Chorleiter, der um die Jahrhundertwende mit dem berühmten Evangelisten R.A. Torrey durch die ganze Welt reiste. Die Jahre gingen vorüber, und sie waren nie so lange an einem Ort, dass er die Frau seiner Träume hätte finden können.

»Ich hatte mir in meinem Kopf das Recht reserviert, mir selbst meine Frau auszusuchen, und hatte entschieden, sie müsse diese und jene Qualitäten des Herzens und des Kopfes besitzen; doch habe ich nie eine gefunden, die alles dies in sich vereinigte. Um die Weihnachtszeit 1903, die ich allein in London verbrachte, übergab ich die ganze Angelegenheit Gott, doch erwartete ich nicht einmal im Traum, dass Er so schnell antwortete, noch dass Birmingham der Ort sei, an dem ich sie treffen würde. Während einer Nachmittagsversammlung in Bingley Hall, eine oder zwei Wochen später, bemerkte ich eine junge Dame auf einem der Bühnensitze. Augenblicklich fühlte ich, das sei die Antwort auf meine Gebete. Ich wusste nicht, wer sie war, doch beoachtete ich sie sorgfältig und gewann sie lieb, weil ich sah, wie es ihr um die Bekehrung von Seelen ging. Ich bemerkte, wie sie bei den Nachversammlungen gewöhnlich nach unten in die hintere Halle ging und es ihr nichts ausmachte, dass es spät wurde. Sie arbeitete lange und mit großem Ernst, oftmals mit den verkommensten und am armseligsten gekleideten Frauen und Mädchen. Je länger ich sie so sah, umso deutlicher war ich überzeugt, dass sie, soweit ich etwas zu sagen hatte, die Frau meiner Wahl war, obwohl ich immer noch beständig den Herrn bat, alles in Seine Hände zu nehmen.

Ich bemerkte eine silberhaarige Dame bei ihr, offensichtlich ihre Mutter. Eines Tages lud mich diese Dame früh am Morgen in der Mission ein, den Abend bei ihr zu verbringen. Ich nahm an, und, nachdem sie gegangen war, wandte ich mich an jemand, den ich nach der Dame fragte. ›Na, das ist Mrs Richard Cadbury‹, wurde mir geantwortet. Das war eine Überraschung, denn ich war schon bei einigen ihrer Verwandten zu Besuch gewesen. Aber es dauerte bis zum letzten Abend dieses Missionseinsatzes, dass ich mit einigen anderen Mitarbeitern in Uffculme, ihrem Haus, bewirtet wurde. Eigenartig genug, meine zukünftige Frau und ich hatten, ohne damals von einander zu wissen, an jenem Freitagabend ernstlich um die Leitung des Herrn in dieser Angelegenheit gebetet. Wir beide hatten jeder unseren harten Kampf mit unserem Eigenwillen, aber beide unterwarfen wir uns schließlich dem Herrn. Er sollte zu entscheiden haben, nicht wir.

Es waren nicht einmal zwei Tage nach dieser Evangelisation, da sprach ich kurz mit Miss Cadbury darüber. Ja, und dann war in fünf Minuten alles geregelt. Wir waren fast so schnell auf unseren Knien, wie ich mit ihr gesprochen hatte, und dankten dem Herrn dafür, dass Er uns zusammengebracht hatte und für die unsagbare Freude, die wir als ein direktes Geschenk aus Seiner Hand annahmen.«

Für beide, Alexander und seine zukünftige Frau, war, als die Liebe erst offenbart und angenommen war, die unmissverständliche Leitung Gottes so klar wie die Sonne zur Mittagszeit. Bei beiden führte diese Erkenntnis zu einem jubelnden Ausbruch seliger Freude. Keiner hatte bisher die geheiligten Tiefen des Herzens geöffnet, und als die Liebe sie wie Fluten mit Gewalt überströmte, nahmen sie das dankbar aus Gottes Hand entgegen.

Ein Mann, der die obige Geschichte gelesen hatte, wollte nach langem Überlegen einer Dame einen Heiratsantrag machen, als er erfuhr, sie habe eine tiefe Abneigung gegen eine Ehe. Er war dankbar, vor einem großen Fehler bewahrt worden zu sein. Er schrieb: »Ich bin völlig Ihrer Ansicht, dass der Herr in der Lage ist, Seine treuen Kinder zusammenzubringen, genauso, wie Er es im Fall der Alexanders getan hat. Ich frage mich aber, ob wir das Recht haben, jede Abweichung davon als Ungehorsam gegen den Willen Gottes zu betrachten. In meinem Fall zeigte sich durch eine lang hingezogene Bekanntschaft, dass sich mein Verständnis von Gottes Leitung als falsch herausstellte.«

Ich würde sein Verständnis von Gottes Leitung in diesem Fall nicht als falsch bezeichnen; denn Er hat verheißen: »Auf Pfaden, die sie nicht kennen, will ich sie schreiten lassen« (Jesaja 42,16). Er gibt uns keine Landkarte oder Vorschau. Er sagt nur, wir sollen Ihm folgen. Er ist der Hirte. Ein Lamm, das sich im Tal des Todesschattens wiederfindet, kann den Eindruck haben, falsch geführt zu sein. Es muss aber diese Dunkelheit durchschreiten, um zu lernen, sich nicht zu fürchten. Der Hirte ist immer noch bei ihm.

Alle, die sich nach dem Geschenk der Ehe sehnen, finden großen Frieden in dem Wort aus Psalm 16,5, indem sie *an jedem Tag wieder neu* die göttlich verordnete Gabe des Ledigseins in Empfang nehmen und dabei wissen, dass ihr himmlischer Vater ihnen nichts *Gutes* vorenthalten wird.

Man darf nicht vergessen: Ein lebenslanges Ledigsein kann Seine Wahl für uns sein. Wollen wir Ihn trotzdem lieben, Ihm vertrauen und Ihn loben?

Kapitel 28 – Die Ehe: Anrecht oder Gabe?

Gedanken zu »Die Ehe: Anrecht oder Gabe?«:

- Alexanders Geschichte macht beachtenswerte Grundsätze deutlich.
    Unterwirf dich dem Willen Gottes.
    Tue treu deine Pflichten.
    Erwarte Gottes Leitung.
    Achte auf diese Leitung.
    Gib dem Charakter den Vorrang vor Äußerlichem.
    Befiehl deine natürlichen Gefühle Gott an.
    Mache keine Rendezvous, sondern bekenne mutig deine Liebe (dies ist die Sache des Mannes).
    Nimm Gottes Gaben als solche wahr.
- Denke über den uns bereiteten »Becher« aus Psalm 16 nach. Dann bedenke, wie vollständig Jesus den Kelch aus der Hand Seines Vaters annahm: das Kreuz. Erinnere dich des Wortes, das Er jedem Nachfolger sagt: Nimm dein Kreuz auf dich.

29 Er kann mein Mädchen ... finden

Des HERRN Augen durchlaufen die ganze Erde, um denen beizustehen, deren Herz ungeteilt auf ihn gerichtet ist.
  2. Chronik 16,9

Manche, die sich vornehmen, Auslandsmissionare zu werden, machen sich Gedanken, wie sie auf dem Missionsfeld den richtigen Ehemann oder die richtige Ehefrau finden könnten, besonders, wenn es sich um eine Kultur handelt, die das »Aussuchen« nicht kennt. Wir dienen aber einem souveränen Gott. Wenn Er uns in den abgelegensten Urwald oder in eine ferne Hochlandsteppe führt, können wir ruhig folgen und Ihm zutrauen, dass Er es zu den glücklichen Begegnungen kommen lassen kann, um die wir uns so viele Gedanken machen.

Wir müssen dabei bedenken, dass das »Aussuchen« eine ziemlich neuzeitliche Erscheinung ist. Die meisten Ehen in der Geschichte der Menschheit begannen unter Umständen, die nicht im Entferntesten mit den Methoden der westlichen Welt unserer Tage verglichen werden können. Als Abraham eine Frau für seinen Sohn Isaak suchte, schickte er seinen vertrauenswürdigen Knecht aus, eine zu finden. Und weil der Knecht sicher war, Gott werde seinen Engel vor ihm hersenden, nahm er den Eid auf sich, belud die Kamele mit Geschenken und reiste los. Er ging an den einzigen Ort, wo man Frauen mit Anstand beobachten durfte – am Stadtbrunnen zur Abendzeit. Beachte, was er dort tat:

Er stand und betete.
Er beobachtete die Frauen, die dorthin kamen.
Er wusste, dass er ein Urteil zu fällen hatte. Er musste eins der Mädchen auswählen.
Er bat dann Gott, Er möge die von ihm Erwählte die von Gott Bestimmte sein lassen!

Bevor er recht Amen gesagt hatte, kam eine hübsche Jungfrau

Kapitel 29 – Er kann mein Mädchen ... finden

heraus. Ich zweifle nicht, dass der Mann ein Auge für ihre Schönheit und für ihre Kleidung hatte, die sie als Jungfrau auswies.

Als er sie um einen Schluck Wasser bat, merkte er, dass sie schnell dazu bereit war, und weit über die übliche Höflichkeit hinausgehend, schöpfte sie Wasser für seine zehn Kamele.

»Der Mann aber sah ihr zu, schweigend, um zu erkennen, ob der HERR seine Reise würde gelingen lassen oder nicht« (1. Mose 24,21).

Darin liegt eine ganze Welt voller Instruktionen: eines Mannes Gehorsam, Gebet, Urteil, eine genaue Beobachtung nicht nur der physischen Reize sondern der Charakterstärke. Da ist es dann kein Wunder, wenn er sich niederwirft und den HERRN für Seine gnädige Führung anbetet.

Der Gott dieses Knechtes ist derselbe gestern, heute und in Ewigkeit. Er ist noch immer bereit, Gebete zu erhören und Sein Volk zu führen, wie der folgende Brief zeigt:

»Ich freue mich, Ihnen mitteilen zu können, wie Gott in Bezug auf meine Ehe Seinen Willen offenbarte und ausführte. Damit möchte ich Ihre Ansicht, vor der Ehe nichts auszuprobieren, unterstützen.

Ich bin Auslandsstudent in Amerika. Ich kam im August 1989 hierher. Im Anfang meines Studiums hatte ich es sehr schwer. Viele Probleme waren zu überwinden. Am Ende des Jahres las ich ein Buch, das meine Aufmerksamkeit auf die Gründung einer Familie richtete. Aber was mich am meisten beeindruckte, waren die Gebete am Ende des Buches. Der Autor beschrieb, wie Kinder ermutigt werden und im Glauben wachsen, wenn ihre Gebete erhört und beantwortet werden. Das motivierte mich, ernstlich um eine Ehe zu bitten, und ich legte mein Anliegen vor dem Herrn nieder.

Anfang 1991 offenbarte Gott meinem Herzen die Geschichte von Isaak und Rebekka. Damals begriff ich, dass mein Mädchen eins sein würde, die ich nie vorher gesehen oder getroffen hatte.

Monatelang habe ich mich riesig auf Seine Verheißung für mich gefreut (Gott hat mich immer wieder darin bestätigt), und ich dankte Ihm für das gegebene Versprechen, obwohl ich nicht wusste, um welches Mädchen es sich handeln würde. Dann kam er – der wirkliche Kampf des Glaubens und die Probe auf meine Geduld, auf den Herrn zu warten.

Während der Sommerferien hatte ich viel Zeit außerhalb meiner Studien. Meistens fühlte ich mich einsam, und ich meinte, Gott sollte mir damals meine Freundin präsentiert haben, eben weil ich so einsam war. Aber der Herr schien Seine Zusage hinauszuziehen. Ich betete ernstlich Tag für Tag, seit 1989, Er möge mir das Mädchen zeigen. Aber ein Monat folgte dem anderen – und keine Antwort kam. Ich wurde schrecklich ungeduldig und mich packte die Angst. Der Feind setzte alles daran, dass ich meinen Glauben an Gottes Verheißung aufgab und mir selbst ein Mädchen suchte. Manchmal hätte ich dem Feind beinahe nachgegeben. Aber dank der Gnade und Barmherzigkeit Gottes wurde ich an die Geschichte von Hagar und Ismael erinnert. Dieser war auch ein Sohn Abrahams; aber nicht nach Gottes Willen. Dadurch wurde ich vor den Folgen gewarnt und dass ich den Segen verpasste, den der Herr für mich bereitet hatte. Schließlich lieferte ich mich dem Herrn ganz aus und beschloss, nur *Sein* Mädchen zur Frau zu nehmen. Ich fühlte mich sehr erleichtert und Friede und Freude kehrten mir zurück. Doch blieb ich beständig im Glauben und geduldigem Gebet.

Eines Morgens fühlte ich mich gedrungen, meine Mutter in meinem Heimatland anzurufen. Der Gedanke, sie könne etwas über meine Ehe wissen, bewegte mich seit einigen Tagen. So rief ich sie an und fragte sie, ob sie eine christliche Schwester für mich wüsste, die ich heiraten könnte (mein Bruder ist kein Christ). Sofort antwortete sie, ihre christliche Freundin habe eine Tochter in heiratsfähigem Alter. Seit ich in Amerika bin, hätte sie gern, dass wir uns kennen lernten. Weil sie aber schon seit einem Jahr nicht mehr in Verbindung standen, hatte meine Mutter nicht daran gedacht und die Geschichte mir mindestens ein Jahr lang vorenthalten.

So beschloss ich zu beten und sagte dem Herrn: ›Herr, wenn sie das ist, dann lass bitte die Tür offenstehen.‹ Doch es wurde noch spannender: Raten Sie, wo sie sich derzeit befand! In Brasilien, einem Land, das mir ganz fremd ist, an das ich nie gedacht hätte. Ist Gott nicht wunderbar? Er kann mein Mädchen unter allen Völkern finden, unter Milliarden Mädchen, und Er weiß, welche die Beste für mich ist.

Wir blieben in Verbindung und wussten beide, dass Gott unsere Ehe wollte. Ohne Zögern entschlossen wir uns zur Heirat, ohne uns vorher begegnet zu sein, nicht aufgrund dessen, was man sieht, sondern aufgrund dessen, was der Herr gesagt hatte. Im Winter 1990 reiste ich nach Brasilien, um meine Zukünftige zu besuchen. Ich empfand die Gegenwart Gottes sehr deutlich. Tatsächlich, sie ist das hübsche und gottesfürchtige Mädchen, nach dem ich immer Ausschau gehalten hatte. Ich möchte Gott für seine Treue danken.

Liebe Mrs. Elisabeth Elliot, ich möchte ein Zeuge des Herrn sein und meine Geschichte all den Ledigen anbieten, die sich einsam fühlen und sie ermutigen, dem Herrn bis ans Ende zu vertrauen.«

Ein amerikanisches Mädchen, Colleen, glaubte, Gott habe sie in die äußere Mission berufen, obwohl sie sich nicht vorstellen konnte, dies lange auszuhalten, wenn ihr nicht ein Mann gegeben würde. Diese glaubenslosen Vorstellungen lieferte sie Gott aus, so dass für sie die Angelegenheit erledigt war, als sie nach Osteuropa ausreiste: »Ich ging davon aus, immer ledig zu bleiben. So war ich *glücklich*, Ihm so in Freiheit und Freude zu dienen.«

Die Situation, in der sich Colleen dann wiederfand, war eine relativ sichere – eine Gruppe christlicher Männer und Frauen, die Freunde zu werden verstanden (»*richtige* Freunde!« sagte sie), die die Ansichten der jeweils anderen kannten, und was ihnen am wichtigsten war und damit in Offenheit und Ehrlichkeit umzugehen wussten. Die besten und die schlechtesten Seiten jedes Einzelnen waren allen bekannt. Weil ihre Arbeit vieles Reisen einschloss, sahen sie auch, wie es auf andere wirkte, wenn sie am Morgen aus dem Wagen stiegen, in dem sie am Straßenrand geschlafen hatten. So achteten sie immer darauf, zu dritt zu reisen!

Es ist nicht verwunderlich, dass einer der jungen Männer mehr als gewöhnliches Interesse an einer jungen Frau fand. Er war ein weiser und vorsichtiger Mann und fragte mehrere vertrauenswürdige ältere Christen, wie sie darüber dachten und ob er eine ernsthafte Beziehung anknüpfen sollte.

Colleen fährt fort: »Als Folge ihrer positiven Reaktion und

nach monatelangen Gebeten, um Gottes Willen zu erfahren, fragte er mich einfach, was ich von dem Gedanken hielte. Ehrlich, ich war völlig überrascht. Ich hatte überhaupt nicht in diese Richtung gedacht. Aber Len war erleichtert, als ich ihm sagte, ich sei für diese Idee offen und würde dafür beten. Ich bin fest überzeugt, dass der Mann die Initiative zu übernehmen hat; aber ich habe mir erst viel später klar gemacht, was es für einen Mann bedeutet, abgewiesen zu werden.

Wir sprachen offen und ehrlich miteinander, was dies für uns bedeutet, und es war uns von Anfang an klar, dass wir Zeit brauchten, um zu erfahren, ob eine Ehe nach Gottes Willen ist. In unserer jetzigen Lage fanden wir es sinnlos, oder gar unserem Dienst diametral entgegengesetzt und ganz und gar unrealistisch. Es würde den Kurs unseres ganzen Lebens verändern und auch den unseres Dienstes.

Len meinte, wir sollten weiter daran arbeiten; aber er ließ mir Raum zum Nachdenken und Beten. Wir verbrachten die nächsten Monate getrennt (teilweise absichtlich, teilweise wegen unseres Dienstes), damit wir keine Entscheidungen aus dem Gefühl heraus fällten.

Wir setzten auch eine zeitliche Begrenzung, so dass sich der Prozess nicht endlos hinziehen konnte, und damit unsere Freundschaft erhalten blieb, wenn wir uns dafür entscheiden sollten, dass weiter nichts daraus würde. Für mich war das eine strapaziöse Zeit, weil es schien, als sänke alles in sich zusammen zu einer ruhigen Vernunftsentscheidung, die nichts mehr mit Gefühlen zu tun hat. Ich glaube, ich habe zu viele Geschichten von Leuten gelesen, die sich Hals über Kopf verliebten und gleich ›wussten‹, dass sie die richtige Person gefunden hatten.

Als ich betend und bibellesend dasaß und eine Liste des Für und Wider anfertigte, fühlte ich, wie Gott sagte: ›Warum nicht? Hast du nicht um eine Ehe gebetet und ist dieser nicht von der Art Männer, um die du gebeten hast?‹

So begannen wir ›miteinander zu gehen‹. Len war hoch entzückt darüber. Es gab niemals eine Frage über den Status unserer Beziehung. Wir verbrachten immer noch viel Zeit mit guten Freunden und auch getrennt voneinander. Aber er zeigte immer wieder, dass er wusste, was sich gehört, wenn ›man miteinander geht‹. Er lud mich ein, er plante und er bezahlte. Er öffnete die Tür und war auch sonst in jeder Beziehung höflich. Ich hatte oft beobachtet, dass dies den Männern von heute meist völlig abhanden gekommen ist.

Zu dieser Zeit, als ich Len mit dem Gedanken betrachtete: ›Könnte ich diesen Burschen heiraten?‹, geschah es, dass ich mich in ihn verliebte.

Von Anfang an war uns klar, dass Sex in die Ehe gehört, so setzten wir deutliche Grenzen. Nun werden Sie sicher denken, dass man in einem Heim zusammen mit einer Reihe anderer Missionare gar nicht viel Zeit zu zweit verbringen kann. Aber wenn Sie meinen, das Warten auf Sex bis zur Ehe sei leicht gefallen, dann muss ich Sie enttäuschen! Einerlei wie unmöglich die Situation war, plötzlich fanden wir uns doch allein (und wenn man sich immer mehr mag, fängt man an, solche Zeiten zu suchen!). Immer wieder mussten wir uns zwingen zu sagen: ›Nein, jetzt noch nicht!‹ Es war alles andere als leicht; aber ich kann es nicht genug betonen: Es hat sich gelohnt!

Nachdem wir uns vier Monate auf diese Weise kannten, kamen meine Eltern zu einem Besuch nach Österreich. Jetzt kann ich Gottes Hand in dem ›Timing‹ erkennen – denn der Besuch war geplant, bevor sie etwas von Len wussten! Sie freuten sich, ihn kennen zu lernen, und noch mehr, dass wir sie in unsere Pläne einweihten. In einem Schloss in Budapest, von dem aus man die Donau überblicken kann, bat Len meinen Papa um Erlaubnis, mich heiraten zu dürfen, während Mama und ich uns darüber unterhielten, was die beiden jetzt sicher besprachen. Lens Mutter kam dann von Hamburg für einige Tage zu uns. Einige Tage nach der Abreise meiner Eltern brachte mich Len an einen wunderhübschen See in der Nähe von Berlin. Wir saßen auf einer Parkbank, er beugte ein Knie vor mir und fragte mich: ›Willst du mich heiraten?‹ Obwohl ich nicht wusste, dass dies der abgemachte Tag war, wusste ich, dass die Antwort: Ja! lautete. Er setzte den Verlobungsring auf meinen Finger, küsste mich und sagte zum erstenmal: ›Ich liebe dich!‹

Jetzt lerne ich im Alltag, wer dieser Mann, den ich geheiratet habe, wirklich ist. Besser gesagt, *wessen* er wirklich ist! Zuerst und vor allem gehört er Gott. Ich habe mir nicht vorgestellt, was das bedeuten kann: umziehen, packen, einrichten, auf unbestimmte Zeit in fremden Kulturen leben, Verwandte und Freunde verlassen. Ich gebe zu, manchmal zöge ich die Sicherheit eines vorhersehbaren Einkommens und eines ›normalen‹ Familienlebens vor. Aber ich habe einen Missionar geheiratet und ich habe mich entschieden, dahin zu gehen, wohin er geht. Er ist immer am glücklichsten, wenn er da ist, wo Gott ihn haben will, und ich finde das auch so. Wenn ich die Alternativen betrachte, lohnt sich das alles. Ich meine, ich sollte christlichen Frauen, die sich eine Ehe wünschen, sagen: ›Aufgepasst! Ihr bekommt vielleicht, um was ihr bittet! Seid bereit, die Opfer zu bringen, die euer Mann fordert.‹ Wenn ihr ihn erst habt, wird er nicht gleich eurem Ideal einer Ehe entsprechen. Das Wichtigste für ihn ist es, Gottes Berufung zu gehorchen. Und wenn Gott den Ehemann ruft, ruft Er die Frau gleichfalls.‹«

Gedanken zu »Er kann mein Mädchen unter allen Völkern finden«:

- Studiere sorgfältig die zwei Dinge, die der Knecht an dem Brunnen tat: Er betete und sah ruhig zu. Was betrachtete er? Wie lange dauerte es, bis er den Charakter des Mädchens einschätzen konnte? Wodurch wird heutzutage der Charakter offenbar – bei Frauen und Männern? Wo hat man Gelegenheit, das zu beobachten?
- Ein einsamer Ausländer sucht Gottes Willen. Er bringt sich selbst durch Gebet und intensives Bibelstudium mit Gott in Verbindung. Er bringt eine bestimmte Bitte vor.
- Er findet Weisung in der Geschichte von Abrahams Suche nach einer Frau für seinen Sohn Isaak (1. Mose 24) und nimmt das als Versprechen Gottes, auch für ihn eine Frau zu finden. Das war ein Glaubensakt.
- Die Prüfung der Geduld folgt.
- Der Feind versucht ihn, die Sache in die eigenen Hände zu nehmen. Er findet eine Warnung in der Geschichte von Ismael (1. Mose 16).
- Er liefert seinen Eigenwillen und seine Wünsche dem Herrn aus.
- Er bittet seine Mutter um Hilfe.
- Sind Rendezvous und Intimitäten Voraussetzung für eine glückliche Ehe?
- Colleen und Len beobachten einander in sicherer Umgebung. Sie schauen und hören. Len bittet um Rat.
- Von Anfang an ist alles klar: Sie wollen heiraten.
- Sie entscheiden sich selbst für die Disziplin, einen Monat ohne Kontakt zu bleiben, um zu beten und nachzudenken.
- Sie setzen sich eine Grenze des Wartens.
  Eine Verabredung war eine Verabredung. Daran gibt es nichts zu deuten.
- Sie anerkennen die Notwendigkeit der Selbstkontrolle und des Opfers.
- Len bittet ihren Vater um Erlaubnis. Drei Elternteile sind einbezogen.

30 Liebe bedeutet Opfer

Wenn jemand zu mir kommt und hasst nicht seinen Vater und die Mutter und die Frau und die Kinder und die Brüder und die Schwestern, dazu auch sein eigenes Leben, so kann er nicht mein Jünger sein. So kann nun keiner, der nicht allem entsagt, was er hat, mein Jünger sein.
Lukas 14,26.33

Am 28. Juni 1810 war es. Nancy Hasseltine, damals einundzwanzig Jahre alt, wohnte in Bradford in Massachusetts in einem großen, komfortablen Haus am Nordufer des Merrimack. Ein zukünftiger Missionar, Adoniram Judson, kam zum Mittagessen.

»Im Zimmer an der Westseite war der Tisch gedeckt. Als die Gäste eintrafen, ... bemerkte Adoniram ein Mädchen ... das über eine riesige Pastete gebeugt, diese in gutbemessene Stücke zerschnitt. Sofort war ihm klar: Dies war das entzückendste Geschöpf, das er je gesehen hatte. Ihre tiefschwarzen Locken, ihr klarer Teint und ihre glänzenden Augen allein machten sie zu einer entzückenden Erscheinung. Aber dann war da noch das unbeschreibliche Lächeln auf den schön geschwungenen Lippen – eine gewisse fröhliche Impertinenz beinahe in ihren blitzenden Augen – die eine Lebendigkeit, ja selbst Ausgelassenheit hinter aller konventionellen Gesetztheit verbargen, die neu und höchst bemerkenswert für Adoniram waren. Noch nie hatte er ein solches Mädchen gesehen.

Er war alles Andere als schüchtern; aber als Pastor Allen ihn vorstellte und sie ihm voll in die Augen sah, konnte er kein Wort hervorbringen. Von da an beobachtete er ganz genau jede ihrer Bewegungen, während sie die Gäste bediente, aber wenn sie zu ihm kam, mochte er den Blick nicht vom Teller erheben. Kaum war er in der Lage, eine vernünftige Antwort auf die Frage zu geben, wie es um die Missionsbewegung an seinem Seminar stand. Vielleicht, so dachten seine freundlichen Fragesteller, war

Kapitel 30 – Liebe bedeutet Opfer

der junge Mann wegen der erlesenen Zuhörerschaft eingeschüchtert. In Wahrheit aber hatte er gar nicht an seinen Spickzettel in der Tasche gedacht, sondern war damit beschäftigt, ein Gedicht auf die rabenschwarze Schönheit zu verfassen, das sich wie von selbst ergab, beinahe gegen seinen Willen ...

Nancy hatte von Adoniram Judson gehört und welchen Sturm er in den kirchlichen Zirkeln erregt hatte. Nun war sie neugierig, wie er aussah. Und jetzt, wo sie ihn zu sehen bekam, war sie enttäuscht. Er sah ziemlich gut aus, na ja, aber vielleicht ein wenig zu klein und zu dünn. Seine Nase war ein wenig zu groß geraten, allerdings gefiel ihr sein nussbraunes krauses Haar. Aber vor allem, wo waren der Witz und die Lebendigkeit, die man ihm nachsagte? Seine Antworten waren abstrakt und einsilbig. Die meiste Zeit starrte er nur auf seinen Teller. Als das Essen vorüber war, murmelte Mr. Judson sein Dankeschön und ging hinaus. Sie wunderte sich, warum alle solchen Lärm um ihn machten ...

Einen Monat danach traf er sie und »empfahl sich ihrer Bekanntschaft«, was bedeutete, dass er formell seine Absichten als Bittsteller kundtat. Dies tat er in einem Brief und nach damaliger Sitte durfte man erst nach mehreren Tage antworten. Der Inhalt war ein offenes Geheimnis in der Familie Hasseltine, immerhin in soweit, dass eine ihrer Schwestern schließlich drohte, sie werde den Brief beantworten, wenn Nancy sich noch länger sträubte.

Ihre Antwort war nicht sehr ermutigend, wenn sie auch keine glatte Absage enthielt. Nach reiflicher Überlegung, so schrieb sie, müssten wohl ihre Eltern zustimmen, bevor sie Adoniram auch nur in Erwägung ziehen könnte. Privat überlegte sie in ihrem Tagebuch, ob sie wohl in der Lage sei, sich »ganz Gott hinzugeben«, nur das zu tun, was Ihm gefiel und kam zu dem Schluss: »Ja, ich fühle mich bereit in diese Lage zu kommen; da kann ich am meisten Gutes tun, selbst wenn es hieße, das Evangelium zu den entferntesten, finstersten Heiden zu bringen.«

Adoniram setzte sich sofort hin und schrieb an Nancys Vater:

> Ich muss nun fragen, ob Sie einwilligen, sich von Ihrer Tochter im nächsten Frühling zu trennen und sie auf dieser Welt nie

wieder zu sehen; ob Sie dieser Trennung zustimmen und dass sie den Beschwernissen und Leiden eines Missionarslebens ausgesetzt wird; ob Sie einwilligen, sie den Gefahren des Ozeans auszusetzen und dem fatalen Einfluss südlicher Klimate wie in Indien; jeder Art von Entbehrung und Kummer; der Erniedrigung, der Beschimpfungen, Verfolgungen und vielleicht einem gewaltsamen Tod. Sind Sie mit all dem einverstanden, um dessen willen, der Seine himmlische Heimat verließ und für Nancy und für Sie starb; weil sonst unsterbliche Seelen umkommen; um Zions und der Ehre Gottes willen? Können Sie dem zustimmen in der Hoffnung, Ihre Tochter in der Welt der Herrlichkeit bald wiederzusehen, bekleidet mit der Krone der Gerechtigkeit, verziert mit Lobgesängen, die dem Erlöser von erretteten Heiden entgegen schallen, die durch ihre Arbeit von ewigem Weh und Verderben erlöst wurden?

John Hasseltine ... überließ es, nicht ohne viele böse Ahnungen, Nancy, wie sie reagieren wollte. Wie sie sich auch entscheiden würde, sie hatte seinen Segen – doch sollte sie sorgsam überlegen, ehe sie eine unwiderrufliche Entscheidung fällte. Nancys Mutter hatte diesem Rat nur wenig hinzu zu setzen. Sie hoffte, Nancy würde nicht gehen; aber sie würde einer Einwilligung nicht im Wege stehen. Auf sich selbst zurückgeworfen, wusste Nancy nicht, was sie machen sollte. Sie begann Adoniram zu lieben – welche Frau hätte einer solchen Mischung aus Ungestüm und Zartheit widerstehen können – und außerdem muss sie die Aussicht, in der Ferne Aufregendes zu erleben, mit großer Macht angezogen haben, wenn auch die Gefahren riesig waren.
Im September schrieb Nancy an eine Freundin:

Ich fühle mich bereit, und denke, ich werde, wenn die Vorsehung es nicht verhindert, mein Leben in dieser Welt unter den Heiden in fernen Ländern verbringen. Ja, Julia, ich bin soweit, dass ich zu dem Entschluss gekommen bin, alle Bequemlichkeiten und Freuden hier aufzugeben, meine Freude an Verwandten und Freunden zu opfern und dahin zu gehen, wo Gott in Seiner Weisheit einen Ort für mich ausgesucht hat ...

... noch sind meine Entscheidungen aufgrund der Liebe

Kapitel 30 – Liebe bedeutet Opfer

zu einem irdischen Objekt gefallen, sondern weil ich mich Gott verpflichtet fühle. Und weil ich völlig überzeugt bin, eine Berufung Gottes zu haben, ist es folglich meine Pflicht.

Es wird nicht berichtet, wann genau sie Adoniram zusagte, doch heißt es, Mitte Oktober sei allgemein bekannt gewesen, dass sie ihn heiraten würde.

»Warum geht sie?«, fragte einer.

»Warum? Sie hielt es für ihre Pflicht. Würdest du nicht gehen, wenn du darin deine Pflicht erkänntest?«

»Aber ich würde das eben nie für meine Pflicht ansehen.«

Im Geheimen entdeckte Nancy immer wieder, dass ihre Entscheidung von Ängsten untergraben wurde.

Jesus ist treu; Seine Verheißungen sind kostbar. Gäbe es diese Hoffnung nicht, würde ich angesichts dessen, was ich zu erwarten habe, in Verzweiflung verfallen, zumal ich nicht gehört habe, dass eine Frau jemals die Küsten Amerikas verlassen hat, um ihr Leben unter den Heiden zu verbringen. Auch weiß ich nicht, ob ich auch nur eine weibliche Bekanntschaft finden werde. Aber Gott ist mein Zeuge, dass ich nicht gewagt habe, das von mir gebrachte Opfer zurückzunehmen, obwohl viele nicht zögern, alles zusammen ein wildes, romantisches Abenteuer zu nennen.

Es dauerte noch über ein Jahr, bevor die beiden ihr »wildes, romantisches Abenteuer« starten konnten, und während dieser ganzen Zeit sahen sie sich nur sehr selten.

Am Neujahrstag 1811 schrieb Adoniram an seine Geliebte:

Mit allem Ernst und aus ganzem Herzen wünsche ich Dir, meine Liebe, ein glückliches neues Jahr. Möge es ein Jahr werden, in dem Du ganz nahe bei dem Willen Gottes lebst; in ruhiger und heiterer Verfassung und auf einem Weg, der Dich zu dem Lamme leitet und der immer heller wird. Möge es ein Jahr werden, in dem du mehr vom Geiste Gottes erfüllt wirst, der über alles unter dem Mond gepriesen sein soll, und dass Du gerade das in dieser Welt tust, was Gott gefällt. So wie dich jeder Augenblick dem Ende Deiner Pilgerreise näher bringt, möge er Dich auch näher zu Gott bringen, und Dich bereiter machen, den Boten des Todes als Befreier und Freund zu begrüßen. Und nun, wie ich mit Wünschen angefangen habe, will ich damit fortfahren: Möge dies das Jahr sein, in dem Du Deinen Namen änderst; in dem Du endgültig Verwandte und Heimat verlässt; in dem Du den großen Ozean überquerst und auf der anderen Seite der Erdkugel wohnst, mitten unter den Heidenvölkern.

Er heiratete sie am 5. Februar 1812 und sie reisten am 18. Februar von Salem in Massachusetts, zusammen mit einem anderen Missionarsehepaar nach Burma.[1]

Weil Adonirams Werbebrief verloren gegangen ist, mag der Brief eines anderen aus dieser Zeit (1817) einen Eindruck von dem vermitteln, was Adoniram geschrieben haben wird. Man beachte, dass die Frage: Willst Du mich heiraten? nicht gestellt wird. Der Schreiber war mein Ur-Ur-Großvater Gordon Trumbull aus Stonington in Connecticut, die Empfängerin war Sally Ann Swan:

> Sei nicht ärgerlich, Sally Ann, wenn die Art und Weise dieser Annäherung nicht Deiner Ansicht von Schicklichkeit entspricht. Wäre ich mir einer Unschicklichkeit bewusst, hätte ich keinesfalls etwas unternommen. Meine Gründe, Dir auf diese Weise meine Empfindungen mitzuteilen, lagen darin, Dir die Möglichkeit zu geben, Dich ungestört zu entscheiden und Dir über Deine Gefühle klar zu werden, ohne direkt darauf antworten zu müssen. Ich hoffe, Dich nicht mit der Eröffnung zu überraschen, das ich den Entschluss zu diesem Versuch vor mehr als zwei Jahren gefasst habe und seither nie die Hoffnung verloren habe, es komme der Tag, an dem ich es wagen kann, ihn vorzubringen. Jetzt liegt es an Dir, und Deine Entscheidung wird entweder den letzten Hoffnungsstrahl verlöschen oder ihn Wirklichkeit werden lassen, und das wäre das Beste, was ich wünschen könnte. Ich kann nicht annehmen, dass Dir meine Empfindungen Dir gegenüber verborgen geblieben sind, obwohl ich sie nicht direkt ausdrückte, wenn aber doch, dann glaube sie mir, wenn ich sie jetzt bekenne –

Kapitel 30 – Liebe bedeutet Opfer

hervorgerufen durch höchste Wertschätzung und tief empfundene Zuneigung, bitte ich Dich, dies Schreiben in Empfang zu nehmen, direkt und persönlich und mit der Gutheißung Deiner Eltern. Ich warte nur darauf, ihnen Deine Zusage mitteilen zu dürfen. Ich erwarte, dass Du mich ernst nimmst und nicht mit meinen Gefühlen spielst. Wenn sich Dein Herz absolut gegen meine Vorstellungen entscheidet, habe ich von diesem Werben nichts mehr zu hoffen, und ich bitte nur, mir diesen Brief auf die gleiche Weise zukommen zu lassen, wie Du ihn empfangen hast. Das wird endgültig alle weiteren Möglichkeiten abschneiden; wenn er nicht wiederkommt, fühle ich mich zu der Hoffnung auf endlichen Erfolg berechtigt, und wenn das Buch [Gedichte von Lucius M. Sargent, *Hubert and Ellen* (Boston, 1815)] ohne den Brief zurückkommt, werde ich das als Zeichen Deiner Einwilligung betrachten, dass ich einen direkten und formvollendeten Heiratsantrag stellen darf. Ich habe nichts, was ich für mich sprechen lassen könnte. Ich bin Dir zu bekannt, um mir von falschen Vorstellungen einen Erfolg zu erhoffen. Mit bangen Erwartungen sehe ich dem Ergebnis dieser Mitteilung entgegen. Fällt es günstig aus, kannst Du sicher sein, den größten Wunsch meines Herzens erfüllt zu haben; im anderen Fall muss ich das respektieren und schätze Dich trotzdem, obwohl ich gezwungen bin, mir die zarteren Gefühle zu versagen.

Indem ich mich Deiner Güte anvertraue, die das schmerzliche Warten so kurz wie möglich machen wird,
verbleibe ich Dein aufrichtiger
Gurdon Trumbull.

---

[1] Aus: Courtney Anderson, *To the Golden Shore* (Grand Rapids: Zondervan, 1972), S. 77-85.

Gedanken zu »Liebe bedeutet Opfer«:

- Adonirams Absichten als Bittsteller werden formal ausgesprochen.
- Nancy besteht darauf, erst die Einwilligung ihrer Eltern zu bekommen.
- Er schreibt ihnen – eine realistische Vorschau auf das Leben eines Missionars.
- Trotz böser Ahnungen überlassen die Eltern Nancy die Entscheidung.
- Trotz ihrer Furcht überzeugt, den Willen Gottes darin zu sehen, wagt sie nicht den Rückzug.
- Trumbulls Brief ist nicht so bedrohlich wie es ein mündliches Gespräch wäre.
- Er überlegt zwei Jahre, bevor er schreibt.
- Er weiß: Die Einwilligung der Eltern ist notwendig.
- Er kennt sie als integere Frau, die nicht mit seinen Gefühlen spielen wird.
- Er bereitet ihr eine einfache Möglichkeit zu antworten.
- Er fragt sie nirgends, ob sie ihn heiraten will!

31   Sei nicht wie ein Ross!

Ich will dich unterweisen und dich lehren den Weg, den du wandeln sollst;
ich will dir raten, meine Augen über dir (offen halten).
Sei nicht wie ein Ross, wie ein Maultier, ohne Verstand;
mit Zaum und Zügel ist seine Kraft zu bändigen,
sonst nahen sie dir nicht.
Viele Schmerzen hat der Gottlose;
wer aber auf den HERRN vertraut, den umgibt er mit Gnade.
  Psalm 32,8-10

Eine Geschichte in meinem Buch The Path of Loneliness handelte von einem verzweifelten Mädchen, das sich gerade von dem von ihm geliebten Mann getrennt hatte. Zu ihrem Erstaunen war die Welt damit nicht zu Ende. Einige Jahre später schrieb sie: »Ich meinte, es würde Sie freuen, wenn Sie von jemand hören, die Gott durch die Wüste auf die andere Seite hinübergebracht hat. Vor fünf Jahren war ich nahe daran, total zu verzweifeln. Gleichzeitig grämte ich mich darüber, ihn verloren zu haben und damit auch Ehe und Kinder. Gott hat mich seitdem geheilt und meine Freude an Ihm, meiner ersten Liebe erneuert. Er machte mich heil, indem er mir die Wurzeln meiner Bitterkeit und meines Grolls vor Augen führte, damit ich sie Ihm ausliefern konnte. (Es ist einfach immer dasselbe.)

Ich kam den Dreißigern immer näher, und ich betete voll Glauben, aber immer heftiger. Die Sehnsucht nach einem frommen Mann war unbeschreiblich stark; aber erst zu Gottes perfekter Zeit begann sein souveräner Wille vor meinen Augen Gestalt anzunehmen. Dieser noble, freundliche und fürsorgliche Mann, den ich in der Gemeinde wahrgenommen hatte, begann sich für mich zu interessieren und begann dann eine Zweierbeziehung mit mir. Ohne Zurückhaltung machte er seine Absichten vom ersten Augenblick an deutlich. Er ›machte mir den Hof‹, indem er deutlich sagte, was er meinte, aber stets ein vollkommener

Gentleman dabei blieb. Er sagte mir, er habe gebetet wegen unserer Beziehung und ›uns‹ Gott unterstellt, völlig unabhängig von den eigenen Wünschen nach einer Frau und nach Kindern.

Mit großer Freude teile ich Ihnen mit, dass ich am 11. Juni den heiraten werde, den ich von Gott erwartet habe (manchmal sehr ungeduldig) und für den ich so lange gebetet habe. Ich fühle mich in seiner Liebe so sicher, und dass ich die erste Stelle in seinem Leben einnehme. Mark ist verliebt und schätzt meine Weiblichkeit. Er gibt mir in Wahrheit viel, und er tut es wirklich zum Nutzen anderer und nicht aus Eigensucht. Es ist sehr einfach, einen Mann zu lieben, zu respektieren und zu bewundern, der zu Gott gehört, der sein Leben, wie Jesus, für andere hingibt, ohne ein Wort darüber zu verlieren. Mark ist nicht vollkommen; aber ich bin überzeugt, er ist Gottes Wahl, Gottes bestes Stück für *mich*. Wie könnte man Ihm genug für diese freundliche Gabe danken!?

Mehrere Mädchen aus meiner Jugendgruppe, die jetzt das College besuchen, fragten mich, woher ich gewusst hätte, dies sei *der Richtige*. Dann erzähle ich ihnen von meinem himmlischen Vater, von seinen Zusagen, uns zu führen, von Seiner Liebe und von seiner souveränen Weisheit. Auch lasse ich sie die Seiten 47 und 48 aus *Passion and Purity* lesen. Dort finden sie Hinweise auf Sprüche 14,12.13; 1. Petrus 5,7; Philipper 4,6 und Matthäus 6,25.

Gott hat durch diese Seiten tatsächlich zu mir gesprochen, als ich Ihm die schwerwiegende Entscheidung vorlegte, Mark zu heiraten. Ich wollte nicht gegen Seinen Willen die Ehe eingehen, wenn Er mein Ledigbleiben beabsichtigte, um Ihm so besser dienen zu können. Ich rang darum und suchte Seinen Willen, nicht nur Seinen Segen.«

Jetzt folgt die Geschichte von der Geduld *eines Mannes*, wie seine Frau sie erzählt:

»Vor sieben Jahren fragte ich Sie, ob es richtig sei, so wie Sie zu hoffen, der Herr würde Sie und Jim zusammenbringen. Bedeutete das nicht viel selbstgemachtes Herzeleid? Sie teilten auch mit, wir dürften wie Kinder um alles bitten und alles erwarten, was unser Herz sich wünscht. Wir tun das aber immer mit dem Wissen, dass unser Vater weiß, was am Besten für uns ist und

Kapitel 31 – Sei nicht wie ein Ross! 217

hinter die Kulissen schaut. Wenn wir hoffen, tun wir das immer im Bewusstsein des ›Kleingedruckten‹, in dem steht, wir wüssten mitunter nicht, worum wir bitten sollen, und ob das, worauf wir hoffen, richtig und gut ist. So überlassen wir Ihm die Entscheidung, weil wir wissen, dass Sein Wille in Wahrheit für uns das Beste ist.

Einige Jahre später traf ich einen jungen Mann, und als unsere Beziehung ernsthafter zu werden begann, las ich *Passion and Purity* mehrmals hintereinander, wobei ich nicht wirklich diese hohen Standards anerkennen wollte, oder besser: Ich wollte sie anerkennen, aber nicht *ganz wirklich*! Es schien, als öffne der Herr alle Türen und erlaube mir, die Freundschaft mit Kevin zu vertiefen. Er war liebenswürdig, überzeugend und wusste, mit Frauen umzugehen, doch wartete ich ein halbes Jahr, bevor er mich küssen durfte. Er sagte, er liebe mich, und wir waren beide überzeugt, dass es darauf ankam. Ich schrieb Ihnen einige Male, und Sie warnten mich, keine Pläne zu fassen, bevor der Ring an meinem Finger war. Damals bereitete ich mich auf einen Zweijahresauftrag in der Mission vor. Ich hatte vor, mich nach meiner Rückkehr mit Kevin zu verloben. Ihre Warnung hielt ich für zu ängstlich – wir liebten uns doch! Aber die von uns praktizierte körperliche Intimität vernebelte mein Denken und verwirrte die ganze Angelegenheit.

Nach nur drei kurzen Monaten im Ausland löste sich unsere Beziehung und zerbrach. Ich war verzweifelt, mein Herz war völlig zerstört. Ich schrieb Ihnen, und Sie boten mir den Trost an, ich hätte jetzt wieder etwas zum ›Opfern‹ – ein zerbrochenes Herz. Ich brachte es Gott dar.

Ich war dermaßen verwundet, dass ich meinte, niemals heil werden und niemals wieder so lieben zu können, ich hatte Wunden fürs ganze Leben. Dann hörte ich auf einer Kassette, es sei eine Lüge des Feindes, der uns einredet, ein einmal geschehenes Ereignis würde etwas anderes daran hindern, jemals Wirklichkeit zu werden, so, als ob ein von dir oder anderen begangener Fehler Gott daran hindern könne, Seinen Willen für dein Leben durchzusetzen.

In England traf ich einen netten jungen Mann aus South Carolina mit Namen Rob, der mich, als ich in die Staaten zurückfuhr, zu einem Frühstück mit ihm und einem jungen Mann einlud. Ich kannte ihn gar nicht; aber einige Freunde sagten, ich müsse ihn einmal treffen. Ich sagte ab und meinte, ich wolle lieber in der Bibliothek bleiben und einige Briefe schreiben. So ging Rob alleine zum Frühstück. Ungefähr eine Stunde später kam er mit einem stattlichen jungen Mann, David, in die Bibliothek. David und ich gefielen uns auf der Stelle.

Von dem Tage an machte er mir entschlossen und mit viel Einfallsreichtum den Hof. Später erzählte er mir, Rob und er hätten beim Essen diskutiert, wie man wohl die passende Frau finden könnte, da habe Rob ihm von mir erzählt. Er war so gespannt, dass er sofort vom Essen aufstand, um mich zu sehen. David sagt, er habe in den ersten fünf Minuten gewusst, ich sei das Mädchen, auf das er sein ganzes Leben gewartet hatte.

So unwahrscheinlich wie es klingt, David hatte sich noch nie mit einem anderen Mädchen verabredet. Nach dem Herzeleid mit Kevin war ich überzeugt, dass wenn ich heiraten sollte, der Herr es dem Mann klar machen musste; ich selbst wollte absolut nichts unternehmen. Ich wollte nur einen gottesfürchtigen Mann heiraten, so konnte ich damit rechnen, dass der Herr *ihn* zu *mir* führt, denn das wäre einer, der Gottes Stimme wahrnimmt und der erkennt, wenn Gott ihm jemand zeigt, die er ansprechen soll. Genau das geschah. Wie treu ist unser Vater! Er arrangierte alle Einzelheiten, bis wir uns trafen.

Am 16. März wollen wir, so der Herr will, heiraten. Wie dankbar bin ich Gott, dass er mich davor bewahrt hat, den großen Fehler zu begehen, Kevin zu heiraten. Der Herr schützt uns vor uns selbst. Ich hatte wirklich gemeint, *ich* wüsste, was das Beste für mich ist, doch der Herr regelte alles so, dass ich für David aufbewahrt blieb, der vollkommen zu mir passt.

PS: David wird mich das erste Mal am Hochzeitstag vor dem Altar küssen.«

Kapitel 31 – Sei nicht wie ein Ross!

Gedanken zu »Sei nicht wie ein Ross!«:

- Bitterkeit und Groll wegen des Ledigbleibens – bekennen und Gott übergeben!
- Die Absichten eines Mannes wurden von Anfang an deutlich.
- Gebete wegen unserer Wünsche müssen immer die Fußnote tragen: Dein Wille geschehe!
- Ein gebrochenes Herz ist etwas zum Opfern (Psalm 51,17). Intimitäten vernebeln den Durchblick.

32 Er hat Zuneigung in ihr hervorgerufen

*Gib mir Einsicht, und ich will dein Gesetz bewahren
und halten von ganzem Herzen.
Leite mich auf dem Pfad deiner Gebote!
Denn ich habe Gefallen daran.*
  Psalm 119,34-35

Georg Müller ist weltbekannt wegen seiner Waisenhäuser in England, die er durch glaubensstarkes Gebet gegründet und erhalten hat. Gebet war der Schlüssel zu seinem Leben. Am 31. Dezember 1857 berichtete er zum Beispiel: »Während dieses Jahres gefiel es dem Herrn, mir 1 847 Pfund 19s und $4^{1}/_{2}$ d zu geben.

Beachten Sie, geschätzter Leser, besonders, dass es nicht nur dies oder jenes weit auseinander liegende Jahr war, in dem ich so überreich vom Herrn versorgt wurde, sondern Jahr für Jahr. Außerdem weise ich nachdrücklich darauf hin, dass die Gaben von Hunderten von Gebern stammen, die nicht nur in verschiedenen Teilen Englands, Schottlands und Irlands wohnen, sondern auch in Frankreich, der Schweiz, Italien, Deutschland, Dänemark, Schweden, Holland, Belgien, Kanada, den Vereinigten Staaten, Indien, Australien, Neuseeland, China usw. Es gibt kaum ein Land auf der Welt, von dem ich nicht Gaben für mich selbst und für die ›Anstalt zur Verbreitung der Schriftkenntnis‹ erhalten hätte. Dies ist ein weiterer kostbarer Beweis, dass die Herzen aller Menschen in Gottes Hand sind, und dass, wenn wir auf Seiner Seite sind, es uns an Hilfe nicht fehlen kann, in welcher Lage wir uns auch befinden, oder wie unser Los auch gefallen sein mag.«

Im Jahre 1868 empfing Müller mehr als sechsmal so viel wie er für sich und seine Familie brauchte, »um nicht nur das Notwendige zu haben, sondern alle Bequemlichkeiten des Lebens zu genießen«.

Nicht das Geringste unter allem, was Gott in Bezug auf Georg Müller für eine »Notwendigkeit« hielt, war die Gabe einer frommen Frau.

Kapitel 32 – Er hat Zuneigung in ihr hervorgerufen

Am 6. Februar 1870 schrieb er: »Am 7. Oktober 1830, also vor neununddreißig Jahren und vier Monaten, gab mir der Herr meine überaus wertvolle, liebreiche und fromme Frau. Ihr Wert für mich und der Segen Gottes durch sie für mich sind unbeschreiblich. Der Segen floss unaufhörlich bis zu diesem Tag, als der Herr sie am Nachmittag um vier Uhr zu Sich nahm.«

»11. Februar. Heute wurden die sterblichen Überreste meiner teuren Frau ins Grab gelegt. Viele Tausende zeigten ihre tiefste Anteilnahme. Etwa eintausendzweihundert Waisenkinder, alle, die gehen konnten, folgten der Prozession; alle abkömmlichen Mitarbeiter in den Waisenhäusern und Hunderte von Gläubigen der Gemeinde, zu der sie gehörte; ich selbst, vom Herrn mächtig getragen, hielt in der Kapelle und auf dem Friedhof die Ansprache.«

Sein Text war Psalm 119,68: »Du bist gut und tust Gutes; lehre mich deine Ordnungen!« Das Folgende ist eine bearbeitete erste Hälfte dieser Predigt:

»Als es Gott gefiel, meine allerliebste Frau zu Sich zu nehmen, wurde meine Seele durch die Worte dieses Textes getröstet. Ich möchte nun gerne, wenn Gott mir beisteht, besonders zum Wohle meiner jüngeren Mitgläubigen an Christus, ein wenig bei den Wahrheiten verweilen, die in diesen Worten liegen.

Der Herr war gut und tat Gutes, *als Er sie mir gegeben hat.*
Er war gut und tat Gutes, *indem Er sie mir so lange erhalten hat.*
Er war gut und tat Gutes, *indem Er sie mir wegnahm.*

Ich erkenne Gottes Hand darin, *dass Er sie mir gab*. Als ich Ende 1829 London verließ, um in Devonshire das Evangelium zu predigen, gab mir ein Bruder im Herrn eine Karte mit der Adresse einer wohlbekannten Christin, Miss Paget, damit ich sie aufsuchen könnte. Drei Wochen lang trug ich die Karte in der Tasche, bis ich mich geführt fühlte, den Besuch zu unternehmen. Miss Paget bat mich, in dem Raum zu predigen, den sie in Poltimore, einem Dorf in der Nähe von Exeter, hergerichtet hatte. Gern nahm ich die Einladung an. Sie gab mir die Adresse von Mr. Hake, einem christlichen Bruder, der eine Kleinkinderschule betrieb, damit ich dort unterkommen konnte. Zur vereinbarten

Zeit ging ich dorthin. Dort traf ich Miss Groves, meine spätere, sehr geliebte Frau. Diese Gelegenheit führte zu weiteren; denn ich ging jede Woche nach Exeter und blieb immer in jenem Haus.

Bis dahin hatte ich mir stets vorgenommen, niemals zu heiraten, sondern frei zu bleiben um im Dienst des Evangeliums umherziehen zu können. Doch nach einigen Monaten sah ich, dass es aus vielerlei Gründen besser für mich war, als junger Pastor, unter fünfundzwanzig, verheiratet zu sein. Die Frage war nun, mit wem ich mich zusammentun sollte. Miss Groves kam mir in den Sinn; aber es kostete viel Gebetskampf, bevor ich eine Entscheidung traf; denn ich konnte den Gedanken nicht ertragen, Mr. Hake seinen wertvollen Helfer zu nehmen, weil sich Mrs. Hake immer noch als unfähig erwies, einem so großen Haushalt vorzustehen. Aber ich betete immer wieder.

Schließlich brachte mich dies zur Entscheidung: Ich hatte Grund anzunehmen, dass ich eine Zuneigung in Miss Groves Herzen mir gegenüber erweckt hatte, und daher durfte ich ihr einen Heiratsantrag machen, ungeachtet wie unfreundlich mein Handeln meinem teuren Freund und Bruder, Mr. Hake, erscheinen möge. Ich bat Gott um einen geeigneten Nachfolger für Miss Groves. So schrieb ich ihr am 15. August 1830 und machte ihr den Antrag, meine Frau zu werden, und am 19. August, als ich, wie üblich nach Exeter kam, nahm sie mich an. Das Erste, was wir nach meiner Annahme taten, war, dass wie auf die Knie fielen und Gott um Seinen Segen für die beabsichtigte Vereinigung baten.

Innerhalb von zwei oder drei Wochen fand der Herr als Antwort auf mein Gebet eine Person, die als Haushälterin brauchbar zu sein schien, während Mrs. Hake kränklich blieb. Und am 7. Oktober 1930 heirateten wir. Unsere Hochzeit war denkbar einfach. Wir gingen zur Kirche und hielten unser Hochzeitsessen; aber am Nachmittag war ein Treffen christlicher Freunde bei Mr. Hake und wir gedachten des Todes des Herrn. Danach fuhr ich mit meiner geliebten Braut in der Postkutsche nach Teignmouth, und am folgenden Tag gingen wir, um für den Herrn zu arbeiten.

Nun erkennt die Hand des Herrn darin, dass *Er* mir meine kostbare Frau gegeben hat: (1) Die Adresse an Miss Paget wurde

Kapitel 32 – Er hat Zuneigung in ihr hervorgerufen

mir nach Gottes Weisung gegeben. (2) Schließlich wurde ich gedrungen, mich nach ihr zu erkundigen, obwohl ich so lange gezögert hatte. (3) Sie hätte mit anderen christlichen Freunden einen Ort zubereiten können, wo ich Miss Groves nie kennen gelernt hätte. (4) Mein Verstand hätte sich am Ende trotz allem entscheiden können, keinen Heiratsantrag zu stellen; aber Gott richtete die Sache, indem Er zu meinem Gewissen sprach: ›Du weißt, dass du durch dein Verhalten Zuneigung in das Herz dieser christlichen Schwester gepflanzt hast, und darum, auch wenn es unangenehm ist gegenüber deinem christlichen Freund und Bruder, Mr. Hake, unfreundlich zu erscheinen, solltest du ihr einen Heiratsantrag machen.‹ Ich gehorchte. Ich schrieb den Brief, in dem der Antrag stand, und nichts als ein Strom von Segen ist das Ergebnis. Ich meine, es ist klar, der Herr, *der gut ist und Gutes* tut hat mir Miss Groves zur Frau gegeben.

Nun lasst uns ein wenig betrachten, was ich in ihr als Gottes Gabe erhalten habe. Ich erwähne hier als Vortrefflichstes an ihr, dass sie eine wahrhaft hingegebene Christin war. Ihr einziges Lebensziel war es, für Gott zu leben; und während der neununddreißig Jahre und vier Monate, die wir vereint waren, steigerte sich ihr beständiger Wunsch für Gott zu leben mehr und mehr.

Sie war auch, wie es Christen zukommt, demütigen und stillen Geistes. Wären alle Christen so wie sie, würde man die Freuden des Himmels hier auf Erden weit überschwänglicher wahrnehmen als jetzt. Niemals und zu keiner Zeit hat sie mich auf Gottes Wegen behindert, sondern suchte, meine Hand in Gott zu stärken, und das selbst in den tiefsten Trübsalen, unter den größten Schwierigkeiten und wenn der Dienst, in dem sie mir beistand, von ihr die härtesten persönlichen Opfer forderte. Als wir während der Jahre zwischen September 1838 bis zum Ende von 1846 die größten Glaubensprüfungen im Waisenhauswerk zu bestehen hatten, wo wir viele hundertmal die Bedürfnisse der Waisen nur von dem befriedigen konnten, was wir besaßen, auch wenn wir all unser Geld weggaben, hat diese prächtige Frau nie mit mir gehadert, sondern sich von Herzen im Gebet um Gottes Hilfe mit mir vereint und mit mir nach der Hilfe Ausschau gehalten; und dann freuten wir uns gemeinsam und oft haben wir vor Freude gemeinsam geweint.

Außerdem passte diese wunderbare Frau, die Gott speziell für mich vorbereitet hatte, vorzüglich zu mir, sogar dem Naturell und ihrem Temperament nach. Tausendemale habe ich ihr gesagt: ›Mein Schatz, Gott selbst hat dich für mich ausgesondert als die passendste Frau, die ich mir je hätte wünschen können.‹ Tausendemale sagte ich ihr: ›Mein Schatz, ich habe dich nie gesehen, seit du meine Frau wurdest, ohne hoch erfreut zu sein, dich zu erblicken.‹ So ging es uns nicht nur in den ersten Jahren unserer Ehe, auch nicht in den ersten zehn oder zwanzig oder dreißig Jahren, sondern bis ins vierzigste Jahr unseres gemeinsamen Weges. So hatte ich auch viele Male gesprochen bis zum 7. Oktober 1869. Seither habe ich Tag für Tag, wenn es irgend möglich war, nach dem Mittagessen zwanzig Minuten oder eine halbe Stunde bei ihr in ihrem Zimmer im Waisenhaus verbracht. Dort saß ich mit ihr auf der Couch, die uns ein christlicher Bruder geschenkt hatte, als sie krank war. Ich wusste, es war gut, wenn ihr kostbarer, aktiver Geist und ihre Hände zur Ruhe kamen, und ich wusste auch, dass dies nicht geschehen würde, wenn ihr Mann nicht neben ihr saß. Da saßen wir dann, Seite an Seite, ihre Hand in der meinen als Ausdruck unserer Verbundenheit. Wir wechselten einige liebende Worte oder waren still; überaus glücklich im Herrn und über einander.

Wir verlebten nicht einige glückliche Tage im Jahr, nicht einen glücklichen Monat pro Jahr – wir waren zwölf Monate im Jahr glücklich, und das Jahr für Jahr. Oft und oft und immer wieder, selbst im vierzigsten Jahr unserer ehelichen Gemeinschaft, sagte ich zu meiner lieben Frau: ›Mein Schatz, glaubst du, dass es in Bristol oder in der ganzen Welt ein Paar gibt, das glücklicher ist als wir es sind?‹«

Kapitel 32 – Er hat Zuneigung in ihr hervorgerufen

Gedanken zu »Er hat Zuneigung in ihr hervorgerufen«:

- Beachte Müllers Bereitschaft, Junggeselle zu bleiben, um frei für den Dienst des Herrn zu sein.
- Er hatte gute Gründe dafür, dass ein junger Pastor verheiratet ist.
- Er wollte, dass Gott die Wahl traf.
- Als er betet, »kam ihm Miss Groves in den Sinn«. Er *hörte* darauf. Ist es vernünftig, mit Gottes Antwort in dieser Weise zu rechnen?
- Wie redete Gott zu Müller durch sein Gewissen? Was sagte Er?
- Müller sah einen Heiratsantrag als Pflicht an.
- Hältst du das beschriebene Glück für unglaublich? (siehe Johannes 15,10-11).

33 Eine arrangierte Ehe

Ehre deinen Vater und deine Mutter, damit deine Tage lange währen in dem Land, das der HERR, dein Gott dir gibt.
2. Mose 20,12

Dr. Evy George, eine zierliche und verblüffend hübsche Inderin, ist Professorin der Soziologie in Massachusetts. Nach indischer Landessitte wollten ihre Eltern für sie die Ehe arrangieren. Das ist ein Verfahren, über das die meisten Menschen im Westen lächeln oder gar zornig werden. Aber Dr. Georges Geschichte hat uns viel zu sagen.
»5. August 1977
Liebes Tagebuch:
Heute erhielt ich Mamas Ultimatum, dass wenn ich mein Visum für die USA nicht bis zur nächsten Woche erhielte, die Familie sich gezwungen sähe, mich mit dem Marineoffizier zu verheiraten. Gerade heute kam die Nachricht von seiner Familie hier an, sie sei bereit, ihren Sohn mit mir zu verehelichen, wenn ich einwilligte.

Dies ist nicht das erste Mal, dass ich mich in dieser Situation befinde. Alle Männer und ihre Familien waren bereit, ich war es stets, die unerbittlich blieb. Aber diesmal mag es das letzte Mal sein, dass ich Zeit gewinnen kann. Der Markt der Männer leert sich, und meine Eltern werden ungeduldig. Ich muss verschwinden oder heiraten, flüchten oder als Gefangene weggeführt werden.

Bitte, Gott, lass diesen Kelch an mir vorübergehen! Ivy.«

Der Kelch ging vorüber. Innerhalb einer Woche nach dem obigen Eintrag erhielt ich die Einreiseerlaubnis für die USA. Ich fuhr mit einem spöttischen Lächeln für all die Männer davon, die um meine Hand warben samt deren Familien, die meine Einwilligung wollten. Tatsächlich fühlte ich mich gar nicht so siegesfroh, wie ich den Anschein gab. Mein ganzes Leben war durch den einfachen Akt der Abreise in zwei Teile zerrissen, in

Kapitel 33 – Eine arrangierte Ehe

einen davor und einen danach. Ich war damals eine sehr junge Frau und gerade über die Schwelle des Frauseins geschritten.

Die letzten zehn Jahre hatte ich als ständige Diät die Possenspiele – Verliebtsein auf britische Art – in mich aufgenommen. Barbara Cartland, Hermina Black, Denis Roberts waren die Darsteller bei dem dauernden Erdbeeressen, dem Sommerwein und den Küssen, wie sie in den endlosen Fernsehserien am laufenden Band zur Schau gestellt wurden.

In unseren Familien war die Heirat eine äußerst wenig aufregende Angelegenheit. Meine Eltern hatten sich in Begleitung ihrer Familien zwanzig Minuten lang gesehen, dann kam der Hochzeitstag. Meine Freundin Sheila wurde ihrem Onkel mütterlicherseits schon von Kindesbeinen an verlobt. Mein Bruder und seine Frau traten in den heiligen Ehestand, nachdem sie sechs Stunden miteinander verbracht hatten. Andere, die ein gewisses Maß an Individualität und Unabhängigkeit praktizieren wollten, wurden in ihrer Gesellschaft geächtet. Ehen wurden arrangiert, um Besitzstände zu erhalten, und Stammbaum und Status zu bewahren.

Ich war bereit, auf Tod und Leben zu kämpfen, ehe ich mich diesen fossilen Vorstellungen unterwerfen würde, mich für alle Zeit einem Fremden zu unterwerfen. Die von Robins, Black und Cartland gesponnene Phantasien gefielen mir weit besser als die sterilen und abgeschmackten Heiratsmethoden, denen meine Freunde damals ausgeliefert waren. Aber was, wenn diese Liebesgeschichten nur die Hirngespinste gewisser Schreiber waren, die nur ihre Bücher verkaufen wollten, und weiter nichts? Trotzdem, so sagte ich mir, es ist doch etwas daran, wenn man umworben wird, weil man so ist, wie man ist. Ich wollte es wissen und ich wollte gekannt sein, um so der Gegenstand des Begehrens eines anderen zu werden.

Ich blieb dabei, auch nachdem meine Befürchtungen mich zu überwältigen begannen, wenn ich die Gesichter jung verheirateter Frauen betrachtete, deren Leben eine traumatische Veränderung erfahren hatte. Wenn ich die Gesichter dieser Frauen sah, die mit allem erdenklichen Pomp auf dies Ereignis hingelebt hatten, junge Mädchen voll Lebensmut und Schwung, voller Träume und Vorstellungen, die sich zutrauten, Neuland zu erobern, dann dachte ich: »Wie schade!« Die Vergangenheit hat ihnen die Zukunft geraubt und ihre Lebenshoffnung versiegen lassen. Bilder von Rindern, die ins Schlachthaus gejagt wurden, trieben mich um. Mein Herz wollte ihretwegen brechen, und mein eigener Status und meine Einstellung der Ehe gegenüber entlockten mir bestenfalls Mitleid, schlimmstenfalls Hass.

Ich verbrachte meine Tage missmutig und desillusioniert und dachte über die Kluft zwischen den in anderen Kulturen angepriesenen Werten und den Diktaten in der meinen nach.

Seit undenklichen Zeiten hatten die Familien die Ehen arrangiert und das System war erstaunlich pannensicher angesichts des aggressiven Ansturms der westlichen Kultur, der alle städtischen Inder ausgesetzt waren. Während gebildete Söhne und Töchter in immer stärkerem Maße Kraft und Zeit in den Heiratsmarkt investierten, machten dörfliche Bindungen und der Familienstatus all das überflüssig. Für die meisten von uns gab es nur einen, und zwar gut ausgetretenen Weg. Das Leben war ohne Ehemann unvollständig. Kein Mann – keine Identität. Man erinnerte uns an gelegentliche Abweichler, die ihren Partner selbst *wählten*. Das Ergebnis war Uneinigkeit, sie liefen auseinander, ließen sich scheiden und begingen in einigen Fällen Selbstmord. Wer wollte derlei Schande und Unehre auf sich und seine Familie laden!

Ich hatte das ungewöhnliche Vorrecht, als Vorbild eine Mutter zu haben, die außerhalb des Hauses arbeitete, so dass zu Hause oft über Politik und das Weltgeschehen gesprochen wurde. Sie war vom Gang der Geschichte und von der Literatur fasziniert und versetzte Besucher mit ihren Rezitationen und Geschichten in Verwunderung. Sie brachte mir und meinem Bruder bei, was sie wusste. Weil mir klar war, wie scharf sie den Feminismus und die Frauenrechtsbewegung ablehnte, war ich nicht erstaunt, dass sie mich zu einer frühen Ehe nötigte. Doch liebte sie mich wie auch mein Vater und sie vertrauten meinem Urteilsvermögen. So winkte sie mir mit sehr gemischten Gefühlen nach, als ich an jenem Augustende 1977 abflog.

Ich kam in den USA an, vertagte das Heiraten und widmete mich meiner Ausbildung. Ich sah mich als eine teilweise gezwungene und teilweise freiwillige Exilantin. Obwohl ich auch hier nicht völlig sicher vor dem weltweiten Netz der Heiratsvermittler war, konnte ich sie damit abschrecken, dass alles so viel Zeit brauchte und ich so weit weg war.

Ich begann, das Verwirrspiel des Liebens und Verliebtseins in der westlichen Welt zu erforschen. Dabei beobachtete ich Leute, die verliebt waren und solche, die es nicht waren, verheiratet oder ledig. Ich untersuchte die Wunderdinge, die über Cupido und Eros im Umlauf waren und fragte mich, ob man mich am Ende hinters Licht geführt hatte. Ich wunderte mich, dass Liebe und Lust im Westen Synonyme sind. Bei all der Offenheit und dem weiten Feld der Möglichkeiten, die Kultur und Technologie boten, um zwischenmenschliche Beziehungen zu verwirklichen, fand ich das Ausmaß geschlechtlicher Unterschiede, wie sie ihnen in Rollen zugeschrieben und vorgeschrieben wird, höchst erstaunlich. Anpassung und Konvention wurden selten durchschaut, aber strikt eingehalten. Darüber hinaus verwirrte mich das Gerede von »Freiheit«; denn in einer solchen Kultur war das Individuum elend dran und zum Verkümmern verurteilt, wenn es nicht selbst eine Bindung einging. Es war daher gezwungen, in sexuelle oder emotionale Beziehungen zu flüchten.

Die Unterschiede waren mit Händen zu greifen. Im Osten fiel mir deutlich auf, dass die vorherrschende Identität eines Individuums darin bestand, Mitglied *von* einer Gemeinschaft zu sein mit den dazugehörenden Beschränkungen. Im Westen ist es dem Individuum erlaubt, sich *außerhalb* einer Gemeinschaft zu bewegen. Keine dieser Kulturen macht es den Menschen einfach *in* einer Gemeinschaft zu sein und beide scheinen ein volles Menschsein zu verhindern.

Gewaltige Umschichtungen haben stattgefunden. Die Gültigkeit der Ehe als einer lebenslangen sozialen Institution wird immer mehr in Frage gestellt. Wir sehen das an den zerbrochenen Ehen, an dem Zusammenleben Unverheirateter, an zeitlich begrenzten Bindungen, an den schwerwiegenden Folgen von Scheidungen, an dem Wegfall steuerlicher Vergünstigungen für Eheleute und an noch vielen weiteren Angriffen auf jede traditionelle soziale Ordnung. Die Ehen liegen nur noch in den Händen der betroffenen Einzelpersonen und die Familien legen großen Wert darauf, sich nicht in die Angelegenheiten ihrer Kinder einzumischen. Angesichts dieser Realitätsverschiebungen sah ich mich genötigt, meine bisher gewonnenen Vorstellungen zu überprüfen.

Die Liebesgeschichtenschreiber meiner Jugend hatten in mir die dauerhafte Vorstellung von Wahl und Wahlmöglichkeit gepflanzt, und meine heimische Kultur hat mir die Bedeutung der Familie und des Zusammenhalts der Verwandtschaft für glückliche Bindungen eingeprägt. In dem einen System wurde die Ehe vorausgesetzt und gelang daher mühelos und unter allen Umständen. In dem anderen war die Ehe nur eine Möglichkeit im Hintergrund. Sie war nicht garantiert und es erfordert daher große Anstrengungen, Menschen dahin zu bringen, auf einen einzigen Partner fixiert zu sein.

Ich war wieder allein, als ich dies alles erwog. Was sollte man mit einem so wechselvollen Leben wie dem meinen anfangen?

Regelmäßig fuhr ich heim nach Indien. Ich war in ständigem Kontakt mit meinen Eltern und sie drängten mich zur Heirat. Ich übergab Gott die Angelegenheit, wobei mir der Wert der Ehe und ihre Stellung in dieser Welt immer deutlicher wurde. Ich vertraute auf Gottes eingreifen. Dabei war ich eine frohe und zufriedene ledige Frau, was mir Kraft und Sicherheit gab.

Wieder trat bei mir eine Veränderung ein. Ich war jetzt bereit, zu vielem, was ich aufgegeben hatte, zurückzukehren. *Kaum zu glauben; aber auch ich wollte eine arrangierte Ehe.* Ich wollte einen Mann heiraten, der von Verwandten und Bekannten geschätzt wurde. Eigentlich ist es doch richtig, wenn eine ganze Gemeinschaft sagt: »Wir helfen dir dabei.« Es gab noch mehr, was für ein Arrangement durch die Familie sprach: Gewohnheiten, Ernährung, Religion, Sprache, sozialer Status usw., an allem hatten die zwei Individuen teil. (Für mich gab es) noch etwas Tiefgründigeres und Kostbareres: Ich hatte Teil an ihren Geschichten. Das Wachrufen der Erinnerung und das Geschichtenerzählen sind von zentraler Bedeutung für das Überleben der menschlichen Rasse, sowohl auf lokaler wie auf globaler Ebene. Wie man die Vergangenheit und die Gegenwart begreift, ist wesentlich dafür, wie man die Zukunft in Angriff nimmt. Die Rolle der Ehe kann in diesem Kontext nicht hoch genug veranschlagt werden.

Kapitel 33 – Eine arrangierte Ehe

Ich gelangte zu der Auffassung, dass die Elemente einer traditionellen Ehe an sich zwar nicht ausreichen, aber sicher weit besser geeignet waren, starke Gemeinschaften aufzubauen. Ich erblickte rings um mich her im Westen das Sterben der Ehen. Irgendwelche Gründe, einander die Treue zu halten, schienen immer seltener erkennbar zu sein. Das Individuum allein war es, das zählte, und das Individuum war meistens einsam, ohne Wurzeln und ohne Halt.

Im Juni 1990 war ich auf der Heimfahrt nach Indien. War ich drauf und dran, meine augenblicklichen Überzeugungen über Bord zu werfen und eine neue Identität anzunehmen? In meinem neuen Leben würde ich keinen meiner alten Freunde mehr haben. Das Leben würde sich wandeln zu einer Unterwerfung unter meinen Haus-Herren und ich würde dienen. Ich hatte mich auszuliefern und mich unter das Joch eines Mannes zu begeben.

Ich würde lügen, wenn ich sagte, ich hätte ein ruhiges Vertrauen aus der Erkenntnis gezogen, dass Gott es gut mit mir meint. Ich war deprimiert, weil ich mich Gott unterwerfen und selbst entäußern sollte angesichts großer Ungewissheiten. Andererseits war ich nach zehnjährigem Hickhack mit meinen Eltern wegen der Ehe müde. Ich begriff, es würde noch einer Menge Glauben und Vertrauen zu Gott und dem Leben nötig sein, um: »Ich mach es!« sagen zu können. Jetzt reiste ich zu meinem jährlichen Heimatbesuch in Indien. Meine Eltern hatten zwei und einen halben Mann aufgeboten, die mit mir reden wollten. Der dritte war nur eine halbe Möglichkeit. Ich willigte ein, alle zu besuchen, sogar den unwilligen Halben.

Auf dem Weg zu Kandidat *1, Abraham, klang mir mächtig verlockend in den Ohren, was man mir über ihn gesagt hatte: »Aufgeregt, Apotheker, verrückt vor Liebe«. Aber ich war ein gebranntes Kind. Jedesmal, wenn ich einen potenziellen Ehemann traf und mich selbst prüfte, wie ich auf sein Verhalten reagiert hatte, war ich völlig ernüchtert. So trat ich Abraham ziemlich uninteressiert gegenüber, ich fürchtete mich und ich betete.

Wir verbrachten zwei Tage miteinander, alles in allem elf Stunden, und schieden, ohne eine Entscheidung von Bedeutung getroffen zu haben. Ich dachte an die eineinhalb Männer, die noch übrig waren und mir grauste, wenn ich an diese Tortur dachte.

Ich zögerte, sie oder mich ihr auszusetzen. Das Scheußlichste an diesen Treffen ist, dass man in wenigen Stunden eine Entscheidung getroffen haben muss und dann eine Erklärung zu finden hat, die den Erwartungsdruck mildert, wenn er oder sie abgelehnt wird. Dabei darf die Familie nicht in der Gesellschaft bloßgestellt werden. Die Gründe müssen ernsthafter Natur und konkret sein, also: ›hässlich‹, ›hinkt‹, ›gewalttätig‹, ›lüstern‹ oder ›unzurechnungsfähig‹. Für irrelevant und ungültig werden gehalten: Einstellungen in Bezug auf Politik, Theologie, Feminismus, Menschenrechte, Armut oder dergleichen.

»Was willst du mehr?«, werden wir gefragt. »Er ist gebildet und verdient ein fünfstelliges Gehalt.« »Sie ist die Tochter von dem und dem oder dessen Nichte.« »Er ist der Alleinerbe.« »Sie ist zauberhaft schön«, heißt es auch wohl. Meine Mutter fragte mich: »Was sind denn schon im Hinblick auf die Ewigkeit dreißig oder vierzig Jahre?« Damit bezog sie sich auf eine möglicherweise unglückliche Ehe. Wenn man der Allianz zustimmte – Hurra! Und dann mit vollen Segeln voran zu einer Gala-Hochzeitsfeier!

Nun, wie war´s bei Abraham, und warum kamen wir zu dem Schluss, zu dem wir gekommen sind? Ehrlich gesagt, er hat mir nicht sonderlich imponiert. Dabei ist zu bedenken, dass ich nicht wusste, was das besagt, außer dass mein Herz in seiner Gegenwart nicht vor Freude zu hüpfen begann. Ich hatte allerdings darauf als die Nagelprobe gerechnet. Er nahm meine Zurückhaltung wahr, er respektierte mich und ließ mir ein Schlupfloch – »Geh nach Hause und sage deinen Leuten, du brauchtest ein wenig mehr Zeit zum Nachdenken, und dann schickst du die böse Nachricht, nachdem du in die USA zurückgekehrt bist, damit mich der Schlag nicht gar so heftig trifft.« Die Vorstellung war mir sehr willkommen. Wir beschlossen, uns die nächsten zwei Monate zu schreiben, bevor wir uns für ja oder nein entscheiden. Aber es dauerte nicht so lange, bis mich Gottes Geist eingeholt hatte.

Während der achtstündigen Zugfahrt nach Hause lag ich wach und rang schrecklich mit dem Gedanken, ich müsste doch eigentlich »verliebt« sein. Ich packte die Liste aus, in der ich fest gehalten hatte, was ich dem Herzen nach suchte, und zu mei-

Kapitel 33 – Eine arrangierte Ehe

nem größten Erstaunen entdeckte ich, dass Abraham genau all das zeigte, worauf ich achten *sollte*. Was meine ich damit?

Er beeindruckte mich durch Ehrlichkeit und Schlichtheit, Qualitäten, die ich schätzte.

Er führte keine Charade auf und zwang mich nicht, ihm nachzulaufen. Ich glaube, das ist es, was meine Freunde im Westen tun, wenn sie es darauf anlegen, »einander kennen zu lernen«.

Als ältester von drei Brüdern hat er die letzten zehn Jahre nach dem Tode der Eltern für seine kleinen Geschwister gesorgt. Das war der einzige Grund, weshalb er noch ledig war.

Er war ein Mann, der ein ruhiges und tiefes Bewusstsein von der Gegenwart Gottes in dieser Welt und in seinem Leben hatte. Er war bereit, den Rest seines Lebens allein zu verbringen. Ihn beherrschte ein östliches Gefühl der Ruhe und des Zufriedenseins.

Er redete nicht viel von eigenen Erfolgen oder von seiner Herkunft. (Das erfuhr ich von anderen.)

In seiner Ehe wollte er eine Frau, die nach Geist und Willen selbstständig war. Er glaubte, diese Unabhängigkeit bestärken zu müssen. Er hatte in seiner Mutter ein ähnliches Vorbild wie ich es hatte.

Er liebte das Leben und nahm an dessen Kümmernissen regen Anteil.

Als Arzt war er je länger je mehr davon überzeugt, dass die Geheimnisse Gottes weit über alle Künste der Menschen erhaben sind.

Ich hätte fortfahren können. Es genügt, wenn ich sage, dass während der Zug durch die schwarze Nacht an den schlafenden indischen Dörfern vorüberrauschte, ich in der stillen Kabine immer unruhiger zu werden begann, weil ich anfing eine Erfahrung zu machen, die sich jeder Erklärung und jedem Verständnis entzieht.

Ich merkte, wie ich hilflos immer wieder zu Abraham zurückgezogen wurde. Ich musste ihn annehmen, um komplett zu sein. Mir fiel der »Prediger« ein: »eine Zeit zum Umarmen«. Vielleicht war diese Zeit gekommen. Ich begann, die Erwägungen meiner Mutter nachzuvollziehen: Was konnte ich noch mehr wünschen?

Wie ein Hund, der seinen eigenen Schwanz jagt, drehte ich mich immer um mich selbst, weil ich meinte, unbedingt »verliebt« sein zu müssen. Ich schämte mich bei der Erkenntnis, dass dies Begehren einer verhängnisvollen Fehlvorstellung entsprang und ein sicheres Zeichen einer Krankheit und einer Gefahr bedeutete. Stabile und solide Beziehungen wachsen aus dem Kontext bewusster Liebe heraus und nicht durch verzaubertes Verliebtsein, dem es an Vorsicht und Weisheit mangelt.

Der Morgen graute und es wurde Tag. Ich schob meine nächtlichen Grübeleien beiseite. Mir war nicht danach zumute, meinen sehnlichst wartenden Eltern etwas Positives zu sagen. Ich brauchte Zeit und Abstand für diese Entscheidung. Es gab einige unerfreuliche Gespräche und ich reiste drei Wochen später in die USA ab.

Der Oktober war der letzte Termin, den sich Abraham und ich gesetzt hatten, um eine Entscheidung für die Zukunft zu treffen. Obwohl man uns vielerlei Hintergrundinformationen geliefert hatte, fühlten wir die Notwendigkeit, uns selbst so viel wie möglich zu offenbaren. Da spielte es keine Rolle, dass wir weit auseinander wohnten, während wir uns kennen lernen wollten. Worum geht es? Doch nur um die Kommunikation, und die ist durch Briefe und Telefonanrufe wunderbar zu handhaben. Ich frage mich, ob physische Gegenwart nicht eher hinderlich in dieser Situation ist, weil die Möglichkeit besteht, sich in die Gegenwart, in die Person des anderen zu versenken und dabei unfähig zu gesunden Dialogen zu werden über das, was eigentlich zählt. Es berührt mich unangenehm, wenn ich sehe, wie schnell das Körperliche im Westen eine Rolle spielt, und wie schnell Lust und Abhängigkeit als Liebe missverstanden werden. Wie manche Beziehung bricht deshalb zusammen, weil die Körper wichtiger als das *Sein* werden.

Ich hatte dafür gebetet und versucht, nicht zu vielen amerikanischen Freunden davon zu erzählen; denn ich hätte überhaupt nicht gewusst, wie ich ihnen auf ihre Frage hätte antworten können: »Aber liebst du ihn?« Ich glaubte, sie würden mich nicht verstehen können. Wir lebten und handelten in völlig verschiedenen Welten.

Und ich war nicht verliebt.

Kapitel 33 – Eine arrangierte Ehe

So im September suchten wir über die Kontinente hinweg unsere Hände. Im Oktober schrieb Abraham und fragte mich, ob ich die Formel in den Ehestatuten »ich gehorche« durch eine ehrlichere und realistischere Wendung austauschen wollte. Ich dankte ihm für die Erinnerung und entschied mich, es dabei zu belassen. Gegen Ende Dezember wurden wir in der Kathedrale getraut, in der er zum Gottesdienst ging. Meine Freundin Margaret stand neben mir und band den seidenen Knoten.

Fast fünf Jahre sind seither vergangen. Ich frage mich immer noch, was all diese Warnungen sollen: »Das erste Jahr wird das härteste«, »Manchmal wirst du ihn ansehen und dich fragen, wie du ›Ja‹ sagen konntest«, usw. Jeder Tag ist ein weiterer Abschnitt in unserer Liebesgeschichte. Noch vor kurzem fragte ich Abraham, wie es möglich ist, dass zwei Leben wie die unseren so zauberhaft und wunderschön verknüpft sein können. Er antwortete: »Die Ehe war schon lange vorher im Himmel geschlossen, sie wird von uns Sterblichen hier unten nur jetzt erst gefeiert.« Dem kann ich nichts hinzufügen. Unser beider Leben ist tatsächlich all das, was Heilige und Liebessänger von ihr gesagt haben und noch viel, viel mehr, und das alles durch Gottes geheimnisvolle Gnade und Liebe.

In dieser Ehe erkenne ich eine göttliche Segnung nicht nur für unser privates Leben, sondern weit darüber hinaus für die weitere Welt. Die Ehe hat keinem von uns etwas genommen, sondern reichlich hinzugefügt in unserer Wirksamkeit für Gott und für die Welt. In und über unseren täglichen gemeinsamen Mahlzeiten, unserem Sprechen, unserem Glauben und unserer Kultur liegt ein immerwährender Bund, die gemeinsamen Gebete und Erwartungen unserer Voreltern fortzusetzen. Wenn sich auch die Einzelheiten unserer Lebenserfahrungen unterscheiden, so sind doch die wesentlichen Einflüsse seit drei Generationen in unser beider Leben die gleichen.

Täglich nehmen wir uns ohne viele Vorreden oder Erklärungen in die Arme, und das schätze ich sehr. Still nicken wir bei der Erinnerung an die gleichen Geschichten aus dem fernen Indien, die viele Jahre her sind und sich Tausende von Meilen entfernt und über manche Grenzen hinweg ereignet haben. Ich denke oft: Wie viel Elend dieser Welt könnte durch das Band der Liebe vermieden werden, wenn die Menschen sich der Zugehörigkeit und der gemeinsamen Erfahrungen der Eheleute, der Kinder und der Gemeinschaften bewusst wären, und wenn sie wüssten, was gegenseitige Abhängigkeit und Verbundenheit bewirken können. Solche Vorstellungen bleiben all denen fremd, die darauf aus sind, »sich zu verlieben«, und dabei unaussprechlich unerfüllt bleiben.

Die Ehe lehrt mich eine ganze Menge. Vor allem aber lehrt sie mich die Gnade Gottes erkennen, wenn ich Abraham ins Angesicht schaue.[1]

---

[1] Ivy George in *Perspectives* (Wenham, Mass.: Gordon College, January 1993)

Kapitel 33 – Eine arrangierte Ehe

Gedanken zu »Eine arrangierte Ehe«:

- Wenn man die Partnerschaftssuche im Osten und im Westen vergleicht, welche scheint die Vernünftigere, die erfolgreichere zu sein? Warum?
- Welche sehr unterschiedlichen Haltungen kommen in den Sitten zum Ausdruck?
- Äußere dich zu der Meinung von Dr. George, physische Gegenwart sei oft eine Behinderung wirklicher Kommunikation.
- Was heißt: Mit dem »Verliebt sein« wird uns ein gefährlicher Streich gespielt.
- »Es war immer etwas Richtiges daran, wenn die Gemeinschaft sagt: ›Wir helfen dir dabei.‹ Bietet das nicht tatsächlich manchen Schutz, den wir im Westen entbehren?« Wenn ja, gib Beispiele dazu.

34 Die Liebe und der Fremde

Daher kennen wir von nun an niemand nach dem Fleisch; wenn wir Christus auch nach dem Fleisch gekannt haben, so kennen wir (ihn) doch jetzt nicht mehr (so). Daher, wenn jemand in Christus ist, so ist er eine neue Schöpfung; das Alte ist vergangen, siehe, Neues ist geworden.
  2. Korinther 5,16-17

John Vanderhorst ist Pastor, ein nüchterner Schriftsteller und Vater von acht Kindern. Als er sich in Dotty verliebte, merkte er, er würde sie nur zu einem sehr hohen Preis heiraten können. Die Welt, in der er lebte mit ihrer Oberflächlichkeit, in der er dauernd nur hinter Abwechslungen her war, würde auf den Kopf gestellt werden. Diese Aussicht brachte ihn nicht nur zum Nachdenken, sondern versetzte ihn auch in nicht geringen Schrecken. – Es folgt der fesselnde Bericht einer außergewöhnlichen Veränderung:

»So wie wir anfangs zusammen waren, schien es nur eine Frage der Zeit zu sein, wann Dotty und ich auch körperlich unsere Liebe besiegeln würden. Meiner Auffassung nach war die Sexualität von Anfang an die selbstverständliche Verbindung zwischen uns beiden. Ich fragte mich nur, wie schnell es dazu kommen würde. Das lag aber an Dotty und ich übte keinen Druck auf sie aus. Ich konnte auch gut abwarten. Es war schön, geliebt zu sein; es war schön zu lieben – dies Gefühl der Wärme und des Angenommenseins in meinem Herzen hielt ich für Liebe und die Erwartung der noch besseren und tieferen Intimität durch die sexuelle Vereinigung war ein Spaß an sich – all das gab mir reichlich Geduld. Ich fand sogar Gefallen an Dottys Zögerlichkeit und hielt diese für eine drollige Schüchternheit und für lobenswerte Vorsicht – es war nur richtig, wenn wir uns ein bisschen besser kennen lernten, bevor wir uns körperlich eins machten.
  Dass Dotty Jungfrau war, war eine der größten Überraschun-

Kapitel 34 – Die Liebe und der Fremde

gen meines Lebens. Hier sah ich ein Mädchen, das sich, alles andere als frigide oder ängstlich, aus obskuren religiösen Gründen der ›Liebe‹ versagte. Ich konnte es nicht glauben und fragte: ›Und du solltest tatsächlich noch nie …?‹ Nein, sie hatte nicht, weil sie Christin war. Diese Nachricht veränderte allerdings meine Erwartungen in Bezug auf unsere Beziehung beträchtlich; was sich nicht veränderte, war mein Wunsch, bei Dotty zu bleiben, weiterhin ihre Liebe zu mir zu erleben und sie die meine zu ihr. Daran wollte ich mit aller Kraft fest halten – ich meinte, dies würde die Situation schließlich zum guten Ende führen.

Was bedeutete es, dass Dotty Christin war? Mir sagte das anfangs gar nicht viel. Es hieß nur, dass sie vor den Mahlzeiten inne hielt und Gott für das Essen dankte. Und es hieß, dass wir auf ›Liebe‹ verzichten mussten, weil wir nicht verheiratet waren. Später bedeutete es, dass, weil ich kein Christ war, wir nicht heiraten würden; und dies war es schließlich, was mir Angst machte.

Für Dotty bedeutete es weit mehr, Christin zu sein. Ich merkte das daran, wie sie von ›ihm‹ sprach – Christus, dem geheimnisvollen Dritten in unserer Beziehung. Als die Monate vergingen und er Dotty immer noch fest hielt, hätte ich sagen mögen, Dotty habe mich aufgegeben. Ich hätte sagen mögen, dass ›er‹ ihre Liebe in zwei Teile getrennt habe. Ich sah und spürte die Reserve. Ihre Liebe zu mir war stark und ehrlich – doch irgendwie merkte ich wie ›er‹ sie im Griff hatte. Ich begann zu ahnen, dass Dotty völlig von dem abhing, was sie glaubte – dass die Person, die sie wäre, ohne Christus zu kennen, oder die Person die sie würde, wenn sie ihn verließe, eine ganz andere Dotty wäre als die, der ich mein Herz geschenkt hatte. Ich wollte sie nicht anders. Ich sah: ›Er‹ würde immer ein Teil unserer Beziehung bleiben.

Ich meinte, damit leben zu können. Ich konnte sie mit einem Fremden teilen – wenn das hieß, dass sie mich mehr liebte. Ich hatte allerdings nicht im Blick, wie der Fremde die Sache betrachtete.

Mir wurde gesagt, der Fremde (Dottys Freund) und ich lebten in getrennten Welten. Das brauchte nicht zu sein und er wollte es auch nicht so. Ich konnte mich augenblicklich für seine Welt entscheiden. Tat ich das nicht, so hieß das: Der Fremde wird mir immer fremd bleiben. Damit konnte ich leben; aber ich hatte nicht begriffen, dass damit gleichzeitig die von mir geliebte Frau ebenfalls eine Fremde blieb. Die Alternative – in jene Welt einzutreten – schien mir ein so waghalsiger und riesiger Schritt zu sein, den ich mir einfach nicht zutraute.

Jetzt war es schwerer, mutig in die Zukunft zu blicken und nicht irgendwie klein beigeben zu müssen. Anfangs hatte ich gemeint, sie müsste ihre Ansichten nur ein wenig anpassen, dann würde unsere Zukunft eine Chance haben. Jetzt sah ich: Es geht nicht darum, dass sie ›ihre Ansichten anpasst‹, sondern wir lebten in verschiedenen Welten.

Allmählich merkte ich, dass ich selbst eine schmerzliche Wahl zu treffen hatte. Irgendwie war ein kleiner Konflikt zwischen Liebenden zu einer Streitfrage kosmischen Ausmaßes geraten. Ich wollte nichts als die Liebesbeziehung. Meine Ziele waren schlicht und überschaubar. Ich wollte ihr die Entscheidung überlassen: ›Nimm mich, wie ich bin, oder lass mich los!‹ Aber irgendwie warf sie den Ball zurück: ›Ich liebe dich. Komm und lerne seine Welt kennen!‹

Die Welt, in der ich immer gelebt hatte, neigte zur Oberflächlichkeit. Für mich war es eine Welt der Bücher, der einsamen Spaziergänge und der Phantasien. Dort suchte ich dauernd meine Zerstreuung. Dort war es, wo ich mich in die Kneipen flüchtete, um mich in der Menge zu verbergen und doch meine Einsamkeit nicht loswerden konnte. Es war die Welt des Habenwollens und des Drehens um mich selbst; denn niemand würde es für mich tun. Es war keine strahlende Welt – trotzdem erweckte sie immer den Eindruck, hinter der nächsten Kurve werde es besser werden. Meistens war es nicht sehr schön – nur manchmal, und das idealisierte ich dann, um damit zu überleben. Ich liebte diese Welt nicht, aber sie gehörte zu mir. Ich war darin verwickelt. Da war ich zu Hause – sie war die meine.

Ich fand mich zwischen den Regalen der Watson-Bibliothek, wo ich Folianten wälzte, die dort jahrelang geschlafen hatten. Sie enthielten Kommentare zum Neuen Testament und zum Leben Jesu. Ich hatte eingewilligt, das Leben und Sterben des ›Fremden‹ zu erforschen. In Wirklichkeit hatte ich einen Angriff

Kapitel 34 – Die Liebe und der Fremde

gestartet. Ich sollte mich friedlich in seine Welt begeben; aber mein Wunsch, am Alten fest zu halten, ließ mich nach Wegen suchen, ihn zu diskreditieren und mein Fernbleiben und Verharren in meiner Welt zu rechtfertigen. Ich wurde gut mit Theorien, Argumenten und Angriffen versorgt – alles Waffen, mit denen ich hoffte, seine Ansprüche auf mein Leben abwehren zu können. Er war eine ferne, undeutliche Gestalt, doch ich rannte gegen ihn an und nahm ihn mir zum Ziel.

›Der Fremde ist nichts als Einbildung‹, sagte ich mir. ›Er ist das, was die Leute sich erträumt haben, um mit ihrer Angst fertig zu werden.‹ ›Er ist ihre Erklärung für das Unerklärliche.‹ ›Er ist Aberglaube.‹ ›Er ist die personifizierte Ideologie – nur eine Art zu denken.‹ ›Er ist ein großer Schwindel.‹

Ich überlegte alle Gründe, weshalb es ihn in Wirklichkeit nicht geben konnte, so wie Dotty es meinte, dass er sei, und alle Gründe dafür, dass ich niemals etwas Sicheres über ihn wissen könnte, selbst wenn es ihn gäbe. In den Büchern fand ich noch weitere zahllose, schärfere Waffen. Andere hatten vor mir gegen ihn gekämpft, ja ihr ganzes Leben diesem Krieg gewidmet. Sie hatten haufenweise Argumente zusammengetragen, die nach meiner Meinung niemand widerlegen konnte.

Monate später lag ich auf dem Rücken in meinem Bett und überlegte: ›Würde ich die Auswirkungen und all das, was dann auf mich einstürmt, überleben – die ersten Tage und Wochen mit neuen Zwängen, neuen Weisen des Denkens und Glaubens, neuen Menschen ganz neuer Art, vor allem mit ihm? – All das würde mein Leben zuschütten und es beherrschen. Könnte ich das durchstehen? Und außerdem die Gefahren, die intellektuellen Skrupel! Ich käme in ein neues Land, ohne dessen Resourcen erforscht zu haben und wie man dort lebt und sich verteidigen kann ... wäre ich dort sicher? Könnte ich es dort als Bewohner aushalten?‹

Ich war kein zuversichtlicher Angreifer mehr, der die Waffen verstorbener Menschen gegen den Fremden ins Feld führte. Ich hatte, je weiter ich vordrang, gesehen, dass die Waffen selbst alt und stumpf waren. Eine nach der anderen waren sie wirkungslos zu den Füßen des Fremden zu Boden gefallen. Und meine Angriffe hatten mich ihm gefährlich nahe gebracht. Während ich da so lag, begriff ich: Ich werde nur noch kurze Augenblicke in meiner alten Welt bleiben.

Mein Herz raste. Wehrlos richtete ich meinen Blick unabwendbar auf ihn. Er war jetzt ganz nahe, nicht mehr nebelhaft fern. Schwach noch – meine Augen erblickten ihn immer deutlicher – sah ich eine Person, die ›wirklich‹ war. Ich wusste, er hatte gewonnen. Tatsächlich war er niemals in Gefahr gewesen. Er hatte sich für meine Angriffe interessiert; doch fürchtete er von Anfang an nur für mich, niemals für sich selbst. Er war jetzt nicht stolz auf seinen Sieg und spottete auch nicht über die Fruchtlosigkeit meines Widerstandes. Er sehnte sich nach meiner Kapitulation, nicht um mich zu bestrafen, sondern um mir Frieden zu geben. Er hatte gesehen, dass meine Feindschaft gewichen war, nun wartete er, dass ich zu ihm kam.

Beim Zusammenbruch meines törichten Angriffs ist mir so manches klar geworden. Seine Welt ist für seine Freunde, die ihn lieben und seine Gesellschaft suchen. Ich begriff: Dazu gehöre ich nicht. Ich war ein armseliger Rebell, erbärmlich schwach gegenüber seiner sanften Macht. In eine von ihm getrennte Welt hineingeboren, hatte ich die Wegzeichen missachtet, die meine Schritte zu ihm hätten lenken sollen; alle Angebote, alle Einladungen hatte ich beiseite geschoben, alle Warnungen überhört. Zuerst meinte ich, ich könne ihn einfach von der Welt, die mich etwas anging, ausschließen. Später, hoffte ich in meiner Angst, zwischen seiner und meiner Welt wählen zu müssen, ihn ganz und gar vertreiben zu können. All das hat er abgewartet. Nein, ich gehörte nicht in seine Welt. Doch irgendwie lag ihm daran, dass ich dazugehörte. Er wollte mich zum Eigentum haben.

Jetzt begriff ich, dass mein letzter Ansturm gegen ihn Teil eines größeren Krieges war – dass ich und die Männer, die meinen Unglauben genährt hatten, zu den Myriaden von Feinden gehörten, die ihn bekämpften. Ich wollte, dass er, entgegen seinem Wunsch, ein Fremder für mich blieb. Seit jener Urrevolte am Anfang der Zeiten hat jeder Mann, jede Frau in diesem Heer mitgekämpft, sei es in den vorderen Linien oder als williger Helfer beim Nachschub für die Kämpfer. Nur wenn einer aus dieser Truppe desertierte und sich ihm unterwarf, konnte er ihm be-

Kapitel 34 – Die Liebe und der Fremde

gegnen und in seine Welt eintreten. Seltsam genug, wenn sich ein Feind unterwarf, wurde er angenommen ohne bestraft zu werden und wie ein Bruder willkommen geheißen, und das von einem, den er sein ganzes bisheriges Leben bekämpft hatte.

Ich begriff: Er will auch mich auf diese Weise aufnehmen. Als ich einsah, dass ich mich nicht weiter sträuben durfte, wandte sich mein Blick noch einmal auf die Szene seines Triumphes am Scheideweg der Zeiten. Er hing dort in gewaltigen Schmerzen unter einem erschreckenden, nachtdunklen Himmel. Seine Häscher quälten und verspotteten ihn. Endlich starb er. Die Erde erbebte. Er hatte seine Sendung erfüllt. Er hatte, indem er die Widerständler gewähren ließ, ihre Reihen immer wieder in einer Weise infiltriert, die deren Oberkommando ratlos machte. Er hatte vor, die Gefangengehaltenen zu befreien. Er war als freiwilliger Gast in die feindliche Welt gekommen, um Menschen aus ihr zu erretten. Und auf seine Kosten kann nun jeder, der nur will, die Seiten wechseln. Wir alle waren Verbrecher; aber er hat deren Hinrichtung erlitten.

Er hat meine Hinrichtung erlitten. Nun winkte er mir als Herr über den Tod zu: ›Komm!‹ Es war ein sanfter Ruf. ›Komm, komm jetzt.‹ Und ich sagte: ›Ja.‹ Und ein leises Klopfen an meiner Haustür ließ mich aus dem Bett fahren, wo ich zitternd und jetzt dankbar mein Leben ihm ausgeliefert hatte.

Ich begriff, als ich Dotty die Tür geöffnet hatte, dass sie jetzt meine zweite Liebe war.«

Gedanken zu »Die Liebe und der Fremde«:

- Was bedeutete es für John und Dotty, dass sie Christin war?
- Ist die Gegenwart des »Fremden« in unseren Beziehungen genauso unabweisbar deutlich wie in der ihren?
- Echtes Christentum macht das Entweder-oder scharf sichtbar. Entweder Christus oder nichts – das ist die letztgültige, kosmische Entscheidung.
- Kann man ohne Kampf in Seine Welt gelangen?
  Warum wehren wir uns so hartnäckig gegen die Unterwerfung – sogar oftmals, nachdem wir Ihm die Tür geöffnet haben.
- Warum geht es Ihm um uns?

Zusammenfassung

Ist es möglich, jetzt und in unseren Tagen Gottes Willen zu tun? Es ist zu jeder Zeit möglich, den Willen Gottes zu tun. Ist es möglich, den Trends, die täglich auf uns einwirken, Widerstand zu leisten? Gott ist uns Zuflucht und Hilfe.

Dies Buch ist kein Rezept, nach dem man einen Lebenspartner findet. Eher beschreibt es unterschiedliche Wege, auf denen Gott, unser Führer und Bewahrer, an verschiedenen Menschen gewirkt hat. Es gibt keine Einheitsformel für die Ehefindung, doch die stete Wiederkehr gewisser Themen, Methoden und zeitloser Grundsätze sind der Beachtung wert, zum Beispiel die Hilfe einer dritten Person, die zwei Menschen zusammenbringen kann, die demütig genug sind, sich raten zu lassen.

Es ist ermutigend zu wissen, dass es heute viele Männer und Frauen gibt, die das eigene Suchen ganz aufgegeben haben, weil sie sich bewusst sind, welch ein Minenfeld das sein kann. Sie haben sich vertrauensvoll an Gott gewandt, der werde sie schon mit dem Menschen zusammenbringen, den Er für sie bestimmt hat. Nur er kennt den richtigen.

Ich weiß von einer Frau, die einen guten Grund weiß, weshalb sie höchstens in der Mittagspause nach Bekanntschaften ausschaut: Das ist billiger, kürzer und es ist nicht dunkel!

Ich kenne eine andere Frau, die zu einem Rendezvous eingeladen wurde und dem Mann mutig sagte, sie habe die Dreißig erreicht und sei über das Flirten hinaus. Sie sei jetzt bereit zu heiraten. Der Mann machte ihr bald darauf einen Antrag. Ein schlechterer Mann hätte sich dadurch abgestoßen gefühlt, was sicher genauso gut gewesen wäre.

Es wäre bestimmt wunderschön, wenn ältere Leute das täten, was sie zur Zeit meiner Mutter taten. Sie traf meinen Vater bei einem Mittagessen, das eine ältere Dame gab. Ihr Kennenlernen geschah in der Sicherheit des mütterlichen Wohnzimmers. Wenn sie ausgingen, dann mit Begleitung oder in einer ganzen Gruppe, aber niemals allein.

Diese Sammlung könnte man »Moralgeschichten« nennen, weil sie zeigen, wie man Fallgruben entgehen und segensreiche Grundsätze beherzigen kann. Eine kurze Zusammenfassung der letzteren ist vielleicht hilfreich:

- Trachte vor allem nach *dem liebenden Gott*.
- Unterwirf dich und dein Leben von ganzem Herzen diesem Gott.
- Glaube, dass Er dich beim Wort nimmt.
- Sei nicht überrascht, wenn der Feind angreift.
- Bete und tue Gott deine Bitten kund.
- Sei wachsam.
- Erwarte von Ihm, dass er das für dich Beste gibt.
- Warte auf Seine Antwort *für den heutigen Tag*.
- Vertraue Seinem »Timing«.
- Gehorche Gott auch in den geringsten Kleinigkeiten.
- Vertraue Ihm deine Unsicherheiten und Befürchtungen an.
- Handle nach Grundsätzen, nicht nach »Eingebung«; mit Willen, nicht aus dem Gefühl.
- Nimm dein Mann-sein oder Frau-sein an.
- Bedenke: Sein Kreuz auf sich nehmen, bedeutet leiden.
- Begib dich nicht in Versuchung. Fliehe vor ihr.
- Nimm dir nicht nur vor, vorsichtig zu sein, sondern renne weg.
- Halte deine Hände weg und deine Kleidung an.
- Vertraue und suche Hilfe bei älteren Gläubigen.
- Sei dankbar für das, was dir zugeteilt wurde (Psalm 16,5).
- Preise den Herrn und singe Ihm. Danke Ihm für alles.
- Bewahre ein ruhiges Herz.
- Tu, was als Nächstes dran ist.

Treibt dich immer noch die Frage um: »Wird das funktionieren? Sind das nicht alles Kunstgriffe, die auch danebengehen können?« So antworte ich, dass es Gott ist, mit dem wir es hier zu tun haben. Er ist ein gerechter und barmherziger Vater, dem viel mehr an unserem Wohlergehen liegt als uns selbst. Gib der obigen Liste eine ehrliche Chance in täglicher stiller Zeit und für dich allein. Vielleicht erübrigt sich dann all dein eigenes Suchen.

Zusammenfassung

Wenn eine Frau meint, eine disziplinierte Partnersuche sei legitim, für die hoffe ich, dass Gottes wirklicher Gentleman Mut und Direktheit genug besitzt, es der Frau, die ihn anzieht, auch zu sagen. Die Regel meines Vaters für seine Söhne hat funktioniert: Redet nie von Liebe vor dem Heiratsantrag. Nimm dir selbst Zeit genug, um dir Klarheit zu verschaffen.

Noch ein Wort an Gottes wahre Frauen: Seid feminin, zurückhaltend, schlicht im Äußeren. Bittet Gott um den sanften und stillen Geist, der vor Gott sehr kostbar ist. Man braucht nicht zu flirten. Die Weibchen im Tierreich sind schlicht gekleidet. Behaltet eure Absichten für euch. Über eure Gefühle zu sprechen wird noch Zeit genug nach dem Heiratsantrag sein. Ihr werdet euch dann freuen, nicht die treibende Kraft gewesen zu sein.

Nur auf Gott vertraue still meine Seele;
denn von ihm kommt meine Hoffnung.
   Psalm 62,6

Wenn die Ehe nicht Gottes Plan für euch ist, so möge Er euch Gnade geben, das Ledigsein als Gabe anzunehmen und Ihm mit Danksagung zu weihen. Die ganze Geschichte des Christentums kennt viele ledige Männer und Frauen, die durch das lebendige Opfer ihres Alleinseins der Kirche zum Segen wurden und die Erfüllung darin fanden, geistliche Väter und Mütter zu sein. Sie erfreuten sich des Bewusstseins, in besonders enge Beziehung zum Herrn gebracht zu sein und daraus ging Frucht für diese Zeit und für die Ewigkeit hervor. Ihr »Abnehmen« wurde ihre große Kraft. Ihr Wunsch nach Liebe wurde in eine frohe Selbsthingabe verwandelt, und das ist die tiefste Quelle menschlichen Glücks.

Und nun möchte ich dir, mein gläubiger Leser eine kräftige Verheißung geben, die mich durch viele Unerklärlichkeiten getragen hat:

Habe keine Angst; denn ich bin dein Gott!
Ich stärke dich, ja, ich helfe dir,
ja, ich halte dich mit der Rechten meiner Gerechtigkeit.
   Jesaja 41,10

Dies ist mein Gebet für dich:

Er selbst aber, der Gott des Friedens, heilige euch völlig; und vollständig möge euer Geist und Seele und Leib untadelig bewahrt werden bei der Ankunft unseres Herrn Jesus Christus! Treu ist, der euch beruft; er wird es auch tun.
  1. Thessalonicher 5,23-24

Zieht den Herrn Jesus Christus an und treibt nicht Vorsorge für das Fleisch, dass Begierden wach werden!
  Römer 13,14

E. Elliot
Die Mörder – meine Freunde
Meine Zeit bei den Aucas

Paperback

160 Seiten
DM 14.80
ISBN 3-89397-273-0

Am 8. Januar 1956 wurden fünf amerikanische Missionare im Dschungel Ecuadors durch die Speere der Aucas getötet. Drei Jahre nach der Ermordung ihres Mannes Jim ziehen Elisabeth Elliot, ihre dreijährige Tochter Valerie und Rachel Saint, die Schwester des ermordeten »Dschungelfliegers« Nate Saint, zu den Aucas. Sie fügen sich in die Dschungel-Kultur ein, erlernen die schwierige Sprache und bringen den Mördern ihrer Liebsten das Evangelium. Elisabeth Elliot schildert, unterstützt durch Fotos aus dieser Zeit, ihre Erfahrungen, Entbehrungen, Ängste und Fragen, aber auch den tiefen Frieden und die Freude, die einen Menschen erfüllen, der den Weisungen des himmlischen Meisters bedingungslos folgt.

LESEPROBE

Am nächsten Morgen badeten wir Frauen – Quichuas, Aucas, die weiße Frau mit Kind – gemeinsam im Fluss, nachdem die Männer zur Jagd aufgebrochen waren. Plötzlich ertönte aus dem Haus am anderen Ufer des Flusses ein Schrei: »Aucas!« Die ganze Siedlung geriet sofort in größte Aufregung und einer rief: »Sie haben schon einen umgebracht! Honorio ist tot! Schnell aus dem Fluss, Señora. Die Aucas kommen!« Obwohl der Name Aucas ein Quichua-Wort ist, begriffen Mintaka und Mankuma augenblicklich, was hier geschah.

Dario, zu dem Zeitpunkt der einzige Mann im Dorf, jagte mit der Flinte bewaffnet zum Fluss hinunter, um sich in das Geschehen zu stürzen. Mankamu folgte ihm, immerfort schreiend. Mintaka blieb teilnahmslos am Ufer sitzen, während ich mich verzweifelt anzuziehen versuchte und dabei nach einem Versteck Ausschau hielt. Wir befanden uns in einer äußerst verwundbaren Position, falls die Aucas wirklich angreifen sollten. Jedoch ins Haus zu rennen, hätte nur bedeutet, noch näher am Wald zu sein, aus dem sie jeden Augenblick hervorbrechen konnten. Weil Mintaka so ruhig auf einem nahen Felsen saß, beschloss ich, bei ihr zu bleiben. Weil sich weiter nichts ereignete, kehrten wir schließlich zu dem Haus zurück. Die Mutter des ermordeten Honorio rannte weinend umher und rief: »Wir werden zusammen sterben. Wenn sie mich umbringen, werden ich mit meinem Sohn zusammen tot sein.« Erst wollte ich mit ihr reden; aber der Gedanke an Valerie hinderte mich daran. Bevor ich hierher kam, hatte ich mir fest vorgenommen, das Kind keinen unnötigen Gefahren auszusetzen. Es war nötig, sie hierher zu bringen, einerlei, was das an Unsicherheiten bedeuten würde; aber es war nicht nötig, jetzt weiter flussabwärts zu gehen, von woher die Aucas gekommen waren. Immerhin war es möglich, dass sie noch irgendwo im Versteck lauerten.

Später kehrten die Quichuas mit dem toten Honorio zurück. Achtzehn Speere hatte man entfernt. Einer war in Blätter eines

Neuen Testaments gewickelt, das die Aucas sicher bei ihrem Überfall auf Dr. Tidmarshs Hütte erbeutet hatten. Ein anderer war mit Fetzen eines Albums umwickelt, das Frau Tidmarsh vom Flugzeug hatte abwerfen lassen. Die Speere schienen neu zu sein, zumindest wieder neu geschmückt und alle waren mehr oder weniger blutig. »Tausend fallen an deiner Seite, zehntausend an deiner Rechten – dich erreicht es nicht«, kam es mir in den Sinn, als ich den Haufen Speere liegen sah. Valerie spielte zu unseren Füßen, sie setzte sich eine kleine Wanne auf den Kopf, sagte: »Hut, Mama«, und fragte nach ihrer Puppe.

Wir gingen zu Honorios Haus hinüber, wo seine Mutter und sein Bruder weinend auf dem Boden lagen und den leblosen Körper streichelten, den sie in eine alte Baumwolldecke gewickelt hatten. Seine Frau war nirgends zu finden. Sie war mit ihm gegangen, als sie am Morgen flussabwärts zum Jagen und Fischen gezogen waren. Man fand das Kanu, einige Reste *Chicha* und seinen Hund, der tot im Sand lag, drei Speere ragten aus seinem Rücken. Maruja, die noch sehr junge Frau, war sicher von den Mördern als Gefangene verschleppt worden. Mankamu schien mir klar machen zu wollen, dass man auch mit mir dasselbe vorhätte: mich umbringen und Valerie verschleppen. Als sie den Toten sah, hielt sie den Trauernden eine sehr erregte Ansprache, von der sie aber kein Wort verstanden. Sie begann zu zittern und in ihren Augen standen Tränen. Das kreischende Wehklagen der Quichuafrauen, das bei jedem Neuankömmling an Tonhöhe und Lautstärke zunahm und die wachsende Spannung, weil die Männer nicht von der täglichen Jagd zurückkehrten, wurde immer unerträglicher. Dario fragte mich, ob ich Angst habe. Nein. »Sie werden dich auch verschleppen«, sagte er. In diesem Augenblick wehte der Wind über meine Bibel, die offen auf meinem Schoß lag. »Ich habe erkannt, dass du alles vermagst und kein Plan für dich unausführbar ist«, war der Satz, auf den mein Blick fiel. Glaubte ich das? Für kurze Zeit hatte ich das Gefühl, von den Aucas die Nase voll zu haben. Ich wäre froh gewesen, wenn ich dem Dschungel und allem was dazu gehört, den Rücken hätte kehren können.

Die Quichua-Männer begannen, von der Jagd heimzukommen, einer nach dem anderen. Sie hatten keine Ahnung von der Gegenwart ...

E. Elliot
Im Schatten des Allmächtigen
Das Tagebuch Jim Elliots

Hardcover

288 Seiten
DM 18.80
ISBN 3-89397-319-2

Das »Vermächtnis« des jungen Pioniermissionars Jim Elliot, der 1956 im Alter von 29 Jahren von den Auca-Indianern ermordet wurde. Unzählige junge Christen haben durch dieses Buch entscheidende Anstöße zu einem gottgeweihten Leben bekommen.
Elliot hat dieses Tagebuch vor allem während seiner Studien- und Verlobungszeit geschrieben. Es beeindruckt jeden Leser durch die Aufrichtigkeit und Hingabe, mit der er seine Zweifel, Krisen, Niederlagen und Glaubenserfahrungen beschreibt. Hier ringt ein junger Mann um jeden Preis um ein kompromissloses Leben zur Verherrlichung Gottes.
Eines der wenigen Bücher, die jeder Christ neben der Bibel gelesen haben sollte.

W. Bühne

Kann denn Liebe Sünde sein

Freundschaft, Liebe Sexualität –
und die Nachfolge Jesu

Taschenbuch

157 Seiten
DM 5.80
ISBN 3-89397-763-5

Lebensziele, Sinn und Stellenwert der Sexualität, Freundschaft mit dem anderen Geschlecht, Selbstbefriedigung, Wahl des Ehepartners, Erkennen des Willens Gottes usw. werden behandelt. Zur Illustration der angesprochenen Probleme kommen praktische Beispiele aus der Seelsorge – Gespräche des Autors und Briefe von Ratsuchenden – zur Sprache. Der Autor scheut sich nicht, dem auch in Gemeinden und christlichen Familien immer mehr um sich greifenden Zeitgeist deutlich das Wort Gottes entgegenzustellen und junge Menschen zu einem Leben in Reinheit, Geradlinigkeit, Treue und Heiligkeit zu ermutigen.

William MacDonald
Nimm mein Leben

CLV-Classic

224 Seiten
DM 12.80
ISBN 3-89397-391-5

Was würde geschehen, wenn Gläubige Jesus Christus als Gekreuzigten betrachten und über Ihn und Sein Werk tiefer nachdenken würden? Überwältigt von dem Ausmaß und der Größe ihrer Errettung würden sie nicht anders können, als zu Anbetern zu werden. Sie würden niemals mehr aufhören, die wunderbare Gnade Jesu zu bestaunen und könnten ihren Mitmenschen gegenüber davon nicht schweigen. Weltliche Wünsche würden ihre Faszination verlieren und sie würden sich rückhaltslos dem Herrn und seinem Dienst hingeben – die Welt würde evangelisiert werden. Utopische Wunschträume?

Dieses Buch zeigt, dass der Kreuzestod Christi auf Golgatha uns nicht so beeindruckt, wie er sollte, aber es hilft auch zu einer konsequenteren Hingabe.